교회 역사상 가장 위대한 철학자이자 신학자

아우구스티누스에게
삶의 길을 묻다

아우구스티누스에게 삶의 길을 묻다

2017년 5월 24일 교회 인가
2017년 8월 28일 초판 1쇄 펴냄
2021년 8월 28일 개정 초판 1쇄 펴냄
2024년 3월 26일 개정 초판 2쇄 펴냄

지은이 · 박승찬
펴낸이 · 정순택
펴낸곳 · 가톨릭출판사
편집 겸 인쇄인 · 김대영
편집 · 김소정, 강서윤, 박다솜
디자인 · 정호진, 강해인, 송현철, 이경숙
마케팅 · 안효진, 황희진

본사 · 서울특별시 중구 중림로 27
등록 · 1958. 1. 16. 제2-314호
전자우편 · edit@catholicbook.kr
전화 · 1544-1886(대표 번호)
지로번호 · 3000997

ISBN 978-89-321-1785-0 03230

값 22,000원

ⓒ 박승찬, 2017
성경 ⓒ 한국천주교중앙협의회

이 책은 저작권법에 의해 보호를 받는 저작물이므로 무단 전재와 무단 복제를 금합니다.

가톨릭의 모든 도서와 성물을 '가톨릭출판사 인터넷쇼핑몰'에서 만나 보실 수 있습니다.
http://www.catholicbook.kr | (02) 6365-1888(구입 문의)

교회 역사상 가장 위대한 철학자이자 신학자

아우구스티누스에게 삶의 길을 묻다

박승찬 지음

가톨릭출판사

일러두기

- 이 책은 가톨릭평화방송에서 방영된 〈그리스도교 최고의 스승, 아우구스티누스 성인을 만나다〉의 강의 원고를 책의 형태에 맞게 구성한 것으로, '강의 개요 – 본강의 – 질의응답' 순으로 구성했습니다.
- 독자의 이해를 돕기 위해 그림, 사진, 표를 수록하고, 본강의에 나오는 인물, 지명, 사건에 대한 용어 설명을 해당 단어 옆에 배치했습니다.
- 부록으로 연대표와 색인을 추가했습니다.
- 이 책에 쓰인 인명과 지명은 대부분 원어 발음에 따라 표기했습니다.

1,600년 만에 새롭게 만나는
이 시대 최고의 멘토

　독일 프라이부르크에서 중세 철학을 공부하던 시절부터 교수가 된 후 지금까지, 제 관심은 오로지 '중세 철학 연구'와 '대학 교육'에만 집중되어 있었습니다. 저는 '중세 철학의 원전'이라는 거대한 보고에서 소중한 보화를 찾아 우리말로 옮기고 설명하는 것을 중요한 소명으로 여기고 있었습니다. 그래서 10여 년의 교수 생활 동안 토마스 아퀴나스 성인과 안셀무스 성인의 원전을 우리말로 옮기고 수십 편에 달하는 논문을 쓰기 위해 온 힘을 기울였습니다. 그리하여 단어 하나하나에 고심하며 다양한 책을 출간했지만, 그 반향은 크지 않았습니다. 그럼에도 학생들을 만나는 강의에서 오는 기쁨이 워낙 컸기에, 교수 생활을 오랫동안 행복하게 할 수 있었습니다.

　그러던 중 우리나라 대학 전체를 취업 기관으로 만들려는 정부의 정책에 아무런 저항 없이 끌려 가는 대학의 모습을 보며 '이러한 현실

속에서 내가 할 수 있는 일이 무엇일까?'라는 생각이 들었습니다. 그 무렵인 2012년 11월에 제 '중세 철학사' 강의가 SBS-대학교육협의회에서 공동으로 주관하는 '대학 100대 명강의'로 선정되었습니다. 이를 계기로 촬영한 강의가 방송을 타면서 적막했던 연구실이 분주해지기 시작했지요. JTBC 〈여보세요〉, KTV 〈인문학 열전〉, SBS CNBC 〈Who am I〉(시즌 2)를 비롯한 여러 방송에서 출연을 제의했고, 다양한 기관에서 셀 수 없는 외부 강의 의뢰가 쏟아져 들어 왔습니다. 그중에서 제가 가장 많은 시간과 노력을 기울였던 것은 2014년 가톨릭평화방송에서 방영된 〈그리스도교, 서양 문화의 어머니〉라는 특강이었습니다.

26주간 계속된 이 강의에서는 그리스도교의 태동으로부터 종교 개혁 이전까지, 1,500여 년 동안의 세월을 통해 그리스도교가 어떻게 발전되어 왔는지를 철학, 신학, 역사 등 다양한 측면에서 바라보았습니다. 그리고 그 과정에서 교회가 주체성을 보존하면서도 교회 밖의 사상과 문화를 받아들이기 위해 어떻게 노력해 왔는지를 살펴보았지요. 특히 저는 이 강의를 통해 우리 사회와 각자의 마음을 복음화하기 위한 노력을 기울여야 함을 일깨우고자 했습니다.

이 강의가 방송된 후 저 자신은 물론 방송사도 전혀 예상하지 못한 놀라운 반향이 있었습니다. 이러한 열기는 방송이 끝나고 나서도 이어졌으며, 특히 가톨릭출판사에서는 이 강의를 《알수록 재미있는 그리스도교 이야기》라는 책으로 출간했습니다. 책에 대한 반향은 더욱 놀라워서, 성직자, 수도자, 평신도를 망라한 많은 독자분들이 격려와 함께 감사 인사를 전해 주었습니다. 그 응원 덕분인지 이 책은 출판문화산업진흥원에서 주관하는 '2016년 세종도서 교양 부문'에 선정되기도 했습니다.

매년 수십 차례에 달하던 특강을 줄이고 다시 대학 교수의 일상으로 돌아갈 무렵, 신학교에서 우연히 만난 가톨릭평화방송의 안병철 사장 신부님이 후속 강의를 제안하셨습니다. 부르심에 응하겠다고 답하긴 했지만, 주제 선정부터 난이도 설정까지 걱정이 앞섰습니다. 애청자들의 반응을 생각하면 더 쉽고 재미있게 가야 하지만, 그런 강의를 해 주시는 명강사 신부님들은 가톨릭평화방송에서 자주 만날 수 있으니까요. 그래서 '나만이 할 수 있는 고유한 강의는 어떤 것일까?'를 고민하다가 여러 방송에서 강의하면서 느낀 체험이 떠올랐습니다.

많은 방송사에서 가장 큰 관심을 보인 주제는 '행복과 힐링'이었습니다. 긍정적 사고만 하면 마치 자동으로 성공하는 것처럼 강연하는 분들도 많지만, 저는 반드시 그에 앞서 '고통'이라는 문제를 직시해야 한다고 생각합니다. 행복과 힐링이 홍수를 이루는 시대는 그만큼 고통이 많은 시대라는 의미이기 때문이지요. 그런데도 방송에서는 저에게 '행복 전도사'와 같은 어색한 이름을 붙여 주었습니다. 그 상황에서 저는 너무 목이 마른 나머지 아무 물이나 마시는 사람들을 자주 접했습니다. 그리스도교의 정신에 진정한 행복을 찾기 위한 가르침이 그토록 많은데, 그저 입술만 적실 뿐 목마름을 채워 줄 수 없는 충고에 매달리는 것이 안타까웠습니다.

그래서 《알수록 재미있는 그리스도교 이야기》에 등장한 멘토들 중에서 한 분만을 집중적으로 조명하면 어떨까 하는 생각이 들었습니다. 제게 가장 친숙한 멘토는 토마스 아퀴나스 성인이지만, 그분은 아리스토텔레스의 복잡한 철학 개념을 이해하지 않으면 제대로 알기 힘든 것이 단점이었습니다. 그래서 제가 새롭게 떠올린 분은 바로 아우구스티누스 성인(이하 아우구스티누스로 표기)입니다.

아우구스티누스는 1,600년 전 인물이지만, 급변하는 현대 사회와 비교될 수 있는 로마 제국 말기의 격변기를 살았던, 가장 영향력 있는 그리스도교 사상가입니다. 헨리 채드윅은 "고대인들 중에서 아우구스티누스만큼 인간의 감정을 반추해 보는 능력이 뛰어난 사람도 없었다."라고 평가합니다. 아우구스티누스는 중세의 거의 모든 학자에게 800년 동안 최고의 스승으로 존경받았습니다. 그렇지만 어린 시절부터 방황한 아우구스티누스는 명예욕, 성욕, 출세욕에 끊임없이 시달렸던, 우리의 모습과 너무도 닮은 '보통 사람'이었습니다. 이러한 삶을 보여 준 아우구스티누스야말로 우리에게 행복이 무엇인지, 그리고 우리가 겪는 불행으로부터 치유될 수 있는 길을 알려 주는 멘토가 될 수 있으리라 생각했습니다.

13주 분량의 방송 촬영은 결코 쉬운 일이 아니었습니다. 방송 촬영에 들어가기 직전, 새로 부임한 가톨릭대학교 원종철 총장 신부님이 제게 성심대학원장을 맡아 줄 것을 제안하셨고, 그 제안에 저는 그리스도교 정신을 통해 한국 사회에 기여하는 것을 제 소명으로 느끼고 있다고 답했습니다. 이에 총장 신부님은 두 가지 일 모두 중요하므로 병행하는 방안을 찾아보라고 조언해 주셨습니다. 그러나 신부님의 너그러운 이해에도 두 일을 병행하기란 쉽지 않았습니다.

그래도 방송 촬영을 시작하며 저를 기쁘게 하는 일들이 일어났습니다. 가장 큰 선물은 변승우 피디님과의 만남입니다. 피디님은 방송 기획 단계부터 주제 선정, 방송 컨셉 등에 대한 참신한 아이디어를 제공해 주셨습니다. 더 나아가 자칫 딱딱해질 수 있는 강의에 다양한 영화 장면과 명화 등을 활용하여 더욱 풍성하게 해 주셨습니다. 특히 도입부의 요약 영상과 세부적인 질문 방향까지, 피디님의 전문성과 지혜는 이 책에도 가득 담겨 있습니다. 또한 방송을 함께 촬영한 김슬애 아나운서님은 시청자의 입장에서 저를 일깨워 주셨습니다. 제가 어려운 내용을 살짝 넘어가려고 할 때마다 날카로운 돌직구 질문을 던지면서 말이지요. 이 자리를 빌려 가톨릭평화방송 안병철 사장 신부님과 제작진분들께 진심으로 감사드립니다. 또한 방청객으로서 날카로운 질문을 통해 저를 깨워 주었던 모든 분들, 특히 가톨릭대학교 대학원생과 대학생들에게도 감사의 뜻을 전합니다.

이 책을 출간하면서 소중한 은인과 친지들을 기억합니다. 이미 방송 촬영 단계에서부터 가톨릭출판사는 가톨릭평화방송과 긴밀히 연결하여 강의 내용을 책으로 출간하기로 흔쾌히 결정해 주었습니다.

가톨릭출판사 사장 신부님을 비롯하여 꼼꼼하게 작업해 준 가톨릭출판사 편집국 직원분들께 진심으로 감사드립니다. 그리고 성심대학원장 업무로 시간에 쫓길 때 초고를 정리해 준 가톨릭대학교 대학원 엄가윤 양에게 감사의 마음을 전합니다. 또한 소중한 조언을 해 주신 작은 아버님 박순재 몬시뇰, 항상 기도와 사랑으로 동반해 주시는 장인어른과 장모님께도 깊이 감사드립니다.

마지막으로 제가 '행복'이라는 주제를 떠올릴 때마다 제 마음에서 떠나지 않는 사람이 있습니다. 방송의 처음 기획 단계와 내용 결정부터 책의 탈고까지, 모든 것에 대한 조언을 아끼지 않은 제 아내 노성숙 교수입니다. 철학 상담과 청소년 인문 상담의 기초를 마련하기에 벅찬 시간에도, 로드 매니저를 자처하며 모든 방송 일정을 함께해 주었습니다. 25년 동안 함께한 모든 시간과 전해 준 지혜에 감사하며 이 책을 '로사'에게 바칩니다.

2017년 6월
용인의 타가스테 연구실에서
박 승 찬

들어가는 말   1,600년 만에 새롭게 만나는 이 시대 최고의 멘토 · 5

제1강 ● 왜 지금
'아우구스티누스'인가?

　　우리는 지금 행복한가? · 22
　　　기술의 발전에도 계속되는 불행 · 22

　　그리스도교 최고의 스승,
　　아우구스티누스 · 26
　　　그리스도교의 위대한 사상가이자 감정 전문가 · 26
　　　가슴이 따뜻한 보통 사람 · 29

　　호불호가 극명하게 갈리는 인물 · 30
　　　아우구스티누스를 사랑하고 존경한 사람들 · 31
　　　아우구스티누스를 싫어한 사람들 · 34

　　최초의 현대인, 아우구스티누스 · 36

제2강 ● 아우구스티누스는
어떤 시대를 살았는가?

　　그리스-로마 문화와 그리스도교와의 만남 · 45
　　　그리스-로마 문화와 그리스도교의 차이 · 45
　　　그리스도인들은 식인종? 박해 시기에 붙었던 '딱지' · 47
　　　아프리카 학파 vs. 알렉산드리아 학파 · 48

그리스-로마 문화의 아버지와 그리스도교의 어머니 사이에서 · 50
똑똑한 아들의 출세를 원한 아버지 파트리치우스 · 50
아들을 훌륭하게 가르친 타가스테의 신사임당, 모니카 · 51

대제국 로마의 발전과 몰락 · 52
강인하고 정의로운 로마가 용병으로 채워지기까지 · 52
로마식 욕탕, 귀족 사치 문화의 끝판왕 · 55
사치의 정점은 곧 빈부 격차로 · 56
새로운 시대에 대한 희망으로 떠오른 그리스도교 · 57

아우구스티누스가 나고 자란
북아프리카는 어떤 곳인가? · 58
로마 제국 시기의 북아프리카의 지역적 특징 · 58
그리스도교와 함께 다양한 이단이 공존한 곳 · 61

제3강 **나는
누구인가?**

자신의 방향성을 묻는 질문, '나는 누구인가?' · 69

주체 의식이 강한 소년 · 71
학교에 들어간 아우구스티누스 · 71
강압적인 교육에 대한 실망 · 73
방황하던 소년이 지혜를 사랑하게 되기까지 · 74
성경과 마니교 모두 비판하던 자의식 강한 아우구스티누스 · 77

나를 찾아 떠나는 여행으로의 초대 · 78
하느님과 영혼, 기억을 통해 나를 발견하는 길 · 78
인간을 새롭게 규정하다 · 80

계속해서 나를 찾아나가는 질문, '나는 누구인가?' · 83

제4강 공부는 왜 해야 하는가?

경험에서 시작된 아우구스티누스의 교육에 대한 고민 · 94
   스승이 된 아우구스티누스 · 94

삶의 변화를 위한 가치 교육 · 96
   교육자로 있으면서 얻은 깨달음 · 96
   교육의 중심에 있는 사랑 · 98
   암브로시우스와의 만남을 통해 얻은 스승과 제자의 관계 · 99

학생들의 관심과 수준을 고려한 교육 방법 · 102
   학생들의 관심에서 출발하는 동기 · 102
   개개인에 맞는 차별화된 교육 방법 · 103
   공동체적인 기쁨의 중요성 · 105

참다운 교육을 이루어 주는 '내적 교사' · 106

제5강 하느님은 왜 '악'을 방치하는가?

악이란 무엇인가? · 116
   아우구스티누스의 마음을 사로잡은 것 첫 번째, 《호르텐시우스》 · 116
   아우구스티누스의 마음을 사로잡은 것 두 번째, 마니교 · 117
   마니교를 벗어난 아우구스티누스에게 주어진 숙제 · 120

신플라톤주의를 통한 악의 해명 · 121
   플라톤과 신플라톤주의 · 121
   악은 선의 결핍 · 126

악에 대해 남은 의문들 · 128

제6강 ● **'태초', 피조물
프로그래밍 시작**

이 세계는 어떻게 시작되었을까? · 136
세상의 근원에 대한 궁금증 · 136
그리스에서 시작된 세상의 근원에 대한 탐구 · 136

무로부터의 창조 · 139
그리스 철학의 창조 vs. 그리스도교의 창조 · 139
신플라톤주의의 유출설과 그리스도교의 창조 · 140
그리스도교에 대한 오해 첫 번째, 점진적 창조 vs. 동시 창조 · 142
그리스도교에 대한 오해 두 번째, 기계적 신 vs. 인격적 신 · 145

하느님의 선함이 깃든 모든 피조물 · 146

제7강 ● **'자유 의지'는
하느님의 '면죄부'인가?**

자유 의지의 문제를 다룬 책, 《자유 의지론》· 158
제자 에보디우스와 나눈 대화 · 158
악의 근원은 자유 의지의 잘못된 사용 · 158
질서의 역전은 의지 자체의 문제 · 162

왜 자유 의지를 허용했는가? · 163

인간에게 자유를 선물하신 하느님의 사랑 · 165

제8강 　**욕망에 좌우되는 나는
'악인'인가?**

사랑의 윤리와 죄의 본성 · 175
주지주의와 주의주의 · 176

사랑의 윤리학 · 177
사랑에서 찾은 윤리학의 원리 · 177
어떻게 행동하는 것이 윤리적인 행위인가 · 178

향유와 사용 · 180
향유와 사용의 의미 · 180
어떻게 향유하고 어떻게 사용해야 할까 · 181
향유해야 하는 하느님을 사용하는 인간 · 184
아우구스티누스의 악의 구분 · 185

원죄론에 관한 이론 정립 · 187

향유와 사용을 올바르게 활용하여 자유로운 인간으로 · 188

제9강 　**우리는 지금
행복한가?**

행복이란 무엇인가? · 197
행복에 대한 철학자들의 다양한 생각 · 197
어떻게 해야 진정으로 행복할까 · 198

하느님을 소유하는 참행복이란? · 202
하느님을 소유한다는 것의 의미 · 202
내면으로 들어갔을 때 만날 수 있는 행복 · 203

영원불변한 진리를 알려 주는 '내적 교사' · 205
아우구스티누스가 발견한 진리, "의심하는 나는 존재한다." · 205
'내적 교사'이신 성자 예수 그리스도 · 206

하느님과 우리의 만남을 지속하는 길 · 207

제10강 ◎ 절망, 불행, 고통은 하느님을 바라보게 하는 통과 의례인가?

아우구스티누스에게 다가온 절망과 불행 · 218
실망과 절망을 거듭 체험한 아우구스티누스 · 218
아우구스티누스의 회심, "집어서 읽어라." · 220

절망과 불행의 의미는 무엇인가? · 222
아우구스티누스가 바라본 고통의 의미 · 222
절망의 다양한 원인들 · 223

어떻게 절망을 극복할 수 있는가? · 227
육체적인 것으로부터 벗어나는 작업 · 227
절망을 극복하게 하는 은총의 힘 · 229

은총에 대한 펠라지우스와의 논쟁 · 230

절망과 불행을 함께 나누고 은총을 믿으며 · 232

제11강 죽음, 그 이후의 세상

죽음이란 무엇인가? · 242
죽음이 지닌 의미 · 242

죽음으로부터의 도피 · 244
죽음에 초연한 동서양의 사상가들 · 244

아우구스티누스의 죽음에 대한 탐구 · 247
죽음에 대한 진지한 반성 · 247
죽음을 대하는 성숙한 자세 · 249
플라톤 철학의 영혼관과 아우구스티누스의 영혼관 · 251

죽음에 대한 아우구스티누스의 성찰과 교훈 · 252

제12강 개인과 공동체, 끝내 해답은 사랑?

개인과 공동체의 관계는 무엇인가? · 263
《신국론》의 저술 배경 · 263

낡은 사람과 새 사람, 땅의 나라와 하느님의 나라 · 266
땅의 나라와 하느님의 나라의 구분 · 266
땅의 나라와 하느님의 나라 구분의 유래 · 270

땅의 나라와 하느님의 나라, 그리고 교회와 국가의 관계 · 271
땅의 나라와 하느님의 나라를 구분하는 중요한 기준 · 273

하느님의 나라가 승리할 것이라는 희망 · 275

제13강 　 정의와 평화, 지상에서 가능한가?

　　정의와 평화는 어떻게 이룰 수 있는가? · 286
　　　로마 제국을 비판한 아우구스티누스 · 286
　　　정의가 없는 나라는 강도떼와 같다 · 288

　　정의란 무엇인가? · 290
　　　정의에 대한 아우구스티누스의 생각 · 290

　　참다운 정의와 하느님의 나라 · 292
　　　진정한 정의와 평화가 이루어지는 곳 · 292
　　　시민의 덕과 정의의 상관관계 · 294
　　　정의로운 전쟁, 그리고 평화 · 296

　　《신국론》이 오늘날 갖는 의미 · 298

　　강의를 마치며 · 308

부록 　 연대표 · 310
　　　색인 · 313

· 제1강 ·

왜 지금
'아우구스티누스'인가?

정처 없는 세상, 종교는 힘을 잃고
병든 영혼은 치유의 길을 찾지 못한다.
이런저런 처세술이 득세하지만
허무의 그림자는 갈수록 짙어만 가는데…….
이제 시간의 벽을 넘어 길을 떠난다.
'인류 최고의 지성'으로 존경받지만,
우리와 똑같이 아파하며 고민했던 사람,
욕망 앞에 한없이 흔들린 자신을 고백하며 가슴을 쳤던 사람,
그렇게 비틀거리면서도 결국 주님을 향해 나아갔던 사람,
1,600년 전의 현대인, 아우구스티누스를 만나다!

왜 지금
'아우구스티누스'인가?

    우리는 아주 특별한 한 사람을 만나기 위해서 1,600년 전으로 시간 여행을 떠날 것입니다. 지금으로부터 1,600년 전은, 서양사에서는 중세가 시작되기 전 로마 제국 말기였고, 우리나라에서는 고구려·백제·신라가 있었던 삼국 시대였습니다. 너무 먼 옛날 이야기 같고, 그 시대 사람을 만나서 뭐 하나 싶지요? 바로 우리 부모님만 해도 세대 차이가 나서 말이 안 통한다고 생각하는데 말입니다. 그런데 그 당시 로마인들과 우리에게는 비슷한 점이 있습니다. 수많은 식민지 정복으로 큰 부를 누려 온 로마 제국은 식민지들이 줄어들자 경제가 점차 악화되었습니다. 그럼에도 불구하고 귀족들은 점점 사치스럽게 살았지요. 그러면서 중간 계층과 서민들의 세금 부담이 늘었고 빈부 격차가 심해졌습니다. 그렇다 보니 사회에 대한 불안감, 불신이 높아지고 이기주의가 팽배해졌습니다. 지금 우리의 현실에 비추어 볼 때 공감이 되는 부분이 많지 않나요? 실제로 그 시대에 살지 않았음에도 겪어 본 것 같지요? 그렇다면 지금부터 특별한 경험을 할 수 있을 것입니다.

우리는 지금 행복한가?

기술의 발전에도 계속되는 불행

우리 현대인들은 기술의 많은 도움을 받으며 살아갑니다. 예를 들면, 학생들은 직접 강의를 들으러 가지 않더라도 온라인을 통해서 많은 것을 배울 수 있고, 여행을 갈 때에도 빠른 속도로 여러 곳을 손쉽게 둘러볼 수 있습니다. 기술 문명을 통해서 예전의 인류가 전혀 체험하지 못했던 놀라운 혜택을 누리는 셈입니다. 여기서 묻고 싶은 것이 있습니다. 그래서 행복해졌나요? 어느 시대의 인류도 누리지 못한 문명의 풍요를 즐기면서도 지금 우리는 그다지 행복한 줄 모릅니다. 원하기만 하면 앉은 자리에서 모든 지식을 섭렵할 수 있는 기회를 가진 현대인들이 왜 행복하다고 느끼지 못할까요? 지금 우리가 먹는 음식이나 여행의 기회는 과거에는 왕이나 제후들만이 누리던 혜택인데도 불구하고, 왜 우리는 맨날 헛헛하고 마음이 답답하고 때로는 좌절과 불안을 느끼는 것일까요?

과거에, 기술 발전에 대해서 지금보다 훨씬 희망을 지닌 시대가 있었습니다. 근대가 시작될 무렵, 증기 기관과 자동차가 발명되고 기술

제1차 세계 대전의 도베르도 전투를 묘사한 그림

이 발전하면서 이를 통해서 모든 어려움을 극복해 나갈 수 있으리라는 기대가 있었습니다. 과학 문명이 발달하면서 뭐든지 해낼 수 있을 것만 같았지요.

그런데 그 꿈은 깨지고 말았습니다. 지금으로부터 100년 전으로 돌아가면, 제1차 세계 대전이 완전히 유럽을 초토화하는 모습을 마주하게 됩니다. 기술이 발전하면 행복해질 줄 알았는데, 사람들은 발달된 기술로 예전에는 할 수 없었던, 많은 사람을 한꺼번에 살상하는 만행을 저질렀습니다. 그리하여 제1차 세계 대전이 끝난 뒤, 사람들은 평화와 행복을 위해 협력하자며 국제 연맹을 만드는 등 여러 가지 노력을 했습니다. 하지만

> **제1차 세계 대전**
> 1914년부터 1918년까지 유럽을 중심으로 일어난 세계 전쟁. 식민지 쟁탈을 둘러싸고 제국주의 국가들이 대립하던 중, 오스트리아-헝가리 제국의 황태자가 세르비아 청년에게 암살당하면서 촉발되었다.

> **국제 연맹**
>
> 제1차 세계 대전 후에 설립된 국제 평화 기구로서 '국제 연합'의 전신. 승전국인 영국과 프랑스의 주도로 국제 평화와 안전을 유지하고 국제 협력을 증진시키려 했지만, 군국주의 세력을 막지 못했다.

> **제2차 세계 대전**
>
> 1939년부터 1945년까지 독일, 이탈리아, 일본을 중심으로 한 추축국과 영국, 프랑스, 미국, 소련 등을 중심으로 한 연합국 사이에 벌어진 전쟁. 인류 역사상 가장 많은 인명 피해를 남긴 전쟁이다.

> **지구 온난화**
>
> 지구 표면의 평균 기온이 상승하는 현상. 국제 사회는 지구 온난화에 따른 기후 변화에 대응하기 위해 '교토 의정서'와 '파리 기후 협약' 등을 채택하여 지구 온난화의 원인으로 지목되는 온실가스의 배출량을 줄이기 위해 노력하고 있다.

잘 알다시피 제2차 세계 대전이 터졌고, 그 와중에 600만 명이 넘는 유대인들이 강제 수용소의 가스실 등에서 목숨을 잃었습니다. 아마도 기술 발전을 통해 마련된 독가스나 체계적인 운송 수단이 없었다면, 그 수많은 유대인들을 그렇게 쉽게 죽일 수는 없었겠지요.

전쟁이 끝날 무렵 사람들은 좌절하기 시작했습니다. 기술과 인간의 이성을 통한 발전이 인간에게 행복을 가져다줄 것이라는 꿈이 산산조각 났던 것이지요. 그 이후 세계 대전이 벌어지고 있지는 않지만, 공업화로 인한 지구 온난화와 같은 환경의 변화가 우리를 괴롭힙니다. 몇십 년 만의 폭설이나 폭염, 황사, 미세먼지 같은 환경 변화가 우리를 계속 위협하고 힘들게 하지요. 이렇듯 인간의 이성과 기술이 행복을 가져다주리라는 희망은 머나먼 꿈으로 사라지고 말았습니다.

최근에 와서는 '인간의 이성과 기술이 정말 행복을 가져다줄까? 우리의 인생은 원래 그랬던 것처럼 덧없이 지나가다가 사라지는 것은 아닐까?' 하는 우려가 생겨났습니다. 이는 이제 의미 있는 일을 위한 결정적인 투신은 더 이상 가능하지 않다는 허무주의Nihilismus로 이어집니다. 그리고 이 세상에서는 더 이상 의미를 찾기 어렵기 때문에 이성과 기술의 발달이 가져다줄 것으로 기대한 거창한 행복을 포기하고, 오히려 작고 소소한 행복을 찾으며 살아가려는 모습이 생겨납니다.

> **허무주의**
> 19세기 중엽 이후 서구 사회에 주로 나타난 사상으로 니힐리즘nihilism이라고도 한다. 절대적인 진리나 도덕, 가치가 존재하지 않는다고 보는 입장으로 니체에 의해 명확한 하나의 사상으로 자리매김했다.

21세기로 들어오면서 사람들은 다시 묻기 시작했습니다. '인류의 발전이나 국가와 민족의 역사적 사명과 같은 거창한 의미가 아니라, 나에게 진정으로 의미를 가져다주는 것은 무엇일까?' 많은 사람들이 영원하고 불변하는 진리에 대한 확신을 잃은 상태에서 삶의 의미가 무엇인지 혼란을 겪습니다. 한 직장에서 평생을 일하며, 그런 노력이 굉장히 의미 있다고 생각해 온 분들도 있을 것입니다. 그러던 어느 날, 자신은 얼마든지 일할 수 있는데도 명예 퇴직 또는 정년 퇴직을 하게 되면, 그 이후에 새로운 삶의 의미를 찾지 못하기도 합니다. 그렇기 때문에 행복했던 시간들도 어느새 과거의 이야기가 되어 버리지요. 때로는 나 자신은 행복한데도 불구하고 내가 사랑하는 사람들이 병을 앓는 등, 주변 사람들이 고통을 겪기도 합니다.

이렇듯 기술과 문명이 발달했음에도 우리는 오히려 불행과 좌절과 근심에 싸여 있는 것은 아닌지 모르겠습니다. 이러한 문제 의식은 최근 사회에 홍수처럼 넘치는 '행복'과 '힐링'이라는 용어에서도 드러납니다. 힐링 콘서트를 비롯해서 행복을 추구하고자 하는 것들이 많이

위대한 사상가, 아우구스티누스

생겼지만, 여기에는 모순이 있습니다. 힐링을 많이 이야기하는 사회일수록 그 사회는 병들어 있다는 것입니다. 그렇다면 이렇게 행복과 힐링을 추구하는 사회에 진정한 행복을 알려 줄 인물은 없을까요? 현대인들이 찾고자 하는 진정한 행복과 삶의 지혜를 알려 줄 사상가, 바로 아우구스티누스 Augustinus(354~430년)입니다.

그리스도교 최고의 스승, 아우구스티누스

그리스도교의 위대한 사상가이자 감정 전문가

한때 전성기를 누리던 거대한 로마 제국이 서서히 몰락하고 있을 때, 아우구스티누스가 태어났습니다. 그는 로마 제국의 격변기 또는 쇠퇴기의 한복판에 서 있었지만, 가장 영향력 있는 그리스도교 사상가라고 할 수 있습니다. 그리스도교 최고의 스승을 한 사람만 꼽으라고 한다면 바로 아우구스티누스를 꼽을 수 있을 정도입니다.

아우구스티누스는 그리스도교 초기 교부(教父)들 중 가장 많은 저작을 남긴 인물입니다. 물론 아우구스티누스보다 더 많은 책을 쓴 오리게네스Origenes(185~254년)라는 교부도 있지만, 그가 쓴 방대한 양의 책은 대부분 사라져 버렸습니다. 아우구스티누스의 작품은 이민족들의 침입에도 불구하고 잘 보존되었기에, 현재까지 전해 오는 그의 작품은 엄청난 양입니다. 이를 통해서 우리는 당시의 사회를 들여다볼 수 있을 뿐만 아니라, 직접 겪을 수 없는 소중한 경험들을 찾아낼 수도 있습니다.

> **오리게네스**
> 알렉산드리아 학파를 대표하는 교부로서 초기 그리스도교 신학의 정립에 지대한 공헌을 했다. 《원리론》을 비롯하여 2천 권이 넘는 작품을 남겼지만, 그가 죽은 후 대부분 소실되었다.

서두에서 현대인들이 형편은 나아졌지만 감정적인 괴로움이나 불행, 좌절을 느끼고 있다고 말한 바 있습니다. 우리의 일주일, 한 달, 1년을 되돌아보면 웃는 일보다는 찡그리는 일, 걱정되는 일로 보낸 날들이 많았을지도 모릅니다. 그럴 때 마음속에서 분노나 좌절 등의 감정이 일어나기도 하는데, 이런 것들이 어디서 올까요? 아우구스티누스도 이러한 질문을 하며 이에 대해 탐구했습니다. 심리학이 발전하기 훨씬 전, 그는 이미 인간의 감정을 되새기며, 그 내면으로 들어갔던 것입니다.

그렇다면 아우구스티누스는 감정의 전문가이기만 할까요? 아닙니다. 당시에도 요즘과 같이 인문학 열풍이 불었는데, 그는 실제로 인문학을 가장 사랑한 위대한 스승이기도 했습니다. 사실 아우구스티누스는 세속적인 욕심 때문에 인문학 교육에 임했지만, 이 인문학 교육이

> **대그레고리우스 교황**
> 로마의 귀족 가문 출신으로 재산을 기증하고 수도자가 되었다. 교황에 선출된 후 자신을 '하느님의 종들의 종'이라고 부르며 교회 개혁을 주도했다. 〈그레고리오 성가〉라 불리는 전례 음악을 정리했다.

> **앨퀸**
> 영국 출신의 신학자로서 카를 대제의 학술 고문을 지내며 카를 대제의 문예 부흥을 주도했다. 대대적인 필사 작업을 통해 도서관을 확장하고, 궁정 학교를 자유학예를 중심으로 개혁했다.

> **캔터베리의 안셀무스**
> 이탈리아 출신의 신학자로서 영국 캔터베리 대주교를 지냈다. 신앙을 전제하고 이성을 추구하여 '신앙과 이성의 조화'를 확립함으로써 '스콜라 철학의 아버지'라고 불린다.

나중에 그리스도교를 선포하는 데 매우 중요한 역할을 하게 됩니다.

아우구스티누스가 얼마나 영향력이 큰지는 위대한 사상가들의 입을 통해서도 드러납니다. 대그레고리우스Gregorius(540~604년) 교황, 카를 대제를 도운 앨퀸Alcuin(735~804년), '이성과 신앙의 조화'라는 캐치프레이즈를 내걸은 캔터베리의 안셀무스Anselm of Canterbury(1033년경~1109년), 《명제집》으로 유명한 페트루스 롬바르두스Petrus Lombardus(?~1164년), 그리고 보나벤투라Bonaventura(1221~1274년)나 둔스 스코투스Duns Scotus(1266~1308년)와 같은 프란치스코회 학자들에게 그는 최고의 스승으로 존경을 받았습니다.

앞서 이야기한 바와 같이 아우구스티누스는 굉장히 많은 책을 썼습니다. 그중에서도 가장 유명한 책은 《고백록》(또는 《참회록》)입니다. 《고백록》은 많은 이들에게 영감과 위로를 준 책이기도 합니다. 그래서일까요? 《고백록》은 우리나라에서만 무려 40번이나 번역이 되었습니다. 그것 말고도 아주 유명한 책이 있는데, 바로 《삼위일체론》입니다. 이 책은 그리스도교 신자들에게 매우 중요한 책이지만, 그 내용은 철학적으로도 신학적으로도 무척 어렵습니다. 그다음에 소개할 책은 《신국론》입니다. 이 책은 한마디로 말하자면, 로마 제국이 멸망할 무렵, 제국의 멸망과 인류의 새로운 희망에 대해 노래한 책이라고 할 수 있습니다.

가슴이 따뜻한 보통 사람

여기까지만 보고 '아, 아우구스티누스는 나와는 거리가 먼 분이구나.' 하고 생각할지도 모르겠습니다. 하지만 아직 아우구스티누스에 대해 말하지 않은 중요한 사실이 있습니다. 바로 그가 놀라울 정도로 우리와 닮았다는 것입니다. 그는 그리스도교 최고의 스승으로 존경받지만, 그의 삶은 비범하지 않은 보통 사람의 모습이었습니다. 아주 어렸을 때부터 성인成人이 될 때까지 그는 끊임없이 명예욕과 출세욕, 성욕에 휘둘리며 살았지요. 이런 점에서 그는 우리와 크게 다르지 않은 사람, 오히려 '가슴이 따뜻한 보통 사람'이라고 할 수 있습니다.

아우구스티누스는 인간적인 유혹과 삶의 모순에 누구보다도 예민하게 시달렸고, 심지어는 주교 자리에 오른 뒤에도 때때로 찾아드는

페트루스 롬바르두스

이탈리아 출신의 신학자로서 파리 노트르담 주교좌성당 학교의 교사로 명성을 얻었다. 성경과 교부들의 사상을 요약한 《명제집》 네 권은 중세 대학에서 대표적인 신학 교과서로 사용되었다.

보나벤투라

이탈리아 출신 신학자로서 프란치스코회 총장을 거쳐 추기경이 되었다. 《하느님께 이르는 정신의 여행》 등에서 아우구스티누스의 전통을 따라 신비적인 사색을 존중했다.

둔스 스코투스

영국 출신으로 프란치스코회의 대표적인 스콜라 철학자. 신의 절대적 자유를 강조함으로써 토마스 아퀴나스의 사상을 적극적으로 비판했으며, 보편보다 개체의 중요성에 주목했다.

육체의 유혹에 가슴앓이를 했습니다. 《고백록》에 이러한 체험이 잘 드러나 있습니다. 즉 자신이 이성적으로 모든 것을 극복하려고 노력했지만, 마음대로 되지 않는 시기가 있었다고 합니다. 자신이 젊었을 때 체험한 육체적인 것들이 꿈에 나타나서 자신을 끊임없이 괴롭혔고, 이를 극복하기 위해 노력한 직접적인 체험을 아우구스티누스가 고백하는 것입니다. 우리도 우리 안에 생겨난 어떤 욕심이나, 현재의 행복을 잃을까 두려워하는 마음과 같은 것들 때문에 괴로울 때가 많습니다. 그리스도교의 위대한 스승이자 성인인 아우구스티누스도 우리와 마찬가지로 이것을 경험했고 고민했고 또 극복했던 인물입니다.

호불호가 극명하게 갈리는 인물

> **토마스 아퀴나스**
> 중세 유럽의 스콜라 철학을 대표하는 신학자. 아리스토텔레스 철학을 이용하여 방대한 신학 이론의 체계를 수립하며 이성과 신앙의 조화를 추구했다. 그는 철학과 신학에 관한 훌륭한 저서를 많이 남겼는데, 특히 《신학대전》은 그의 기념비적인 저술로 손꼽힌다.

이토록 위대했고 인간적이기까지 했던 아우구스티누스에 대해 찬성하는 사람들이 많았을까요, 반대하는 사람들이 많았을까요? 토마스 아퀴나스Thomas Aquinas(1224년경~1274년)는 그와 논쟁을 벌였던 적대자들에게까지도 존경을 받았다고 전해집니다. 반면, 보통 사람 아우구스티누스는 그 누구보다도 사람들의 찬성과 반대를 뚜렷하게 받았습니다. 그 이유는 아우구스티누스가 쉽게 타협하지 않았기 때문이라고 할 수 있습니다. 자신이 옳다고 생각하는 것에 대해서는 반대자들을 설득하기 위해 끊임없이 노력했는데, 그래서인지 그는 수많은 논쟁에 휘말렸고 살아 있을 때에도 사람들의 찬성과 반대가 극명하게 갈렸습니다.

아우구스티누스를 사랑하고 존경한 사람들

먼저 아우구스티누스에게 찬성했던 인물들을 알아볼까요? 우리는 이웃 종교로부터도 많은 것을 배울 수 있습니다. 예를 들어 불교를 통해 우리의 고통이 욕심으로부터 온다는 것을 알고, 그 모든 것을 내려놓을 때에야 우리가 행복에 도달할 수 있다는 가르침을 배울 수 있습니다. 그리고 이러한 가르침은 그리스도교 전통에서도 이어져 왔는데, 이를 신비주의Mysticism라고 불렀습니다. 자신을 내어 놓고 또한 비우면 하느님을 만날 수 있다는 아우구스티누스의 가르침은 후대 신비주의자들에게 매우 각광받았습니다.

> **신비주의**
> 하느님과의 직접적이고 내면적인 일치의 체험을 강조하는 종교 사상으로, 그리스 교부로부터 시작하여 아우구스티누스를 거쳐 14세기 독일 및 16세기 스페인의 사상가들에게서 꽃을 피웠다.

> **루터**
> 독일의 신학자. 대사부 판매를 적극 비판하면서 종교 개혁을 촉발시켰다. 성경, 신앙, 은총만을 강조함으로써 독립적인 '루터파 교회'를 설립했고, 신약 성경을 독일어로 번역했다.

또한 루터Martin Luther(1483~1546년)의 "신앙만으로Sola Fide, 성경만으로 Sola Scriptura, 은총만으로Sola Gratia"라는 가르침 중에서 특히 '은총만으

종교 개혁가, 루터

칼뱅

프랑스 출신의 종교 개혁가. 《그리스도교 강요》라는 책에서 복음주의적 개혁 이론을 펼쳤다. 스위스 제네바에서 엄격한 신앙생활을 요구하는 개혁을 일으키며 신정 정치 체계를 수립했다.

낭만주의

18세기 말에서 19세기 중엽까지 이성을 중시하는 계몽 사상에 반대하여 감정과 상상력을 중시한 문예 사조. 이런 입장은 예술 운동으로 발전하여 유럽 전역 및 아메리카로 퍼져 나갔다.

로'는 후기 아우구스티누스의 가르침에서 나온 것이었습니다. 루터와 **칼뱅**Jean Calvin(1509~1564년) 모두 중세 가톨릭 신앙이 하느님의 은총보다는 인간의 노력에 의존한다고 비판하면서, 인간에게는 하느님의 은총이 필요하다고 한 아우구스티누스의 주장을 받아들여 체계화했습니다. 그래서 가톨릭에서는 아우구스티누스와 토마스 아퀴나스를 양대 산맥처럼 존경하는 데 반해, 개신교에서는 아우구스티누스를 훨씬 더 좋아합니다.

아우구스티누스에 대한 찬반 입장은 근대에 들어와서도 여전했습니다. 지금껏 인류의 사상 대부분은 인간의 이성을 강조하는 경향이 있었습니다. 그런데 **낭만주의**Romanticism에서는 인간의 감정을 중시하면서, 종교라는 것은 지적인 논구論究를 통해서 도달하는 것이 아니라고 보았습니다. 그런데 아우구스티누스는 분노나 두려움, 사랑과 같은 우리의 감정이 얼마나 소중한지 일깨워 주었습니다. 그래서 그는 낭만주의자들에게 존경을 받았습니다.

아우구스티누스의 역사 철학에 영향을 받은 위대한 철학자도 있었습니다. 바로 "**역사는 정과 반과 합이 끊임없이 변증법적인 발전을 이루어 가는 과정을 거쳐 나아가고 있다.**"라고 이야기한 헤겔 Georg Wilhelm Friedrich Hegel(1770~1831년)입니다. 아우구스티누스 이전의 그리스 철학에서는 역사가 봄·여름·가을·겨울처럼 순환적으로 돌아간다고 생각했는데, 아우구스티누스는 역사가 직선적으로 발전해 나간다고 생각한 것입니다. 역사를 '국가의 흥망성쇠'라는 반복되는 현상에 국한하지 않고, 이를 뛰어넘어 그 밑에 있는 역사의 원동력을 체계적으로 파악하려 했던 아우구스티누스에게 헤겔은 깊은 영감을 받은 셈입니다. 그리고 '공산주의' 하면 떠오르는 철학자 마르크스Karl Heinrich Marx(1818~1883년)는 '**변증법적 유물론**'을 주장했

근대 철학자, 헤겔

헤겔
독일의 이상주의Idealismus 철학 이론을 완성한 거장. 긴장과 모순으로 가득 차 있는 세계를 '절대 정신'을 중심으로 변증법적으로 통합했고, '헤겔 학파'를 통해 후세에 지대한 영향을 미쳤다.

마르크스
독일 출신의 철학자로서 과학적 사회주의와 공산주의를 창시했다. 헤겔의 영향을 받았으나 이를 변형하여 변증법적 유물론을 정립하는 한편, '빈부 격차의 대립'을 해결하려 노력했다.

> **실존 철학**
> 20세기 전반에 독일과 프랑스를 중심으로 일어난 철학적 사조로, 주체적 존재로서의 인간을 자각하고 인간 실존의 구조와 문제성을 밝히려고 하는 철학이다.

> **키르케고르**
> 덴마크의 철학자이자 종교 사상가. 쇼펜하우어의 영향을 받아 실존주의를 창립한 선구자로 평가받는다. 헤겔의 관념론과 덴마크 루터교 교회에 반대하여 개인이 직면하게 되는 감정을 중시했다.

는데, 역사가 계속해서 발전해 가는 과정이라는 영감이 마르크스의 유물론에까지 영향을 미쳤습니다.

이것이 끝이 아닙니다. 앞서 제1차 세계 대전, 제2차 세계 대전과 환경 오염의 문제를 이야기했지요? 이러한 것들에 대한 두려움 속에서 **실존 철학**實存哲學이 폭발적인 각광을 받았습니다. 이 실존 철학을 대표하는 철학자가 **키르케고르**Søren Aabye Kierkegaard(1813~1855년)입니다. 키르케고르가 가장 존경하고 영향을 받은 인물도 아우구스티누스였습니다.

아우구스티누스의 영향은 근대를 넘어 현대까지도 멈추지 않았습니다. **비트겐슈타인**Ludwig Wittgenstein(1889~1951년)이라는 현대의 언어 철학자는 20세기와 그 철학을 언어로 규정했는데, 언어와 언어가 기술하는 실재 사이의 관계가 대단히 중요하다는 사실을 꿰뚫어 본 아우구스티누스로부터 영감을 받았습니다. 이처럼 중세부터 근대와 현대에 이르기까지 아우구스티누스의 사상적인 영향력은 정말 대단했습니다.

아우구스티누스를 싫어한 사람들

그렇다면 아우구스티누스의 반대자에는 누가 있을까요? 중세가 끝나고 근대에 들어서면서 사람들은 "모든 사회적인 억압으로부터 해방되자!"라고 주장하기 시작했습니다. 그들은 신과 종교를 그 억압 중 하나로 생각했습니다. 그래서 이러한 억압으로부터 벗어나서 인간이 모든 것을 지배하고, 인간이 가진 기술로 인류에게 닥쳐오는 질병이나 홍수,

현대 철학자, 비트겐슈타인

지진과 같은 자연의 위협을 이겨 낼 수 있다는 자신감을 가졌습니다. 이런 그들의 입장에 훼방을 놓는 사람이 바로 아우구스티누스였습니다. 아우구스티누스는 근본적으로 "인간은 모두 이성적인 능력을 가지고 태어났기 때문에 이것만 잘 발휘하면 행복에 도달할 수 있다."라고 주장한 계몽주의자들이 힘을 잃게 만들었습니다. 아우구스티누스가 정립한 원죄에 대한 이론이 그들이 꿈꾸던 인간의 완전성을 실현하지 못하도록 했기 때문이지요. 인간의 긍정적인 측면을 무한히 강조했던 계몽주의자들은 "모든 인간은 원죄를 가지고

> **비트겐슈타인**
> 오스트리아 출신이지만, 영국에서 활동한 대표적인 언어 철학자. 《논리 철학 논고》, 《철학적 탐구》와 같은 저서를 통해 철학의 정체성을 성찰함으로써 영미권 언어 분석 철학의 기초를 확립했다.

> **계몽주의자**
> 18세기부터 이성의 힘과 무한한 진보를 믿으며 현존 질서를 타파하고 사회를 개혁하려는 데 목적을 두었던 계몽주의를 추종한 인물들. 몽테스키외, 볼테르, 루소 등을 들 수 있다.

현대 철학자, 니체

니체
독일의 철학자로서 생生철학, 실존주의의 선구자로 인정받고 있다. '신의 죽음'을 외침으로써 종래의 합리론, 그리스도교 윤리 등을 부정했고, '권력에의 의지'를 강조했다.

태어난다. 원죄 때문에 우리 스스로의 힘으로 완성에 도달한다는 것은 불가능하다."라고 한 아우구스티누스의 주장을 결코 받아들일 수 없었습니다.

현대에는 니체|Friedrich Nietzsche (1844~1900년)가 있습니다. 그는 낮에 등불을 들고 다니다가 "신은 죽었다!"라고 외치는 장면을 묘사하며 초인超人(또는 위버멘쉬Übermensch)이 새로운 윤리를 추구해야 한다고 강조했습니다. 초인의 발현을 꿈꾸던 니체에게는 아우구스티누스의 고백이 너무 나약해 보였고, 이런 나약한 정신이 그리스도교를 오염시켰다고 그는 생각했습니다.

최초의 현대인, 아우구스티누스

1,600년의 역사를 지나오면서 아우구스티누스를 좋아하는 사람들도 있었고, 비판하는 사람들도 있었습니다. 독자 여러분도 아우구스티누스를 좋아할 수도, 좋아하지 않을 수도 있습니다. 그러나 적어도

이제는 아우구스티누스를 존재하지 않는 사람으로 여길 수는 없을 것입니다. 그의 글과 책을 통해서 지금도 살아 있는 아우구스티누스를 만날 수 있고, 이를 통해 많은 사람들이 가르침을 받고 있음을 인정하게 되었기 때문입니다. 그래서 '인간이란 무엇인가?', '나는 누구인가?', '나의 영혼은 도대체 어떠한 길을 가고 있고, 왜 나는 이렇게 괴로움을 당하는 것인가?'와 같은 질문이 떠오른다면 아우구스티누스의 가르침 안에서 삶의 지혜를 얼마든지 끌어올릴 수 있을 것입니다.

앞서 말했듯이 서구에서는 인간의 본성이나 하느님, 심지어 역사와 언어에 대한 많은 내용을 아우구스티누스에게서 영향을 받았습니다. 더욱 놀라운 것은 아우구스티누스의 사상이 현대 사회에서도 적용할 수 있는 값진 원리와 원칙을 제공한다는 사실입니다. 예를 들어 아우구스티누스는 최근에 유행하는 '학습자 중심 교육'이라는 경향을 거의 최초로 완벽하게 정리한 인물이라고 할 수 있습니다. 그의 교육 사상이 전통적인 그리스도교 사상의 틀에 입각했다고 하더라도, 이 틀을 거부하는 사람들조차 아우구스티누스가 중요한 교육적 영감을 부여한다는 사실만은 인정하고 있습니다. 그래서 헨리 채드윅Henry Chadwick(1920~2008년)은 아우구스티누스를 '**최초의 현대인**'이라고 불렀습니다. 오늘날 사람들이 관심을 가지는 인간의 감정, 교육, 행복의 추구 등을 1,600년 전에 완벽하게 보여 주었기 때문입니다.

> **헨리 채드윅**
>
> 영국 성공회 사제이자 신학자로서 가톨릭교회와의 관계 개선에 중요한 역할을 했다. 또한 오리게네스와 아우구스티누스에 대한 연구로 초대 교회 사상 연구에 크게 공헌했다.

무엇보다 아우구스티누스는 단순히 이론적인 탐구에만 몰두했던 것이 아니라, 혼란스러운 시대에 자신의 소명을 다하려는 정직한 지성인이었습니다. 지나친 개인주의가 만연해 가는 이 시대를 살아가면서 '새롭게 의미 있는 방향으로 우리나라와 세계가 변화되었으면 좋겠다. 어떻게 변화되는 것이 좋을까?'라는 질문이 생긴다면, 아우구스티누스의 《신국론》이 좋은 가르침을 줄 것이라고 생각합니다. 그는 한 시대가 가고 또 하나의 시대가 오는 전환기에 큰 혼돈을 겪으면서도 좌절하거나 체념하지 않고, 오히려 그것을 올바로 응시하고 파악하며 새로운 방향을 제시하고자 했습니다.

아우구스티누스와의 만남이 모든 근심과 걱정을 사라지게 할 수는 없을 것입니다. 그렇지만 그가 마지막까지 우리와 같은 고민을 하면서 그 고민을 풀어 보고자 노력했던 인물이라는 점에서 우리에게 희망을 줍니다. 그 누구보다 인간적인 삶을 살아오면서도 끊임없이 지혜를 추구했던 아우구스티누스야말로 우리 현대인들에게 삶의 지혜를 제시할 수 있는 훌륭한 멘토가 아닐까요?

토마스 아퀴나스와 같은 유명한 철학자들도 많은데, 그중에서도 왜 아우구스티누스와 만나야 할까요?

가장 큰 이유는 아우구스티누스가 우리와 같은 보통 사람이었기 때문입니다. 그는 명예욕, 성욕과 같은 보통 사람이 겪는 모든 것을 겪었습니다. 그러면서도 그의 가르침은 그가 최초의 현대인이라고 불릴 만큼 현대에도 바로 적용할 수 있을 정도로 훌륭합니다. 또 다른 의미에서는 아우구스티누스를 통해 깊이 있는 성찰을 할 수 있기 때문입니다. 아우구스티누스는, 단순한 처세가들이나 힐링을 이야기하는 사람들과는 다른 차원이라고 할 만큼 삶을 아주 깊게 성찰했습니다. 마지막으로 아우구스티누스에 대해서는 성경을 잘 알고 근본적인 이성적 성찰 능력만 있으면 충분히 이해할 수 있기 때문입니다. 그 예로 《고백록》은 별도의 철학 교육을 받지 않은 사람도 지금 당장 읽고 이해할 수 있을 정도입니다.

신앙적인 차원이 아니라 일반적인 차원에서 아우구스티누스는 어떠한 영향을 끼쳤나요?

아우구스티누스는 고대 문명을 받아들여 그리스도교의 지평을 넓힌 인물입니다. 이러한 그의 사상은 서구 문화에 큰 영향을 끼쳤고, 그렇기 때문에 일반 지성사 안에서도 굉장히 중요한 역할을 했다고 말할 수 있습니다. 본문에서 아우구스티누스가 헤겔, 마르크스, 키르케고르, 비트겐슈타인에 이르기까지 다양한 철학 사상가들에게 영향을 미쳤다고 말한 바 있지요. 그 밖에 《중력과 은총》이라는 책을 쓴 프랑스의 철학자 시몬 베유의 경우도 열심히 사회 운동을 하다가 마지막에 도달한 것이 아우구스티누스의 사상이었습니다. 독일 출신의 정치 철학자이자 《예루살렘의 아이히만》의 저자인 한나 아렌트Hannah Arendt(1906~1975년)도 〈성 아우구스티누스의 사랑 개념〉이라는 박사 학위 논문을 쓸 정도로 아우구스티누스에게 영향을 크게 받았습니다. 결국 근대 철학부터 현대 철학에 이르기까지 서구 지성사에 아우구스티누스가 면면하게 영향을 미쳤다고 할 수 있겠습니다.

아우구스티누스가 우리와 동떨어진 옛날 사람이라는 생각이 여전히 지워지지가 않습니다. 혹시 우리가 알 만한 근현대 사람을 예시로 든다면 어떤 사람과 유사하다고 할 수 있을까요?

아무래도 제가 철학과 교수이기 때문에 철학자를 예시로 들 수밖에 없을 것 같습니다. 칸트Immanuel Kant(1724~1804년)라는 이름을 한 번쯤은 들어 보았지요? 칸트는 근대 철학의 복잡한 합리론과 경험론을 새롭게 종합한 인물인데, 이런 칸트와 같은 종합을 아우구스티누스가 이루었다고 생각하면 좋을 것 같습니다.

그리고 철학자가 아닌 사람 중에서는 《젊은 베르테르의 슬픔》과 《파우스트》로 유명한 독일의 작가 괴테Johann Wolfgang von Goethe(1749~1832년)를 예로 들 수 있을 것 같습니다. 그는 '인류의 마지막 천재'라고 불리는데, 그의 작품 때문에 자살한 사람이 있을 정도로 감정에 대한 묘사가 대단한 문인이자, 바이마르 공화국의 재상을 지내며 활약한 뛰어난 정치가였습니다. 또한 그는 83세로 세상을 떠날 때까지 공부의 끈을 놓지 않은 인물이기도 합니다. 바로 아우구스티누스가 괴테와 같은 이러한 열정을 가졌던 인물이었습니다. 그러니까 아우구스티누스는 칸트와 괴테를 한데 모은 훌륭한 인물이라고 할 수 있습니다.

· 제2강 ·

아우구스티누스는 어떤 시대를 살았는가?

기원후 4세기,

거대한 로마 제국이 흔들리고 있었다.

경제적 쇠퇴, 중산층 몰락, 양극화 심화.

그리고 끝없는 정쟁政爭,

불안과 허무가 제국을 가득히 드리웠지만

마음을 다잡아 줄 가르침은 아득하기만 했다.

이때 새로운 빛이 세상을 밝혔다.

바로 '그리스도교'였다.

하지만 서로 다른 문화는 충돌하기 마련!

'그리스-로마 문화'와 '그리스도교'의 만남은

결코 쉽지 않았는데…….

그 만남과 충돌의 길에서

우리는 위대한 인류의 스승과 조우한다.

아우구스티누스는
어떤 시대를 살았는가?

정치가들은 맨날 시끄럽게 싸우기만 하고, 세금은 항상 폭탄처럼 떨어지고, 살림살이는 점점 빠듯해집니다. 부자는 더 부자가 되고, 서민은 점점 더 살기 힘들어집니다. '세상이 대체 어떻게 되려고 이러나.' 하고 매일매일 불안하고, 한편으로는 '에라 모르겠다. 나만 잘 살면 되지.' 하는 생각이 시도 때도 없이 듭니다. 오늘날의 대한민국을 떠올리게 하는 이러한 이야기들은 무려 1,600년 전 거대한 로마 제국 말기의 모습이기도 했습니다.

그리스-로마 문화와 그리스도교와의 만남

그리스-로마 문화와 그리스도교의 차이

사실 1,600년 전의 상황은 지금과 다른 점도 많이 있습니다. 가장

> **제우스**
> 그리스 신화에 나오는 최고신으로 하늘을 다스리며 '신과 인간들의 아버지'로 인정받는다. 바람둥이 신으로도 유명하다. 로마 신화에서는 '유피테르'라고 불린다.

> **헤라**
> 그리스 신화에 나오는 올림포스 여신 중 최고의 여신으로, 제우스의 누이이자 정식 아내다. 여성의 결혼 생활을 지키는 여신으로, 질투가 심한 것으로도 유명하다. 로마식 이름은 '유노'다.

큰 차이는 지금은 그리스도교가 우리에게 굉장히 익숙해져 있지만 당시에는 그리스도교가 충분히 알려져 있지 않았다는 점입니다. 그 당시를 주도했던 문화는 **그리스-로마 문화**였습니다. **그리스도교**는 오히려 변방의 팔레스타인에서 이제 막 싹이 트는 단계였지요. 그런데 그리스-로마 문화와 그리스도교 사이에는 많은 차이가 있었습니다. 그중 하나는 그리스-로마 문화는 **다신교** 문화였다는 점입니다. 여러분이 잘 아는 **제우스**나 **헤라** 등을 비롯한 올림포스 12신뿐만 아니라 곳곳에서 많은 신을 모시고 있었습니다. 그 문화에 속한 사람들이 유일신을 믿는 그리스도교를 받아들이기는 힘들었지요. 또한 그리스-로마 문화에는 **그리스 철학**이 담겨 있는데, 그리스 철학은 이성을 중시했기에, 그들은 신앙보다는 이성으로 생각하는 것을 좋아했습니다.

다신교적인 사고방식에 유일신관이 들어오자 초기에는 사람들이 도무지 이것을 이해하지 못했습니다. 다른 정복 민족들은 다른 지역의 신도 기쁘게 받아들인 반면, 유대교에서 갈라져 나온 그리스도교에서는 "우리의 하느님만이 참다운 신이다."라며 일체의 타협을 하지 않았습니다. 또한 그리스-로마 문화권의 사람들은 **오리온**이나 **헤라클레스**처럼 아주 뛰어난 영웅들이 '별들이 있는 저 높은 위치에 올라가서 신이 된다'고 생각했습니다. 그러나 그리스도교에서는 '하느님과 인간 사이에는 너무나 큰 간극이 있다'는 점을 강조했습니다. 그리하여 서서히 충돌점이 생겨나게 되었습니다.

그들은 처음에는 그리스도교에 관심조차 주지 않았습니다. 하지만 그리스도교는 지중해 연안에서 점점 퍼져 나가기 시작했습니다. 먼저 하층민들에게 그리고 귀족 여성들에게 퍼지면서 귀족들 안으로 들어왔고, 로마의 뛰어난 남성 지도자들에게까지 그리스도교가 영향을 미쳤습니다. 이렇게 그리스도교가 그들의 문화에 뿌리내리는 과정에서 박해가 일어났습니다.

> **오리온**
> 그리스 신화의 거인 사냥꾼으로 뛰어난 용모와 엄청난 괴력의 소유자. 질투에 찬 아르테미스(로마식 이름은 디아나) 여신이 쏜 화살에 맞아 죽은 뒤 하늘에 올라 별자리가 된다.

> **헤라클레스**
> 그리스 신화의 최고 영웅으로 제우스가 알크메네와 결합하여 얻은 아들. 헤라 여신의 끊임없는 박해를 받으면서도 용맹과 지혜를 겸비한 영웅으로 성장한다. 죽은 뒤 신의 반열에 올랐다.

그리스도인들은 식인종? 박해 시기에 붙었던 '딱지'

박해가 시작되면서 그리스도교를 믿는 사람들이 근친상간을 한다는 조금 황당한 소문이 퍼져 나갔습니다. 그리스도인들이 서로 "형제", "자매"라고 부르는 모습 때문이었습니다. 그리고 누군가는 식인 풍습이 있다고 말하기도 했습니다. 초기 그리스도인들이 **카타콤베**에 숨어들었을 때, 누군가가 "너희는 이것을 받아 먹어라. 이는 너희를 위하여 내어줄 내 몸이다.", "너희는 모두 이것을 받아 마셔라. 이

> **카타콤베**
> 고대 로마의 매장 형식에 따라 발달된 지하 묘소로서, 통로로 광범위하게 연결되었다. 로마의 그리스도교 박해 당시 그리스도인들이 몸을 숨기거나 종교 의식을 바치기 위해 이용했다.

는 새롭고 영원한 계약을 맺는 내 피의 잔이다."라고 이야기하는 것을 들은 것입니다. 이런 것들이 그리스도인들에 대해 오해하게 만들었지요. 게다가 로마인들에게는 국가 제례가 있었습니다. 이것은 로마인들이 믿는 다신교가 단순한 종교가 아니라, 이와 관련된 모든 것을 로마 제국이 주도했음을 보여 줍니다. 그래서 유일신을 믿는다는 이유로 이 제례에 참여하지 않은 그리스도인들에게는 국가 전복을 기도하는 위험한 세력이라는 의심이 따랐습니다. 우리나라로 치면 소위 '빨갱이'라는 딱지가 붙는 것과 비슷했습니다. 하지만 그리스도인들은 박해 가운데서도 신앙을 지키고 올바른 생활을 하면서 사람들을 설득해 갔습니다.

아프리카 학파 vs. 알렉산드리아 학파

300년 동안 지속된 그리스도교 박해는 한 황제로 인해 끝나게 됩니다. 바로 **콘스탄티누스**Constantinus(306~337년) **대제**입니다. 그는 313년에 '밀라노 칙령'을 반포하면서 그리스도교를 공인하고 종교의 자유를 선포했습니다. 그런데 외부적인 어려움이 있을 때는 집안 식구들이 똘똘 뭉치지만, 그 어려움이 없어져 안정되면 집안 싸움이 벌어지는 경우가 종종 있지요. 이와 마찬가지로, 그리스도교가 안정적으로 자리 잡자 그 안에서 싸움이 벌어지고 말았습니다. 그중 가장 중요한 싸움

밀라노 칙령을 통해 그리스도교를 공인한 콘스탄티누스 대제

은 그리스-로마 문화의 영향권에서 그리스도교가 태어났기에 '헬레니즘에 기반을 둔 로마 제국이 그리스도교화할 것인가, 아니면 교회가 헬레니즘화할 것인가' 하는 문제였습니다.

거대한 두 세력 사이에서 벌어진 싸움은 두 학파의 대결로 압축할 수 있습니다. 바로 '아프리카 학파'와 '알렉산드리아 학파'입니다. "나는 불합리하기 때문에 믿는다."라고 말한 테르툴리아누스Tertullianus(160~220년)가 아프리카 학파를 대표하는 인물이지요. 그는 "그리스도교에서 나온 모든 이야기를

> **콘스탄티누스 대제**
>
> 고대 로마의 황제로 4분령 상태에 있던 로마 제국 전체를 통합하여 다스렸다. 제국의 중흥을 위해 각종 제도를 정비했고, 밀라노 칙령을 공포하여 신앙의 자유와 교회의 재산권 등을 인정했다.

· 제2강 · 아우구스티누스는 어떤 시대를 살았는가? **49**

> **헬레니즘**
>
> 알렉산드로스 대왕의 제국 건설 이후 고대 그리스의 뒤를 이어 나타난 문명으로 그리스가 로마에 점령되는 시기까지 지속되었다. 현세에서 행복하게 잘 사는 것에 큰 관심을 보였다.

머리로 이해해서 믿는 것이 아니라, 오히려 불합리하기 때문에 믿는다."라고 주장했습니다. 반면 그리스-로마 문화가 발달한 알렉산드리아에 기반한 알렉산드리아 학파는 "이성도 하느님이 주시고, 신앙도 하느님이 주신 것이라면 이 둘이 왜 충돌해야 하는가? 이것을 조화하는 쪽으로 나아가야겠다."라고 주장했습니다.

양쪽 모두 나름대로 이유가 있었습니다. 아프리카 학파의 경우에는 종교에서 가장 중요한 '신앙의 순수성'을 보존해야 한다고 강조했습니다. 알렉산드리아 학파의 경우에는 소수의 그리스도인들끼리 뭉치는 데서 그치지 않고 세상에 나아가 신앙을 전파해야 한다는 선교적 측면에 주목한 것입니다. 그래서 모두를 그리스도인으로 만드는 것이 필요하기 때문에 세상의 언어로 복음을 표현할 수 있어야 한다는 뜻이었지요. 이런 차이가 초기 그리스도교에서 큰 변화를 일으켰고, 바로 그 한복판에 아우구스티누스가 우뚝 서 있었습니다.

그리스-로마 문화의 아버지와
그리스도교의 어머니 사이에서

똑똑한 아들의 출세를 원한 아버지 파트리치우스

아우구스티누스는 아프리카 북부의 타가스테Tagaste라는 마을에서 태어났습니다. 아버지인 파트리치우스Patricius는 로마의 하급 관리였습니다. 그는 온갖 일을 하면서도 자존심은 강하고 돈은 별로 없는 그런 인물이었습니다. 그는 로마 문화에 대해, 또 자신이 로마 시민인 것에 대해 자부심을 느꼈고, 종교와 같은 것은 여자들이나 따르는 것이라고 생각해서 믿지 않으려고 했습니다. 즉 이성적으로 따지기를 좋아하는 사람이었지요. 이런 하급 관리에게 똑똑한 아들이 있다면, 아들이 무엇이 되길 바랄까요? 바로 상급 관리입니다. 자신이 하급 관리이기 때문에 겪은 고충을 떠올리며 '내 아들만큼은 상급 관리가 되어서 모든 사람을 호령하면서 살았으면 좋겠다.'라고 생각한 것입니다.

당시에 상급 관리가 되는 방법은 오늘날과 비슷했습니다. 현대로 치면 고시와 같은 것이 있었는데, 주로 보는 시험 과목은 수사학에 기초한 웅변술과 법학이었습니다. 법이 굉장히 발달한 로마 제국에서는 어떤 기회가 주어졌을 때 법을 잘 알고 정확하게 시행하며 사람들을 설득할 수 있는 사람이 매우 각광을 받았습니다. 그래서 아버지 파트리치우스는 자신의 똑똑한 맏아들 아우구스티누스가 상급 관리가 되어 세속적인 명예와 부를 한 손에 잡기를 원했고, 그러한 길을 가도록 아우구스티누스를 부추기기도 했습니다. 이처럼 아우구스티누스의 아버지는 그리스-로마 문화를 대표하는 인물이었습니다.

아들을 훌륭하게 가르친 타가스테의 신사임당, 모니카

아우구스티누스의 어머니는 아마 많은 분들이 알고 있을 것입니다.

아우구스티누스의 어머니, 모니카

바로 **모니카**Monica(332~387년) 성녀입니다. 저는 모니카에게 '타가스테의 신사임당'이라는 별명을 붙였는데, 마치 율곡 이이를 훌륭하게 길러 낸 신사임당처럼 아우구스티누스를 너무나 훌륭하게 가르쳤기 때문입니다. 어머니 모니카는 가족들을 차분하게 그리스도교로 인도했습니다. 남편 파트리치우스만 빼고 말이지요. 당시에는 아직 유아 세례가 확립되지 않았기 때문에 세례는 받지 않았지만, 그리스도교적인 분위기 속에서 가족은 물론, 집안의 하인들까지 미사에 참례했습니다. 이렇게 어머니 모니카는 그리스도교를 대표하는 인물이었습니다. 아우구스티누스는 집안 자체에서부터 이질적인 두 요소 즉, 아버지로 대표되는 그리스-로마 문화와 어머니로 대표되는 그리스도교가 충돌하는 긴장된 상태에서 자랐던 것입니다.

대제국 로마의 발전과 몰락

강인하고 정의로운 로마가 용병으로 채워지기까지

로마 제국은 굉장히 오랜 역사에 걸쳐 발전해 왔습니다. 맨 처음 로마 제국이 시작될 때는 보잘것없었습니다. 그리스 문화가 찬란하게 발전하던 때, 로마는 일곱 언덕들이 모인 하나의 도시 국가에 불과했습니다. 그런데 로마 민족은 아주 실용적이면서 열심히 일하고 정직했기 때문에, 각각의 도시 국가들과 계약을 맺으면서 굉장한 발전을 이룩했습니다. 로마 민족의 훌륭한 점은 로마의 동료 도시나 정복 민족들을 약탈하지 않았다는 것입니다. 오히려 어려움이 있으면 로마와 계약을 맺은 국가를 먼저 도와주었지요. 그리고 전쟁터에서도 가장 위험한 곳에는 늘 중무장한 로마 보병들이 먼저 싸웠다고 합니다. 대제국에서는 싸우기 어려운 곳에 용병이나 다른 민족들을 보내기 쉬운데, 로마 민족은 완전히 달랐습니다.

초기 로마는 비유하자면 마치 작은 초승달 같았는데, 달이 부풀어 오르듯이 갑자기 빠른 시간 안에 이탈리아 반도를 완전히 통일했고, 시칠리아 섬을 넘어서 스페인과 북아프리카까지 모두 통일하는 놀라운 일들이 벌어졌습니다. 그 사이에 포에니 전쟁과 같은 큰 전쟁도 겪었지만, 로마는 강건했습니다. 그러한 로마가 예수님이 태어나실 무렵에는 거의 보름달을 이루게 되었고, 그 후 오현제 시대까지 약 200년 동안 전성기를 누렸습니다. 지금의 이집트, 터키, 유럽 중부와 심지

> **포에니 전쟁**
>
> 지중해 패권을 두고 기원전 264년~기원전 146년에 로마와 카르타고 사이에 벌어진 전쟁. 로마는 한때 명장 한니발에게 완패하며 고전했지만, 결국 1~3차에 걸친 전쟁에서 승리하고 서부 지중해에 대한 패권을 차지했다.

> **오현제 시대**
>
> 96년~180년에 현명한 다섯 황제 네르바, 트라야누스, 하드리아누스, 안토니누스 피우스, 마르쿠스 아우렐리우스가 로마를 다스렸고 이때 로마 제국은 평화와 번영을 누렸다.

> **그라쿠스 형제**
> 포에니 전쟁 이후 라티푼디움이 발전함으로써 자영 농민이 몰락하는 등 빈부의 격차가 심해지자, 이를 해결하기 위해 나선 정치가다. 그들은 토지 개혁을 시도했으나 실패했다.

어는 영국까지 점령하면서 유럽의 통일을 이루어 냈던 것입니다.

 그러나 로마 제국은 계속해서 발전하지 못했습니다. 겸손하고 강건했던 로마인들에게도 서서히 건전하지 못한 바람이 들어왔습니다. 우리나라의 경우 권력이 있거나 잘사는 집안에서 종종 벌어지는 일이 있습니다. 그러한 집안의 아들들은 질병 등을 이유로 군대를 못 가기도 하는데, 신기하게도 일정한 나이가 지나면 병이 낫습니다. 그런데 로마 제국에서도 이런 일들이 있었습니다. 그전에는 용맹하게 전투에 나가 싸우던 로마인들이 이제는 자신의 아들들을 군대에 보내지 않기 위한 방법을 모색했습니다. 그들은 귀족 한 명이 군대에 가지 않는 대신 용병 몇 명을 사서 보내면 군대를 면제해 주는 법을 만들었습니다. 빈부 격차가 커지면서 **그라쿠스 형제**의 정신을 따르는 사람들이 새로운 법을 개혁하려 했지만, 번번이 귀족들의 힘에 밀려서 실패했습니다.

 용병으로 쓰기 가장 좋은 민족이 있었는데, 자신들의 형제가 죽으면 무조건 복수해야 한다고 믿는 호전적인 민족, 바로 **게르만족**이었습니다. 그리하여 게르만족을 비롯한 외국인들이 용병으로서 로마 제국의 대부분을 지켰고, 가장 중요한 중심부만 로마인들이 지키게 되었습니다.

로마식 욕탕, 귀족 사치 문화의 끝판왕

　로마 제국이 흔들리기 시작하면서 사치가 만연했습니다. 유럽에 가보면 로마 유적이 유럽 곳곳에 흩어져 있습니다. 독일의 쾰른Köln은 라틴어로 '식민지colonia'라는 뜻을 지니고 있는데, 이곳에 가면 로마의 욕탕이 남아 있습니다. 그리고 터키의 파묵칼레Pamukkale 위에 있는 히에라폴리스Hierapolis에 가면 완전히 로마식으로 된 원형 극장이 있는데, 그곳에도 목욕탕이 있지요. 아마도 목욕탕을 가장 발전시킨 나라가 로마와 우리나라가 아닐까 하는데요, 우리나라에도 찜질방이 여기저기 많이 있고, 냉탕과 온탕을 들락날락하는 것이 로마의 욕탕과 아주 비슷합니다. 거의 유일한 차이는 로마의 욕탕 옆에는 도서관이 있었다는 것입니다. 우리나라에도 큰 찜질방에는 만화책이 꽂혀 있기는 하지요.

　우리나라 사람들은 누구나 쉽게 찜질방에 가지만, 당시 로마의 욕탕은 귀족들의 전유물이었습니다. 귀족들이 우아하게 반라의 자세로 냉탕과 온탕을 드나들 때, 그 밑에서 노예들이 끊임없이 불을 때야 했습니다. 로마의 욕탕은 사치의 정점이었지요. 황제들은 더 거대한 목욕탕 문화를 즐기며 호화와 사치를 누렸습니다. 거대하게 차올랐던 로마라는 보름달이 서서히 기울기 시작한 것입니다.

　이렇게 사치는 늘어났지만 들어오는 돈은 점점 줄어들었습니다. 로마 제국은 식민지를 점령하고 그곳을 약탈함으로써 돈을 벌어들였습니다. 로마의 콜로세움을 예로 들어 볼까요? 오늘날 많은 사람들이 콜로

로마식 욕탕의 난방 시설 유적

세움을 보고 감탄합니다. 그런데 콜로세움의 밑바닥을 보면 지하 2, 3층에 이르기까지 검투사와 노예들이 가득 들어갈 수 있는 거대한 지하 구조물이 있습니다. 이 콜로세움에 들어간 재원은 예루살렘 성전에서 약탈한 것으로, 이를 짓기 위해서 유대인 10여만 명이 끌려왔습니다.

사치의 정점은 곧 빈부 격차로

로마 제국이 지중해 연안을 통일하자, 더 이상의 식민지가 생겨나지 않았습니다. 귀족들은 더욱 사치스럽게 지내기 위해 많은 돈이 필요했는데, 식민지가 생기지 않자 수요와 공급의 법칙이 깨지기 시작했습니다. 이럴 때 취할 수 있는 손쉬운 방법은 세금을 올리는 것이지요. 우리나라도 최근 들어 담뱃세나 유류세 등 세금이 많이 올랐는데, 로마에서도 평민들에게 세금이 점점 과중되었고, 로마판 금수저들에게는 세금이 면제되었습니다. 농민이 대다수였던 평민들이 그 많은 세금을 견딜 수 있었을까요? 더 이상 견딜 수 없게 된 그들은 농사를 짓지 못하게 되었고, 그들의 땅은 귀족들에게 넘어갔습니다. 대문에서 저택까지 들어가는 데만 2주가 걸린다고 농담처럼 말하는, 그런 엄청난 토지를 귀족들이 소유하게 된 것입니다. 이렇게 해서 자유민이었던 농민들은 소작농이 되거나 농노가 되어 자유를 잃는 등 빈부 격차가 정점에 이르게 되었습니다.

새로운 시대에 대한 희망으로 떠오른 그리스도교

영화 〈쿼바디스〉에 나온 네로Nero(37~68년) 황제처럼 매일같이 향락을 일삼다 보면 더 재미있는 것을 찾기 어려워집니다. 그렇기 때문에 점점 더 향락의 끝을 찾아가지요. 그들은 더 기행적이고 변태적인 성욕을 즐겼고, 이런 성향은 당시에 불어난 근친상간에서 쉽게 찾을 수 있습니다. 이런 비윤리적인 행위를 저지르면서 불안함과 허무함을 채우려고 한 것이지요.

그때 저 멀리서 새로운 시대를 원하는 목소리가 나왔고, 그러면서

> **네로 황제**
> 로마 제국의 제5대 황제로서 개혁적인 정책도 추진했으나 로마의 대화재에 대한 책임을 피하기 위해 그리스도교를 박해했다. 대표적인 폭군으로 알려져 있으며 군부의 반란으로 폐위되어 자살했다.

그리스도교가 퍼져 나갔습니다. 앞서 말했듯이 많은 로마인들이 처음에는 그리스도인들을 비난했지만, 그들을 직접 만나고 함께 살다 보니 편견이 깨졌습니다. 그리스도인들이 윤리적인 생활을 하기 위해 노력하고 하느님을 두려워하며 살고 있다는 사실을 알게 된 것이지요.

> **밀비우스 다리 전투**
> 312년 콘스탄티누스 대제와 그의 정적 막센티우스 황제가 로마 근교 밀비우스 다리에서 벌인 전투. 꿈에서 본 그리스도의 표지를 달고 싸운 콘스탄티누스 대제가 승리하면서 그는 로마의 단독 황제로 집권하는 길을 굳혔다.

313년에 밀라노 칙령을 통해 종교의 자유를 얻으면서 그리스도인들의 수는 점차 늘어났습니다. 성당을 짓고 복음을 선포할 수 있게 되면서 중요한 변화가 일어났습니다. 그리스도교가 로마 제국의 새로운 희망이 될 수 있다는 가능성을 본 것입니다. 이를 간파한 사람이 콘스탄티누스 대제였습니다. 그는 **밀비우스 다리 전투**에서 하느님의 도움으로 승리했고, 독실한 그리스도인이었던 어머니 헬레나의 영향으로 그리스도교를 밀어주었습니다. 이렇게 그리스도교가 점점 자라났고, 그 한복판에서 아우구스티누스도 점점 자라고 있었습니다.

아우구스티누스가 나고 자란 북아프리카는 어떤 곳인가?

로마 제국 시기의 북아프리카의 지역적 특징

아우구스티누스가 태어난 북아프리카는 독특한 곳이었습니다. 북아프리카 하면 어떤 것이 떠오르나요? 작렬하는 태양, 사하라 사막과 같은 것이 떠오를 수도 있는데요, 아우구스티누스가 살던 당시의 북아프리카는 지금 우리가 상상하기 힘들 정도로 굉장히 비옥한 곡창지대였습니다. 지금은 그곳이 다 이슬람교를 믿고 있기 때문에 이탈리아나 스페인과 완전히 동떨어진 곳이라고 생각하기 쉽습니다. 그런데 당시에는 라틴어를 공용으로 사용하던, 서로마 제국에 속한 지역이었습니다.

모든 지역에는 저마다의 특징이 있습니다. 예를 들어 독일에 처음 가면 독일인들이 화난 것처럼 보일 때도 있습니다. 얼굴에 인상을 쓰고 있어서 무서워 보이지만, 직접 말을 걸어 보면 굉장히 친절한 경우가 많습니다. 그런데 알프스 산을 넘어 이탈리아에 가면 사람들이 말이 많아지기 시작합니다. 이렇게 지역을 넘으면서 사람들은 점점 다혈질 성향을 보이는데, 그 다혈질의 끝이 바로 북아프리카라고 생각하면 됩니다.

저는 이렇게 된 이유가 햇빛, 즉 일조량과 관련 있다고 생각합니다. 북쪽으로 갈수록 과묵하고 남쪽으로 갈수록 다혈질이 되는 경향이 있는 것 같습니다. 실제로 많은 순교자들이 북아프리카에서 나오기도 했습니다. 또한 열정적으로 신앙의 순수성을 보존한 학파가 바로 아프리카 학파였습니다. 여기서의 아프리카는 북아프리카를 의미합니다.

그리고 북아프리카는 그리스 문화권일 뿐만 아니라 베르베르인이

로마 제국의 최대 영토와 주요 도시

라는 토착민들이 사는 곳이었습니다. 학자들의 연구에 따르면 모니카라는 이름은 정통 로마인들이 즐겨 썼던 이름은 아니라고 합니다. 즉 아우구스티누스의 어머니 모니카는 베르베르인 혈통이라고 할 수 있는데, 이 사람들은 열정적이고 종교심이 매우 강한 민족이었습니다. 이 피가 아우구스티누스에게 들어왔던 것이지요. 또한 베르베르인들은 꿈을 굉장히 중요시했다고 합니다. 어머니 모니카의 꿈 이야기도 《고백록》에 여러 차례 나오는데, 황홀함과 도취성을 드러내는 이야기부터 종교에 대한 열정을 담은 이야기까지 아주 다양합니다.

또 하나, 이곳은 곡창 지대였기에 굉장히 부유한 사람들이 많았습니다. 아우구스티누스의 집안은 그렇게까지 부유하지는 않았지만, 대저택을 가진 부유한 사람들이 햇빛 좋은 북아프리카 해변에서 뛰어난 문화까지도 누릴 수 있는 그런 곳이었습니다.

그리스도교와 함께 다양한 이단이 공존한 곳

그런데 이런 북아프리카에서는 다양한 이단이 나오기도 했습니다. 사실 게으르고 멍청한 사람들은 이단에 잘 빠지지 않습니다. 이러한 이들은 다른 사람들을 설득시킬 수가 없기 때문이지요. 오히려 머리도 좋고 말도 잘하고 열정적인 사람들이 배타성을 지니게 되면 이단에 빠지곤 합니다. 이렇게 자신이 옳다고 주장하는 사람들이 북아프리카에서 가장 많이 나온 것이지요. 대표적인 이단으로 마니교가 있습니다. 마니교는 선과 악을 아주 뚜렷하고 분명하게 구분하는 것을 좋아했습니다. 당시 아프리카에서는 그리스도교와 함께 마니교도 많이 믿는 분위기였습니다. 또한 도나투스파Donatist라는 이단도 많이 퍼져 있었습니다. 그렇기에 북아프리카는 종교의 백화점과 같았지요. 이런 분위기 속에서 자란 아이가 바로 아우구스티누스였습니다.

> **도나투스파**
> 4세기 초에 북아프리카에 출현한 교파. 철저히 종교적인 도나투스파는 교회 문제에 대한 국가의 간섭을 반대했으며, 참회의 삶과 순교를 주장했다. 도나투스파는 7세기까지 존속하다가 이후 쇠퇴했다.

🧑‍🦳 세계를 지배한 대제국이었던 로마가 내리막길을 걷는 모습이 우리나라의 혼란스러운 모습과 비슷하다는 느낌이 들기도 합니다. 이에 대해 어떻게 생각하나요?

로마 제국은 정말 다양한 모습을 가지고 있습니다. 초기의 로마와 같은 모습만 있었다면 얼마나 좋았을까요? 실제로 우리나라도 로마의 초기 모습과 같았던 적이 있습니다. 국민들이 열심히 일해서 짧은 기간에 지금과 같은 발전을 이룬 나라는 유례를 찾을 수 없을 정도입니다. 어느 순간 우리나라는 너무 빨리 보름달이 되었고, 그래서 또 너무 빨리 저무는 것이 아닌가 하는 생각이 들 때가 있습니다. 특히 우리나라를 흔들고 혼란스럽게 했던 많은 일들을 생각하면 불안한 마음이 듭니다.

그런데 로마 제국과 우리나라 사이에는 굉장히 중요한 차이가 있습니다. 로마 제국은 법을 완벽하게 마련해 놓은 국가였습니다. 그래서 410년에 게르만족이 로마에 쳐들어온 뒤에도, 476년에 멸망하기까지 66년의 시간이 흐를 정도로 로마 제국은 오래 버텨 낼 수 있었습니다. 그러나 우리는 그렇게 여유가 없습니다. 강대국 사이에 끼어 있기 때문에 훨씬 더 정신을 차려야 하지요. 그래서 앞으로의 우리나라를 위해서라도 아우구스티누스에게서 진정한 의미의 정의와 평화를 꼭 배울 수 있었으면 좋겠습니다.

🧓 철학과 이성, 그리고 신학과 신앙은 서로 다른 영역처럼 느껴지는데요, 이 두 영역 간의 조화가 이루어질 수 있을까요? 가톨릭 교회에서는 구원이나 부활 같은 교리를 '믿을 교리'라고 가르치는데, 굳이 어렵게 이성이나 철학을 통한 해석을 해야 할까요?

실제로 많은 신자들이 그렇게 생각합니다. "열심히 성당에 가서 하느님 믿으면 되지, 복잡하게 왜 공부를 해야 합니까?" 하고 말이지요. 본문에서 언급한 테르툴리아누스를 다시 소환해 보겠습니다. 그는 "나는 불합리하기 때문에 믿는다. 신앙만이 최고다."라고 이야기했는데, 아이러니하게도 그는 신앙을 보증하기 위해서 철학 공부를 아주 열심히 했습니다. 예를 들어 그는 《삼위일체론》을 쓰면서 굉장히 많은 철학 용어를 사용했습니다. 그리스도교를 이해하는 방식이 신앙만이었다면, 그리스도교가 널리 전파되는 일은 없었을지도 모릅니다. 그리스-로마 문화에 들어가서 이성으로 설득하는 작업이 필수적으로 이루어져야 했지요. 알렉산드리아 학파와 아우구스티누스가 이런 작업을 이루었기에 오늘날 우리에게까지 그리스도교가 전해질 수 있었다고 할 수 있습니다.

또 다른 의미에서, 이성과 신앙 사이의 관계는 굉장히 복잡한 문제로, 하나하나 정확하게 규제할 필요가 있습니다. 이성과 신앙이 무엇인지 각각 구분하지 못한다면 굉장히 혼란스러워질 것입니다. 가톨릭 교회에서는 신앙과 이성의 조화를 초기부터 중시했고, 아우구스티누스와 토마스 아퀴나스를 거쳐서 현재까지도 중요한 문제로 강조하고 있습니다. 그러나 개신교에서는 루터가 "신앙만으로!"라고 외치면서 오히려 과도한 이성적인 설명이 필요하지 않다며 아리스토텔레스의 철학을 던져 버린 역사가 있었습니다.

여기서 한 가지 비유를 들겠습니다. 아주 좋은 외제차가 있어서, 시속 100킬로미터까지 도달하는 데 3초밖에 걸리지 않는다고 합시다. 벌써 액셀러레이터를 밟고 싶은 분들도 있을 텐데요, 한 가지 문제가 있습니다. 이 차에는 조향 장치가 없다는 것입니다. 또한 속도를 내기 위해서 브레이크도 빼 놨습니다. 아직도 이 차를 타고 싶은가요?

신앙은 이 차와 같이 굉장한 힘을 가지고 있습니다. 신앙은 우리가 삶에서 부딪히는 곤경을 극복할 수 있게 힘을 주기도 하지만, 맹목적인 신앙만큼 위험한 것도 없습니다. 그렇기에 이성적인 반성은 신앙에 꼭 필요한 요소라고 생각합니다. 아주 좋은 차에 있는 조향 장치, 브레이크가 신앙 안에서 이성의 역할인 것입니다.

아우구스티누스가 서로 다른 두 문화를 가진 부모님 밑에서 성장했고, 그중 어머니 모니카의 영향을 많이 받았다고 했는데, 만약 아우구스티누스가 그리스-로마 문화 중심이었던 아버지에게 영향을 받았으면 상황이 많이 달라지지 않았을까요?

《고백록》을 읽어 보면, 아우구스티누스가 어머니 모니카에 대해 굉장히 애착을 가지고 있었음을 알 수 있습니다. 그런데 아버지와는 그렇게 친하지 않았던 것 같습니다. 몇 번 나오지 않을 뿐만 아니라 그나마도 아주 짧게 나오지요. 주로 이런 내용들입니다. "우리 아버지는 나의 육체적인 성장에 대해서 관심을 보였지만, 어떤 것에 대해서는 그렇지 못했다. 세속적인 명예와 부에 대한 욕심만을 나에게 불러일으켰다." 아버지의 죽음도 아우구스티누스에게 큰 영향을 주지 않았다고 생각될 만큼 간단하게 언급되어 있습니다. 친한 친구가 죽었을 때는 두 페이지 넘게 친구의 죽음을 애통해하던 아우구스티누스였는데, 아버지의 죽음에 대해서는 그다지 동요하지 않은 것으로 보입니다. 어머니 모니카가 세상을 떠났을 때는 《고백록》한 장(9장)을 할애해서 절절하게 담아 놓았는데 말입니다.

그런데 사실 아우구스티누스가 아버지의 영향을 받은 것으로 보이는 때가 있었습니다. 초기에 아우구스티누스가 명예와 같은 세속적인 욕망을 추구하던 모습은 아버지로부터 영향을 받았던 것 같습니다. 육체적인 정욕에 매달리는 모습도 아버지와 유사했지요. 아우구스티누스가 그리스-로마 문화가 중심이었던 아버지의 영향을 많이 받았다면 아마도 이런 모습이 계속되지 않았을까요? 초기 그리스도교 이단 중에 영지주의Gnosticism라는 이단이 있었습니다. 이들은 이성적인 것에만 중심을 두고 이성을 넘어서는 것은 모두 없애 버렸지요. 아마 아우구스티누스가 아버지의 영향을 많이 받았다면 영지주의의 대가인 발렌티누스Valentinus(105~165년)와 같은 사람이 되지 않았을까 싶습니다.

· 제3강 ·

나는 누구인가?

자의식 충만한 젊은이 아우구스티누스,

그에게 공부는 지겨운 짐이었다.

청년의 방황은 계속됐고

성경마저도 해답이 되지 못했다.

나는 누구인가? 나는 왜 여기 있는가?

거듭된 질문은 끝없는 번뇌를 낳았는데…….

집요한 물음의 마지막은

언제나 하나로 모아졌다. 하느님과 영혼.

하느님이 주신 '영혼'을 아는 일.

그것이 '나'를 아는 길이었고,

'영혼'과 '육체'를 하나로 바라보는 시선이야말로

'인간'을 규명하는 이정표였다.

이 시간, 아우구스티누스와 함께 답을 구한다.

나는, 우리는 누구인가?

나는 누구인가?

'나는 누구일까? 나는 어떤 존재일까?' 이것은 누구도 피해 갈 수 없는 질문이기도 하지만, 누구도 쉽게 해답을 얻기 어려운 질문이기도 합니다. 이 질문은 최고의 지성인 아우구스티누스에게도 결코 외면할 수 없는 숙제와도 같았습니다. 그런데 사실 이 질문은 굉장히 이상한 측면도 있습니다. 물어보기 전까지는 내가 누군지 다 알고 있는 것 같은데, 질문을 받게 되는 순간 머릿속이 하얘진다는 것입니다. 이 어려운 질문을 아우구스티누스는 어떻게 통찰했을까요?

자신의 방향성을 묻는 질문, '나는 누구인가?'

'나는 누구인가?'라는 질문에는 여러 가지 의미가 담겨 있습니다. 많은 사람들이 이 질문과 관련해서 가장 먼저 생각하는 것은 직업입니다. 그런데 이 질문은 직업을 그만둔 후에도 이어집니다. 직업이 나를 이루는 가장 중요한 부분인 것 같지만, 그것이 내가 누구인지를 반드시 규정하는 것 같지는 않습니다. 어머니들의 경우에는 가끔 자신의 이름을 잃기도 합니다. 자신의 이름이 있음에도 'OO 엄마'로 통용되기 때문이지요. 어떤 의미에서는 관계성 안에서 내가 누구인지에 대한 답을 찾을 수 있습니다.

또한 우리가 도달해야 할 목표나 방향성도 이야기할 수 있고, 때로는 과거, 현재, 미래와도 연결시켜 생각해 볼 수 있습니다. '과거에 나는 어떤 사람이었나?'를 기억할 수도 있고, '지금 이 순간 나는 누구인가?'를 생각할 수도 있으며, '미래에 나는 어떻게 될까?' 하는 전망을 찾아볼 수도 있습니다.

아우구스티누스가 《고백록》에서 시간에 대해 말하는 것은 매우 인상적입니다. '시간이 무엇인가?'라는 질문을 받기 전까지 우리는 시간에 대해 잘 알고 있다고 생각합니다. 그러나 막상 질문을 받은 뒤에는 시간이 무엇인지 확실하지 않게 느껴집니다. '나는 누구인가?'라는 질문도 이와 비슷합니다. 질문을 받기 전에는 내가 누구인지 알고 있다고 생각했는데, 막상 질문을 받고 나면 내가 누구인지 오히려 불분명해집니다. 그러나 이 질문은 대답하기 어렵더라도, 꼭 던져야 하는 질문입니다.

대학 교수인 저는 봄이 오면 매우 설렙니다. 그것은 바로 풋풋한 신입생들 때문인데요, 고등학교를 이제 막 졸업했기 때문에 이제는 사회인인 대학생이 되었음에도 신록新綠의 아름다움이 그대로 느껴지지요. 그런데 이와는 다르게 대학교 4학년 학생들의 취업 면담을 하다 보면 답답한 경우가 많습니다. 무엇을 하고 싶은지 아직 모르는 것까지는 이해가 갑니다. 그렇지만 그것을 찾기 위해 무언가를 하면서 설레 본 적이 있냐고 물을 때, 그런 적이 없다고 말하는 학생들을 보면 마음이 답답해집니다. 무언가를 해 보겠다는 열정조차 느끼지 못한 채 대학교에서 4년을 보낸 학생들도 있다는 것입니다. 자신이 정말 누구인지, 무엇을 하고 싶은지 모른다면 몸은 컸다고 해도, 그런 학생들을 과연 어른이라고 부를 수 있는지 의문이 듭니다.

하지만 정반대의 경우도 있습니다. 요즘 TV에서 하는 음악 프로그램이나 오디션 프로그램을 보면, 어린데도 불구하고 정말 열정적이라는 느낌을 주는 청소년들이 있습니다. 열 살, 열한 살밖에 안 되었는데도 노래도 잘하고 춤도 잘 추는 청소년들을 보면서 그런 느낌이 듭니다. 심지어 말까지 잘하는 경우도 있습니다. 아우구스티누스도 그렇게 뛰어난 재능과 열정을 타고난 소년이었습니다.

주체 의식이 강한 소년

학교에 들어간 아우구스티누스

아우구스티누스는 어렸을 때부터 굉장히 똑똑했기 때문에, 아버지 파트리치우스와 어머니 모니카의 기대를 한 몸에 받았습니다. 그런데 그 기대가 처절하게 깨지는 일이 벌어졌습니다. 주체 의식이 강한 아우구스티누스가 학교에 들어가면서 엇나가기 시작했습니다. 집에서는 항상 칭찬을 받던 소년이었는데, 학교에 들어가 엄격하기 이를 데 없고 모순되어 보이기까지 하는 선생님을 만나면서 엇나간 것입니다. 과거 우리나라에도 학생들이 맞으면서 학교를 다니던 때가 있었는데, 그 당시에는 더 심했던 모양입니다.

어느 날 아우구스티누스가 학교에서 심하게 맞고 집으로 돌아와서 아버지에게 매 맞은 부위를 보여 주었는데, 아버지는 위로하기는커녕 '가문의 수치'라며 체벌을 더 가하려 했습니다. 그러자 아우구스티누스는 어머니 모니카를 찾아갔습니다. 그런데 이야기를 들은 어머니의 표정이 어두워졌습니다. 따뜻한 사랑으로 항상 안아 주던 어머니조차 아우구스티누스의 편이 되어 주지 않았습니다. 어린 아우구스티누스의 마음에는 큰 지진이 일어났습니다.

그때 아우구스티누스는 어머니가 매일같이 이야기하던 분이 떠올랐습니다. 바로 하느님입니다. 저 높은 곳에 계시면서 항상 우리를 돌봐 주시고, 모든 이를 사랑하신다는 하느님 앞에 가서 그는 고사리 같은 손을 모으고 기도했습니다. "제발 학교 가서 매 맞지 않게 해 주세요." 하느님이 과연 이 간절한 기도를 들어주셨을까요? 《고백록》에 따르면 들어주지 않으셨다고 합니다. 소년 아우구스티누스는 너무 큰 상처를 받아서 하느님의 존재를 믿을 수 없게 되었습니다.

학교에 가는 소년 아우구스티누스

한편 놀라운 재능을 지닌 소년 아우구스티누스는 비판적인 눈으로 선생님들을 관찰했습니다. 당시의 보통 아이들이 선생님에게 배우고 답하기에만 급급했던 반면, 아우구스티누스는 선생님들이 얼마나 모순된 존재인지를 간파했던 것입니다.

강압적인 교육에 대한 실망

그 당시 초등 교육의 기본은 많은 책을 암기하는 것이었습니다. 당시의 중요한 책들이 모두 그리스어로 쓰였기 때문에, 라틴어를 사용하는 어린 학생들도 어려운 그리스어를 강제로 배워야 했지요. 아우

> **일리아스**
> 고대 그리스의 시인인 호메로스가 쓴 장편 서사시. 트로이 전쟁을 중심으로 신의 세계와 영웅의 세계를 읊은 것으로 유럽인의 정신과 사상의 원류로 평가받는다.

구스티누스의 경우, 어렸을 때부터 신화를 굉장히 좋아해서 그리스-로마 신화에 나오는 이야기를 그대로 외워서 반복할 수 있을 정도였습니다. 그런데 학교에서 신화를 배우는 방식은 완전히 달랐습니다. 호메로스의 《일리아스》의 어떤 부분을 가져와서 운율에 맞추어 그리스어로 줄줄이 외울 것을 강요했고, 외우지 못했을 때는 회초리가 날아왔습니다. 이에 실망한 아우구스티누스는 "저 달콤한 그리스 신화의 맛에 쓸개를 타 놓은 것"《고백록》 I,14,23)이라며 비판했습니다.

또한 선생님들은 재미있게 노는 학생들을 불러다가 공부하라고 야단을 치면서도 본인들은 학교 뒤편에서 놀았습니다. 그런데도 선생님을 부르며 들어오는 학생에게 일하는 데 방해하지 말라고 소리를 지르는 모습을 보면서 아우구스티누스는 학교에 대해 실망하게 되었습니다. 그래서 그는 학교가 아닌 다른 곳에서 자신의 모습을 찾고 싶어 했습니다.

방황하던 소년이 지혜를 사랑하게 되기까지

아우구스티누스는 키는 조금 작았지만 또래 친구들보다 대단한 용기를 지녔습니다. 야사野史로 전해지는 알리피우스라는 친구와 싸운 일화에서 그의 성격이 잘 드러납니다. 키가 크고 힘이 좋은 알리피우스에게 아우구스티누스는 싸움 상대가 되지 않았습니다. 그런데도 아우구스티누스는 지고 나서도 결코 포기하지 않고 다음 날 와서 다시 덤비곤 했습니다. 그렇게 계속 덤비는 아우구스티누스에게 알리피우스는 결국 두 손을 들고 말았습니다. 이렇게 해서 아우구스티누스는 타가스테의 골목대장이 되었습니다. 어렸을 때부터 자신의 정체성을 친구들의 대장 역할을 하면서 찾기 시작한 것입니다.

아우구스티누스의 부모는 아우구스티누스와 그의 친구들을 떼어 놓으려고 했습니다. 그래서 처음에는 그를 마다우라Madaura라는 곳으로, 그다음에는 더 멀리 카르타고Carthago라는 곳으로 유학을 보냈습니다.

유학생이 된 아우구스티누스가 잠시 고향에 돌아왔을 때 벌인 소동은 너무나 유명합니다. 배를 서리하는 데 기업형으로 한 것입니다. 그러고 나서 그는 《고백록》에서 다음과 같이 자백합니다. 이렇게 사고를 친 첫 번째 이유는 남들보다 자신이 뛰어나다는 사실을 보여 주기 위해서, 즉 자신을 찾아가는 과정이었다는 것입니다. 두 번째 이유로는 단지 도둑질이 재미있어서였다고 이야기합니다.

이렇게 방황하던 아우구스티누스가 정신을 차리게 된 일이 벌어졌

> **마다우라**
> 북아프리카 누미디아의 중심 도시였지만, 로마 제국 시대에는 그 규모가 축소되었다. 로마의 철학자이자 작가인 아풀레이우스의 고향이며, 아우구스티누스가 잠시 공부를 한 것으로도 유명한 곳이다.

> **카르타고**
> 고대 페니키아인이 북아프리카 튀니스만 연안에 건설한 도시 국가. 한때 지중해 대부분을 장악했던 무역 대국으로, 로마 제국의 라이벌 세력이었으며 한니발 장군의 출생지로도 유명하다.

로마의 정치가, 키케로

키케로

고대 로마의 정치가이자 저술가. 공화정의 이상을 지키기 위해 평생을 바쳤던 인물이다. 뜨거운 인간애를 지닌 도덕적 인간이었고, 자기의 안위보다 시민의 자유를 더 귀하게 여겼다.

호르텐시우스

키케로의 저서로 젊은이들에게 학문에 몰두하도록 격려하는 권학문勸學文적인 성격을 지닌 책이다. 아우구스티누스에게 불멸의 지혜에 대한 열정을 일으킨 이 책은 안타깝게도 소실되고 말았다.

습니다. 카르타고 유학 시절이었는데, 그는 청소년기에 육체적인 욕정에 깊이 빠졌고, 결국 신분이 낮은 여인과의 사이에서 아데오다투스Adeodatus라는 아들을 얻게 되었습니다. 그런데 아들을 얻고 나서부터 아우구스티누스는 열심히 공부하기 시작했습니다. 그전까지 성적은 좋았지만 공부에는 전혀 관심이 없었는데, 이제 본격적으로 공부에 몰두하게 되었지요. 그러던 중에 그의 마음을 사로잡은 책이 있었는데, 바로 **키케로**Cicero(기원전 106~기원전 43년)의 《**호르텐시우스** Hortensius》였습니다. 그는 이 책에서 '**지혜에 대한 사랑**Philosophia'이라는 말을 발견했습니다. 지금까지 아버지가 공부하라고 한 수사학이나 법학은 재미가 없었는데, 진심으로 공부하고 싶은 내용이 바로 이것이었음을 깨닫게 되었습니다. 이제 아우구스티누스에게 평생을 바쳐서 지혜를 찾아야겠다는 목표가 생긴 것입니다.

성경과 마니교 모두 비판하던 자의식 강한 아우구스티누스

아우구스티누스가 지혜에 대한 사랑을 찾아가는 과정에서 가장 먼저 떠오른 책이 있었습니다. 어머니 모니카의 영향으로 행복을 가져다줄 지혜가 가장 많이 담겨 있다는 성경이 떠오른 것입니다. 그런데 아우구스티누스는 '성경은 거룩한 책이기 때문에 틀린 말이 한 마디도 없다.'라고 생각하지는 않았습니다. 처음 읽을 때부터 아주 비판적으로 읽었지요. 성경을 읽으면서 이상한 점들에 대해 끊임없이 질문을 던졌는데, 어머니 모니카조차도 이 질문들에 대한 올바른 답을 주지 못했습니다. 이렇게 아우구스티누스는 성경을 그냥 받아들이지 않고 자신의 입장에서 비판적으로 생각하며 받아들이는 뚜렷한 주체 의식을 가지고 있었습니다.

제2강에서 마니교에 대해 잠깐 언급했지요? 마니교Manichaeism에서는 **선신과 악신의 싸움**에 의해 세상이 계속 변화된다고 했는데, 이 싸움이 세상에서만 일어나는 것이 아니라 우리 마음에서도 계속해서 벌어진다는 것입니다. 아우구스티누스는 육체적인 욕정에 **빠졌을** 때는 너무 행복했지만 금세 양심의 가책을 느끼곤 했습니다. 그런데 성경에 실망하고 마니교에 들어갔을 때 그 가책에서 벗어날 해결책을 찾았습니다. 선신과 악신의 싸움이 마음속에서도 일어난다는 설명은 악의 문제를 쉽게 설명할 수 있었고, 그렇게 자신이 저지른 악행을 악신의 책임으로 전가할 수 있었던 것입니다. 이 때문에 아우구스티누스는 마니교에 **빠졌습니다**.

그렇지만 카르타고에서 수사학을 가르칠 무렵, 성경에 대해서 질문을 던졌던 것처럼 아우구스티누스는 마니교에 대해서도 똑같이 질문을 던졌습니다. 예를 들면, 마니교에서는 일식日食 현상을 선신과 악신의 싸움이 너무 잔혹하기 때문에 사람들이 보고 놀라지 않도록 모자이크 처리한 것이라고 설명했습니다. 현대인들에게는 황당한 설명이지만, 당시 사람들은 그럴듯한 신화적인 설명을 별 거부감 없이 받아들였지요. 그런데 아우구스티누스는 "왜 그런 것입니까? 어떻게 알았습니까?" 하고 따져 물었습니다. 이런 끊임없는 질문을 통해서 아우구스티누스는 자신의 힘으로 마니교에서 벗어났습니다.

나를 찾아 떠나는 여행으로의 초대

하느님과 영혼, 기억을 통해 나를 발견하는 길

'나는 누구인가?'라는 질문에 대해 아우구스티누스는 《독백 Soliloquia》이라는 책에서 이렇게 말합니다. 평생에 걸쳐 자신을 사로잡은 관심사가 있는데, 그것은 하느님과 영혼 안에 있다고 고백합니다.

> 나는 하느님과 영혼을 알고자 욕망한다. — 그 이상은 아무것도 없지 않는가? — 무엇이든 아무것도 아니다. 《독백》 I,2,7

이러한 열망은 바로 '나는 누구인가?' 또는 '나는 왜 여기 있는가?'와 같은 질문과 연결될 수 있는데, 그래서 그는 다음과 같이 기도합니다.

오 하느님, 영원히 동일하신 분이시여, 저로 하여금 제 자신과 당신을 알게 하소서. 《독백》 II,1,1

방황의 과정을 거쳐 아우구스티누스가 마지막에 돌아온 곳은 하느님과 영혼이었습니다. 이는 어떤 의미에서 진정한 지혜를 영혼 안에서 찾으려는 그리스-로마 문화적인 경향과, 하느님 안에서 찾으려는 그리스도교적인 경향이 합쳐진 모습을 보여 준다고 할 수 있습니다.

좀 더 구체적으로 이야기해 볼까요? 아우구스티누스는 자신을 찾는 방법으로 '기억'을 되돌아보라고 충고합니다. 드라마에서 단골로 등장하는 기억 상실증을 떠올려 보겠습니다. 기억 상실증에 걸린 사람들은 자신이 누구인지 알기 위해 주위 사람들에게 물어보면서 기억의 파편들을 모읍니다. 그런데 아우구스티누스는 여기서 굉장히 중요한 부분을 발견합니다. 내가 누구인지 발견하려면 나의 과거를 제대로, 그리고 올바로 성찰하는 작업이 필요하다는 것입니다. 이런 의미에서 아우구스티누스의 《고백록》은 자신을 찾아가는 길이었습니다. 자신이 걸어온 길이 어디서 어떻게 잘못되었는지, 그리고 하느님이 어떻게 이끌어 주셨는지를 보는 것입니다. 여러분도 자신을 발견하려면 자신이 걸어온 과거를 되돌아보는 작업을 해 보았으면 합니다.

아우구스티누스는 《고백록》에서 한 번도 집중해서 생각하지 않았는데도 문득 기억이 나는 경우에 대해서 이야기합니다. 제 경우에, 부모님이 6년 전에 돌아가셨는데, 어떤 계기나 날짜와는 상관없이 전혀 생각지도 않을 때 부모님의 얼굴이 문득 떠오르는 일이 있습니다. 기억은 내가 원하든 원하지 않든 나를 구성하는 가장 소중한 부분이라는 것이지요.

〈아일랜드〉라는 영화를 보면 완전히 똑같은 외모를 지닌 사람 하나가 복제되는 일이 벌어지는데, 외모가 동일하다고 해도 기억까지 동일하지는 않기에 복제 인간을 비교적 쉽게 구별할 수 있습니다. 그런데 여기서 업그레이드가 되면 〈블레이드 러너〉라는 영화에서처럼 기억이 주입된 사이보그가 나타납니다. 한 사람의 기억을 주입해서 가지는 것이지요. 이렇게 되면 무엇이 진짜인지, 그리고 내 기억이 주입된 것은 아닌지 분간하기가 어려워집니다.

이처럼 기억을 통해서 과거를 돌아보고, 좋았던 기억과 좋지 못했던 기억을 품어 안으면서 자신이 누구인지 발견할 수 있습니다. 따라서 기억은 내 안에 있으면서도 나를 넘고, 그것을 수용하는 광대무변廣大無邊의 용량을 갖춘, 보이지 않는 나인 셈입니다《고백록》X,18,27 참조).

인간을 새롭게 규정하다

'나는 누구인가?'라는 질문은 '인간이란 무엇인가?'라는 철학적인 질문과 밀접하게 연관되어 있습니다. 혹시 지금 책을 보고 있는 여러분 중에 짐승이 있나요? 이런 질문을 하면 웃음이 날 수도 있는데, 철학자들은 웃음을 인간만의 고유한 특성이라고 이야기했습니다.

또 지금 책을 보는 것도 인간이 지닌 고유한 특성이라고 할 수 있습니다. 책을 집어서 보는 것이 가능한 육체를 가지고 있기 때문입니다. 육체를 가지고 있다는 것은 인간을 규정하는 굉장히 중요한 요소인데, 그 당시에 유행했던 플라톤주의의 철학자들은 그렇게 생각하지 않았습니다. 그들은 인간을 인간으로 만들어 주는 것은 '**영혼**'뿐이라고 생각했습니다. 아우구스티누스는 신플라톤주의를 통해서 플라톤주의를 접해 왔기 때문에 '인간은 곧 영혼이다.'라고 생각하는 분위기 속에서 자라왔습니다. 그래서 아우구스티누스는 생각하고 감정을 느끼는 영혼이야말로 인간이 가진 최상의 부분이라고 보았습니다.

그러나 이후에 아우구스티누스는 인간을 다르게 규정합니다. "죽을 수 있고 지상적인 육체를 사용하는 이성적인 영혼"《가톨릭 교회의 관습과 마니교도의 관습》I,27,52)이 바로 인간이라고 규정한 것입니다. 영혼을 인간과 동일시하는 것이 그리스 철학의 인간에 대한 이해였다면, 아우구스티누스는 "이성을 소유하며 육체를 다스리는 일에 적합한 어떤 실체"《영혼의 크기》XIII,22)가 인간이라고 이해했습니다. 이는 그가 성경에서

플라톤주의	아우구스티누스
인간은 곧 영혼, 즉 인간과 영혼을 동일시함	인간은 영혼과 육체로 구성된 이성적 실체

플라톤주의와 아우구스티누스의 인간에 대한 규정 비교

그리스 철학과는 전혀 다른 이야기들을 발견했기 때문입니다. "내가 만일 너를 생각 않는다면 내 혀가 입천장에 붙어 버리리라."(시편 137,6 참조)와 같이 영적인 고통을 육체적인 고통에 비유한 이야기를 성경에서 본 것입니다. 성경에서는 영혼과 육체를 분리해서 바라보지 않았습니다. 그렇기 때문에 그리스도교를 받아들인 아우구스티누스는 영혼과 육체로 만들어진 인간의 단일성을 주장합니다.

> 저는 제 자신에게로 저를 돌려세웠고 "너는 누구냐?" 하고 저한테 물었습니다. 제가 대답을 했습니다. "사람이다." 그러자 제 속에 있는 육체와 영혼이 제 앞에 대령합니다. 하나는 밖에, 또 하나는 안에 말입니다. 《고백록》 X,6,9)

또한 아우구스티누스는 명시적으로 인간이 영혼과 육체로 구성된 존재임을 밝히기도 합니다.

> 사람은 육체만도 아니고 영혼만도 아니며 영혼과 육체로 구성된 존재다. 영혼이 인간 전체는 아니며 단지 인간의 더 나은 부분이며, 육체도 인간 전체는 아니며 단지 인간의 더 낮은 부분이라는 이 말은 진실이다. 그러므로 양자가 동시에 결합되었을 때 인간의 이름을 갖게 된다. 《신국론》 XIII,24,2)

그래서 아우구스티누스는 앞서 언급한 플라톤적인 정의와는 달리 "인간은 영혼과 육체로 구성된 이성적 실체"《삼위일체론》XV,7,11)라는 정의를 제시한 것입니다. 영혼과 육체라는 두 가지 요소를 모두 받아들일 때에만 인간을 제대로 이해할 수 있다는 것이지요. 물론 이와 같은 그리스도교적인 진리의 충만함이 항상 그의 철학을 앞서 나가고 있었지만, 자신이 도입한 플라톤적인 사고의 틀로는 이를 완벽하게 설명할 수 없었습니다. 그래서 어떻게 지성적인 실체가 물질적인 육체와 하나가 되어 숨 쉴 수 있는가는 아우구스티누스에게 하나의 심오한 신비로 남아 있었습니다.

계속해서 나를 찾아나가는 질문, '나는 누구인가?'

아우구스티누스는 인간이란 무엇인지, 인간을 어떻게 규정해야 하는지에 대해 완벽한 답을 주지는 못했지만, 그 답을 평생 동안 찾으려고 했습니다. 아쉽게도 아우구스티누스의 책을 아무리 읽어도 여러분이 누구인지에 대한 답을 얻을 수 없습니다. 이 질문에 대한 답은 각자 스스로 물으며 찾아가야만 합니다. 그 과정에서 아우구스티누스는 단순하게 사회에서 인정하는 직업, 혈연이나 친구 관계뿐만 아니라, 하느님과 나와의 중요한 관계를 가지고 자신을 찾아보도록 초대하는 것입니다. 나와 하느님의 관계는 어떻게 놓여 있는지, 내가 그분께 되돌아가야 하는 관계인지, 아니면 부모님의 품처럼 따뜻하게 하느님을 느끼고 있는지와 같은 물음을 던집니다.

아우구스티누스는 어려움을 겪을 때마다 자신의 소중한 체험을 떠올리며 끊임없이 되돌아가곤 했습니다. 그런데 종종 이러한 체험이 하느님이라는 이름으로 우리에게 다가오지 않을 때도 있지요. 아우구스티누스가 가장 먼저 하느님을 체험했던 것은 누구를 통해서일까요? 바로 어머니 모니카를 통해서입니다. "눈물로 키운 자식은 망하지 않는다."라고 하는데, 눈물로 자신을 키워 준 어머니가 아우구스티누스에게 하느님을 체험하게 해 준 사람이었습니다. 여러분도 주변에 '나는 누구인가?'를 찾도록 도와주는 따뜻한 사람이 있는지 생각해 보며, 감사하는 마음으로 그 사람을 기억하면 좋겠습니다.

🛐 나는 어떤 존재인지에 대해 아우구스티누스가 어떻게 답했는지 알게 되었는데, 하느님을 앎으로서 나를 알고 인간을 안다고 생각한 것이 아우구스티누스뿐이었는지 궁금합니다. 혹시 이러한 생각을 한 다른 사람이 있었을까요?

아마도 '나는 누구인가?'라는 질문과 관련해서 가장 먼저 떠오르는 사람은 아우구스티누스가 아니라 "너 자신을 알라."라고 말한 소크라테스가 아닐까 합니다. 소크라테스가 이 말로 굉장히 유명해졌지만, 사실 이 말은 소크라테스의 말이 아니라 아폴론 신전에 쓰인 문구였습니다. 신전을 찾는 인간들에게 자신의 한계를 알라는 뜻으로 쓰인 말이었는데, 소크라테스가 이 의미를 완전히 변화시켰습니다.

즉 소크라테스는 "자신의 영혼이 어떤 상태인지 파악해라. 그래서 그 영혼의 올바른 상태를 찾아가라."라는 의미를 부여한 것입니다. 그런 의미에서 그는 '나는 누구인가?'라는 질문을 아주 적극적으로 던진 철학자라고 할 수 있습니다. 그렇지만 소크라테스는 이를 신적인 것과 연결시키지는 않았습니다.

사실 아우구스티누스 이전에 그리스도교의 교부 중에도 이런 질문을 던진 사람들이 있었습니다. 하지만 이를 하느님과 인간 자신의 영혼 사이의 관계에서 찾아야 한다고 강조한 것은 아우구스티누스가 해낸 독특한 작업이라고 할 수 있습니다.

영혼의 상태를 돌아보라는 의미는 그대로 가져왔지만, 단순하게 그 영혼이 무엇인지만을 아는 것이 아니라, 하느님과 어떤 관계가 있는지 아는 것도 필요하다는 것이 아우구스티누스가 찾아낸 길입니다.

🧔 하느님을 알고, 인간을 알고, 영혼의 본질을 아는 것은 답이 나온다고 해도 이를 검증할 수 없다고 생각합니다. 그리고 답을 알지 못해도 사는 데 큰 지장이 없을 것 같습니다. 그런데도 이렇게 끝이 보이지 않는 질문에 인간이 계속 매달리는 이유는 무엇일까요?

요즘은 눈에 보이는 것만을 확실하다고 생각하는 과학의 시대입니다. 모든 것을 실험을 통해 측정하고, 눈에 보이도록 표현할 수 있는 것이 중요하고, 그렇지 못하면 없다고 말하거나 중요하지 않다고 여깁니다. 사실 우리가 먹고살기 위해서는 하느님과 인간 영혼에 대해 아는 일이 중요하지 않거나, 오히려 불필요할지도 모릅니다. 그런데 자신의 삶을, 그리고 마음을 따뜻하게 변화시킨 사랑을 회상해 보면 어떨까요? 부모님의 사랑이 눈으로 보이던가요? 삶에서 진정으로 소중한 것들은 양이나 물질적인 것으로 판단할 수 없는 경우가 많습니다. 자신을 찾는 과정도 이와 비슷합니다. 눈으로 볼 수 있거나 실험을 통해서 얻을 수 있는 것들이 아니라, 오히려 보이지 않는, 보이는 것을 넘어서는 것에 대해 묻고 답을 찾아야 합니다.

요즘은 은퇴 후 인문학 공부를 시작하는 분들이 많습니다. 인문학의 가장 소중한 가치들 역시 눈에 보이지 않습니다. 그럼에도 불구하고 이런 질문들이 갖는 의미가 있다고 말하고 싶습니다. 비유를 하나 들자면, 등산을 할 때 오르막길을 오르면서 풍경을 보는 사람은 없습니다. 어느 정도 높은 곳에 올라가고 나서 뒤를 돌아보았을 때, 올라올 때는 보이지 않던 놀라운 광경들을 볼 수 있게 되지요. 물론 쉽지 않은 길이지만, 오르막길을 걸을 때는 펼쳐지리라고 확신할 수 없던 광경들을 정상에 올라가서 마주하게 되는 것은 충분히 가치가 있다고 생각합니다. 그리고 이런 과정을 쉬지 않고 계속했던 사람이 바로 아우구스티누스였습니다.

아우구스티누스는 인간을 육체와 영혼으로 구성된 실체라고 이야기했는데, 당시 철학자들은 영혼에 비해서 육체를 무시하는 경향이 있었던 것은 아닌가 싶습니다. 아우구스티누스는 육체와 영혼의 관계를 어떻게 바라보았나요?

동양 철학에서는 육체의 기氣에 대한 이야기가 많이 나와 있는데, 서양 철학에서는 소크라테스부터 영혼에 대한 돌봄, 영혼에 대한 강조가 계속해서 나타났습니다. 그리고 그 극단에 있는 사람이 소크라테스의 제자 플라톤이었습니다. 플라톤은 아우구스티누스의 삶에서 빼놓을 수 없는 인물입니다. 아우구스티누스가 플라톤의 사상에서 이어지는 신플라톤주의를 만난 후에야 그리스도교로 돌아오게 되었기 때문입니다.

그렇지만 플라톤과 그리스도교는 다른 부분이 있었습니다. 플라톤이나 소크라테스가 영혼을 강조한 이유는 윤리적인 의식이 중요했기 때문입니다. 소크라테스는 인간다운 인간, 참다운 인간, 잘 사는 인간이 되는 것은 강건한 육체와 아름다운 미모를 갖추어서가 아니라, 영혼의 상태가 잘 되어 있어야 가능하다고 말합니다. 이런 영향으로 서양 철학 전체에서 영혼에 관심을 갖는 분위기가 형성되어 있었습니다. 플라톤은 영혼과 육체의 관계에 대해 《국가》에서 멋진 비유를 들어 설명합니다.

"인간은 말 두 필이 끄는 쌍두마차와 비교할 수 있다. 흰 말, 검은 말, 마부가 있는데, 마차가 인간의 육체라면 흰 말, 검은 말, 마부는 모두 인간의 영혼에 해당한다. 흰 말은 말을 잘 듣는 말이고, 검은 말은 그저 열심히 달려가는 말이다. 검은 말은 우리 영혼의 욕정과 관련되어 있어서 거기에는 정욕혼이라는 부분이 들어 있다. 아름다운 여인을 보면 달려가고, 먹을 것이 있으면 덤벼드는 것은 모두 정욕혼, 검은 말이 달려가는 것이다. 용기 있게 옳은 일을 하는 것은 흰 말에 해당한다. 그렇지만 이 마차가 올바른 방향으로 가는지 결정하는 것은 마부인 이성혼이다."

아우구스티누스는 이것을 읽고 감동했지만 온전히 받아들이기는 어려웠습니다. 그리스도교에서 영혼과 육체가 연결된다는 것을 알고 있었기 때문입니다. 그래서 이것을 나름대로 변형시켰습니다. 인간이라는 것은 말과 마차가 아니라 "말과 그 위에 타고 있는 기수와 같다."라고 한 것입니다. 말이 육체라면 영혼은 기수와 같기 때문에, 좋은 기수는 말을 잘 다뤄서 옳은 방향으로 달릴 수 있게 한다는 것이지요.

이러한 관계는 마니교에서도 찾아볼 수 있습니다. 마니교에서는 정신적인 것을 좋은 것으로, 육체적인 것을 악한 것으로 생각했습니다. 그래서 육체적인 것은 무엇이든지 버려야 한다고 주장했지요. 그런데 아우구스티누스는 그럴 수 없었습니다. 인간의 육체 또한 하느님이 창조하신 것이기 때문입니다. 그래서 아우구스티누스는 육체가 영혼에 끌려가는 것이 아니라, 육체와 영혼이 함께 달려 나간다는 의미에서 말과 기수의 비유를 사용했다고 할 수 있습니다.

그의 비유에서 한 가지 아쉬운 점은, 말과 기수가 분리되어도 남을 수 있음을 완벽하게 설명하지 못한다는 것입니다. 이러한 문제를 해결한 것이 아우구스티누스 이후에 등장한 토마스 아퀴나스입니다.

· 제4강 ·

공부는
왜 해야 하는가?

눈높이 학습, 학생에 대한 절대적 존중,

교사가 먼저 모범을 보이는 교육,

'현대 교육학'의 이상이

1,600년 전 '위대한 지성'에 의해 이미 제시되었다.

낙오자 없는 교실, 수준별 학습,

그리고 학생의 가능성을 일깨우는 노력!

아우구스티누스의 교육론은

마치 현대의 이상적 교육 이론을 마주하는 듯하다.

아우구스티누스는 오늘날 우리에게 신랄하게 묻는다.

우리는 과연 누구를 위해 가르치고

누구를 위해 배우는가?

공부는
왜 해야 하는가?

　여러분이 다녔던 학교는 즐거운 곳이었나요? 요즘은 '학교'라고 하면 주입식 교육이 먼저 떠오릅니다. 수많은 학생들이 도태되는 교실, 강의자는 있지만 스승은 없다는 우리의 학교. 아우구스티누스는 이 안타까운 문제에 대해 놀라운 해결법을 제시했습니다. 그것도 1,600년 전에 말입니다. 오늘날 물질이나 과학의 발전 속도가 매우 빠르기 때문에, 옛것은 좋지 않거나 더 이상 유용하지 않게 느껴지기 마련입니다. 그렇지만 철학에서 2천 년도 넘은 플라톤과 아리스토텔레스의 사상을 배우는 것처럼, 교육적인 측면에서도 옛 성현의 가르침이 큰 도움이 될 수 있습니다. 과연 아우구스티누스가 제시한 배움과 가르침은 어떤 것이었을까요?

경험에서 시작된
아우구스티누스의 교육에 대한 고민

앞서 아우구스티누스가 학교에 대해 어떤 생각을 가지고 있었는지 언급한 바 있습니다. 즉 학교라는 곳이 매우 실망스러웠고, 그곳에서 긍정적인 경험을 하지 못했다고 했지요. 매를 맞고 와서 아버지와 어머니에게 한탄도 해 보고, 하느님께 가서 기도도 해 봤지만 소용이 없었습니다. 이렇듯 소년 아우구스티누스는 선생님에게 인격적으로 존중받는다는 느낌을 받은 적이 없었습니다. 그래서 그는 그때의 부정적인 체험을 극복한 뒤에도 기존의 교육 방식에 대한 강한 거부감을 가지고 있었습니다. 동물처럼 훈육이 되어야 한다든지, 강제적으로 무엇을 해야 하는 것을 부정적으로 바라보았던 것입니다.

스승이 된 아우구스티누스

그렇지만 아우구스티누스가 계속 학생으로 남아 있던 것은 아니었습니다. 자신도 수사학 학교의 교사가 된 것입니다. 실제로 선생님이 되어 보니 학생 때와 다른 것을 느끼게 되었습니다. 선생님이 얼마나 힘든지 처음으로 경험한 것이지요. 카르타고의 학생들이 얼마나 거칠었냐면, 선생님들이 수업을 하고 있을 때도 갑자기 뛰어 들어와서 난동을 부리고, 술 취한 친구들이 들어와서 다른 친구들이 공부를 못하게 방해하곤 했습니다. 이런 학생들을 여러 명 만나자, 아우구스티누스는 학생들에게 굉장히 실망하게 되었습니다.

> **카시키아쿰**
> 밀라노의 북부에 위치했던 카시키아쿰은 현재의 카시아고Casciaco로 추정된다. 이곳은 아우구스티누스가 개종 후에 몇몇 친구들과 함께 친구의 별장에서 철학적인 토론을 한 것으로 유명하다.

그러다 보니 아우구스티누스는 선생님과 학생의 마음이 왜 이렇게 다른지에 대해 고심하게 되었습니다. 학생들은 벗어나려고만 하고, 선생님들은 학생을 강제로 붙잡아 교육하려는 모습이 그의 마음속 숙제로 남게 된 것입니다. 아우구스티누스가 회심한 이후 카시키아쿰이라는 곳에 가서 쓴 《음악론De musica》에 보면, 스승과 학생 사이에 대한 흥미로운 이야기가 있습니다. 가르치는 것과 배우는 것이 동시에 일어나는 것이 아니고 별개의 행위라는 것입니다(《음악론》 I,5-12 참조).

아우구스티누스는 스승과 제자 사이의 관계에 대해 다음과 같이 설명합니다. 첫째, 학생들이 선생님을 존경하고 신뢰할 때는 가르치는 내용이 잘 전달된다는 것입니다. 둘째, 학생들이 선생님의 입장이나 가르침에 거부감을 가지고 있을 때는 교육이 잘 이루어지지 않는다는 것입니다. 셋째, 학생들이 이도 저도 아닌 의심의 상태에 머무른다면, 그들을 가르쳐도 교육이 이루어진 것도 아니고 안 이루어진 것도 아닌, 애매모호한 상태가 지속된다는 것입니다.

그렇기 때문에 아우구스티누스는 중요한 교육학적인 질문을 던졌습니다. '과연 학생은 어떤 기준에 의해서 교사의 가르침을 받아들이기도 하고 거부하기도 하는가? 이미 학생이 배우기 전에 자신의 어떤 기준이나 지식을 내면에 가진 것은 아닐까?' 결국 아우구스티누스는 근본적으로 학생들이 무엇인가를 알고 있다는 사실을 발견했습니다. 무엇을 알기 때문에, 자신의 생각과 잘 맞는 것은 받아들이고, 맞지 않는 것은 밀어내고, 이에 대해 자신이 없을 때는 참으면서 기다린다는 것입니다. 이를 가지고 아우구스티누스는 어떻게 하면 가장 좋은 교육을 실현할 수 있을지에 대해 고민했습니다.

삶의 변화를 위한 가치 교육

교육자로 있으면서 얻은 깨달음

아우구스티누스는 체계 없이 중구난방으로 가르쳐서는 좋은 교육이 이루어질 수 없다고 생각했습니다. 즉 참된 교육은 단순하게 지식을 많이 전달하는 것이 아니라, 삶을 변화시킬 수 있는 것이라는 생각에 도달했습니다. 이것도 아우구스티누스가 교육자로서 경험한 것과 관계가 있습니다. 카르타고에서 수사학 교사를 하던 시절, 그는 아침부터 술이 깨지 않아 시뻘건 눈을 한 학생들을 보았습니다.

독일 쾰른에서 열리는 유명한 카니발이 있습니다. 그리고 '이른, 빠른'이라는 뜻의 '프뤼Früh'라는 독특한 맥주가 있는데, 제가 독일에서 유학하던 시절에 카니발 기간이면 아침부터 프뤼 맥주병을 들고 학교에 나타나는 학생들을 보고 놀랐던 기억이 납니다. 그런데 카르타고의 학교는 1년 내내 이런 분위기였던 모양입니다. 이런 분위기 속에서

로마에서 학생들을 가르치는 아우구스티누스

당연히 교육이 제대로 이루어질 수 없었겠지요.

  그렇다면 정말 집중해서 열심히 공부하는 학생들은 모두 훌륭했을까요? 아우구스티누스가 로마에서 수사학 학교를 열었을 때 공부도 열심히 하고 재능도 뛰어난 학생들을 많이 만났습니다. 그런데 당시 로마에는 '등록금 후불제'라는 교육 제도가 있었습니다. 강의를 먼저 들어 보고 마음에 드는 강의에만 돈을 내는 방식입니다. 좋은 제도처럼 보이지만 이것을 악용하는 학생들이 있었습니다. 30일간 강의를 듣고 한 달 수강료를 내야 한다면, 28일까지만 듣고 더 이상 나오지 않는 것이었습니다. 이렇게 28일 동안 수업을 듣고 난 뒤, 똑같은 방식으로 다른 선생님의 수업에 들어가는 것이었습니다. 머리는 비상하고 집중력이 좋았지만, 도덕적이고 윤리적인 측면에서는 성숙하지 못한 학생들이었지요. 이렇게 아우구스티누스는 똑똑한 사람이라고 하더라도 도덕적이지 못하다면 사회에 도움이 되기는커녕, 피해를 입힐 수도 있다는 사실을 경험을 통해 꿰뚫고 있었습니다. 그래서 아우구스티누스는 교육에서 중요한 것은 삶을 변화시키는 것임을 깨닫게 되었습니다.

교육의 중심에 있는 사랑

　교육은 단순히 지식만을 전하는 것이 아닙니다. 아우구스티누스는 교육 내용을 연관성 없이 짜거나, 백과사전식으로 지식을 전달하기만 하면 교육의 목적을 잃거나 질서를 깨뜨릴 위험이 있다고 보았습니다. 그렇기 때문에 그는 각 수업 내용이 체계적으로 구성되어야 하며, 통합적인 목적을 향해 나아가야 한다고 주장했습니다(《입문자 교리 교육》 III,5 참조).

　무수한 교육 내용을 하나로 통합할 수 있는 원리가 있는데, 아우구스티누스는 그것을 '애덕caritas', 즉 '사랑'이라고 말합니다. 그는 "**교육은 사랑에 의해서 완성된다.**"(《가톨릭 교회의 관습과 마니교도의 관습》 I,56)라고 말하며 자신의 확신을 표현합니다. 학생이 교육을 통해 자신이 사랑받고 있음을 체험했을 때, 그 학생이 진정으로 변화된다는 것입니다. 그래서 선생님은 학생들에게 단순히 '사랑의 원리'에 대해 가르쳐 주기보다, 학생들이 '사랑을 느끼도록' 해 주어야 한다고 강조한 것입니다. 이를 위해 선생님은 학생을 "형제적·부성적·그리고 모성적 사랑으로"《입문자 교리 교육》XII,17) 가르쳐야 한다는 것입니다.

그리고 나서 아우구스티누스는 어떻게 하면 학생들이 빨리 배울 수 있을지 고민했습니다. 그는 이론적으로 가르치는 것만으로는 충분하지 않다고 여겼습니다. 예를 들어 보겠습니다. '걷는다'는 것을 어떻게 설명할 수 있을까요? "무릎을 90도로 들어 올리면서 들어 올린 발을 70센티미터 정도 앞으로 내뻗고 서서히 지면으로 내려놓아서 땅을 디딘다. 그 다음에는 반대쪽 발을 들어서 동일하게 행한다." 이렇게 말로 설명하는 것과 눈앞에서 걷는 모습을 보여 주는 것 중에 어떤 것을 통해 빨리 배울 수 있을까요? 눈앞에서 걷는 모습을 보여 주는 것이겠지요? 이러한 의미로 아우구스티누스는 선생님들이 먼저 모범이 되어서 학생들에게 보여 주는 것이 굉장히 중요하다고 이야기합니다.

암브로시우스와의 만남을 통해 얻은 스승과 제자의 관계

아우구스티누스가 굉장히 좋아한 스승이 한 명 있습니다. 바로 밀라노의 대주교였던 **암브로시우스**Ambrosius(340~397년)입니다. 암브로시우스는 예전에 집정관까지 했기 때문에 수사학적인 능력도 매우 뛰어난 사람이었습니다. 사실 아우구스티누스가 암브로시우스

> **집정관**
> 고대 로마 공화정 시대의 최고 관직. 행정 및 군사의 장이었다. 정원은 2명이고 임기는 1년이며 한 달씩 교대로 집무했다. 원로원과 합의하에 민회를 소집하는 권한을 가졌다.

아우구스티누스와 암브로시우스

를 처음 만난 것은 그를 존경해서가 아니라 그를 공격하기 위해서였습니다. 암브로시우스가 황제의 만행을 강하게 비판하자, 황제는 가장 말을 잘하는 젊은 아우구스티누스를 통해 그를 공격할 계획을 세웠던 것입니다. 현명한 암브로시우스는 모든 것을 알면서도 아우구스티누스를 아버지의 마음으로 안아 주었습니다. 그래도 아우구스티누스는 끝까지 버텼습니다.

그러다가 같이 공부하던 귀족 자제들이 암브로시우스의 강론과 수사학적인 능력을 칭찬하는 것을 듣고 아우구스티누스는 시기심에 사로잡혔습니다. 암브로시우스가 얼마나 수사학에 뛰어난지 보려는 삐뚤어진 마음으로 그는 밀라노 대성당에 갔지만, 결국 암브로시우스의 풍부한 설교와 탁월한 인격에 감화되었습니다. 그 이후로 아우구스티누스는 암브로시우스의 팬클럽 회장이라고 할 수 있을 정도로 그에게 빠져들었습니다. 그는 난생처음으로 마음 깊이 존경할 수 있는 스승을 만난 것입니다. 이러한 체험을 바탕으로 아우구스티누스는 스승과 제자 사이에는 인격적인 사랑의 관계를 맺을 수 있어야 한다고 말합니다.

그러면서도 아우구스티누스는 인간에게 모든 희망을 걸지 말라고 이야기합니다. 선생님들도 자신의 역량을 진지하게 돌아볼 필요가 있습니다. 학생들은 유명한 강사나 교수가 있으면 그 사람들이 모든 문제를 해결해 줄 것이라고 기대합니다. 하지만 한 인간에게 걸었던 기대와 희망이 실패로 끝난다면 엄청난 상처를 받을 수도 있습니다. 그래서 근본적으로 교리 교사들은 자신에게 모든 희망을 끌어와서는 안 된다고 말합니다(《입문자 교리 교육》 VII,11 참조).

또한 자신의 능력에 모든 희망을 걸었던 사람이 실패해서 좌절하게 되는 경우도 있습니다. 아우구스티누스는 《입문자 교리 교육 *De catechizandis rudibus*》이라는 책을 썼는데, 이 책을 쓰게 된 동기가 매우 흥미롭습니다. 한 사제가 예비 신자 교리 교육을 하는데, 교육을 시작하면 사람들이 아예 잠을 자는 것이었습니다. 일주일 내내 준비를 하고 들어갔는데 예비 신자들이 졸 뿐만 아니라 자는 이들을 깨워도 일어나지 않자 그는 상처를 받았습니다. 그래서 명강사로 소문난 아우구스티누스에게 도와 달라는 편지를 썼습니다. 그런데 아우구스티누스의 답변이 조금 황당했습니다. 아우구스티누스가 다음 주에도 예비 신자들이 오는지 물어본 것입니다. 오기는 오지만, 오면 또 졸거나 잘 것이라고 대답하는 그 사제에게 아우구스티누스는 이렇게 말했습니다. 예비 신자들이 계속해서 온다는 것은 그 사제가 생각하는 것과는 달리 그들이 무엇인가를 얻고 있기 때문이라는 것입니다. 자신도 평생 동안 교육에 힘써 왔지만, 늘 교육에 성공하는 것은 아니라며 그를 위로해 주었습니다. 그리고 자신이 모든 것을 할 수 있다는 욕심과 오만함을 버리면 작은 실패와 실수도 견뎌 낼 수 있다고 이야기했습니다.

학생들의 관심과 수준을 고려한 교육 방법

학생들의 관심에서 출발하는 동기

학생들의 학습 동기를 유발하기 위해서는 학습 목표를 분명히 인식시켜 주어야 합니다. 노벨 화학상을 탄 어떤 교수님은 매 강의를 철저하게 준비한다고 하는데요, 노벨상을 탈 정도로 훌륭한 분이 강의를 위해 열심히 준비하는 것은 사실 내용에 대한 것이 아니었습니다. 학생들에게 무슨 예를 들어 주는 것이 좋은지 고민하고 있었던 것입니다. 자신이 가르칠 내용이 일상생활에서 어떻게 활용될지를 안다면 학생들이 그 내용에 좀 더 관심을 가지리라고 생각한 것이지요. 이와 마찬가지로 아우구스티누스도 목표를 뚜렷하게 해 주되, 그 목표는 선생님이 정해 준 것이 아니라 학생들이 스스로 찾은 것에서 출발하라고 충고합니다.

현대에서는 이것을 '학습자 중심 교육'이라고 합니다. 아우구스티누스가 1,600년 전에 이미 그 방법을 제시한 것입니다. 그런데 학생들의 관심에서 시작한다고 해서 그들이 알고 있는 것만 말해서는 안 됩니다. 요즘 학교에서 학생들이 수업을 안 듣고 잠을 자는 이유 중 하나가 학원에서 하는 선행 학습 때문이기도 합니다. 이미 다 배운 내용을 또 가르치기 때문이지요. 따라서 교육을 할 때는 이미 부분적으로 알고 있고, 여전히 알려 주어야 할 것이 남아 있음을 느끼게 하는 것에서 출발해야 합니다(《삼위일체론》 X,1,1-2 참조). 이처럼 교육은 학생들의 관심과 접목되어야 합니다.

개개인에 맞는 차별화된 교육 방법

아우구스티누스는 학습자의 관심뿐만 아니라, 학습자가 어떤 집단에 속하고, 지적으로 어떻게 준비되어 있는지를 먼저 파악한 후에 교육을 시작해야 한다고 충고합니다. 실제로 우리나라 공교육의 문제점 중 하나가 한 학급 내에서 교육받는 학생들 간에 뚜렷한 수준 차이가 보인다는 것입니다. 아우구스티누스는 이 문제를 해결하기 위해 다음과 같이 말합니다. 이미 뛰어난 학생들에게 통상적인 것을 가르친다면 충분한 자극이 되지 못하고 지루해할 것이기 때문에, 그들에게는 그들의 수준에 맞는 도전적인 과제를 주어야 한다는 것입니다. 재능이 뛰어나지 않은 학생의 경우 더 가르치기 어렵습니다. 이에 대해서는 이렇게 말합니다. 너무 장황하게 많은 내용을 가르쳐 주지 말고 기초적인 지식을 핵심만 간단하게 가르쳐야 한다는 것입니다. 어떤 수단을 써도 잠에서 깨지 않는 학생들이 있다면, 선생님

뛰어난 학생	뛰어나지 않은 학생	스스로 뭔가를 안다고 여기는 학생
수준에 맞는 도전적인 과제를 줌	기초적인 핵심만 간단하게 가르쳐 줌	질문 등을 통해 스스로 모르고 있다는 사실을 자극함

학생 개개인에 따른 아우구스티누스의 교육법

이 수업을 계속 강행하는 것보다 빨리 끝내는 것이 중요하다고 말할 정도입니다.

그런데 이 두 경우보다 더 어려운 경우가 있는데, 바로 스스로 무언가를 알고 있다고 생각하는 학생의 경우입니다. 뛰어난 학생들은 쉽게 가르치고, 조금 뒤떨어진 학생들은 인내를 가지고 반복하면서 가르칠 수 있는데, 스스로 무언가를 알고 있다고 생각하는 학생은 주먹을 꽉 쥐고 있는 것과 같습니다. 아무리 좋은 것을 주려고 해도 주먹을 쥔 손을 펴지 않으면 받지 못하기 때문에 교육이 되지 않는다는 것입니다. 그래서 소크라테스Socrates(기원전 470년경~기원전 399년)는 이렇게 말했습니다. "무지無知의 지知를 깨우쳐야 한다." 질문이나 어떤 내용을 통해서 그들 스스로 무언가를 모르고 있다는 사실을 자극해서 그들의 자만심을 깨뜨리지 않는 이상 바른 교육이 이루어지지 못한다는 것입니다. 이렇게 아우구스티누스는 학생

> **소크라테스**
> 고대 그리스의 철학자. 문답을 통하여 상대의 무지를 깨닫게 하고, 시민의 도덕 의식을 개혁하는 일에 힘썼다. 신을 모독하고 청년을 타락시켰다는 혐의로 독배를 마시고 죽었다. 소크라테스의 사상은 그의 제자 플라톤의 《대화편》을 통해 전해진다.

들에게 끊임없이 관심을 가졌고, 그 과정에서 많은 교육 방법을 찾았습니다.

공동체적인 기쁨의 중요성

아우구스티누스의 교육법은 여기서 끝나지 않았습니다. 그는 교육하는 데에 교사의 기쁨이 중요하다는 점을 강조합니다. 요즘은 학생도 선생님도 과도한 경쟁 사회로 내몰리고 있습니다. 그런데 아우구스티누스는 교육은 혼자 하는 것이 아니라 공동체적으로 하는 것이라고 이야기합니다.

이것은 축구 경기를 생각해 보면 됩니다. 꼭 이겨야 하는 경기에서 믿을 만한 동료는 반드시 필요합니다. 아무리 잘하는 선수라도 혼자서는 절대 이기지 못합니다. 필요할 때 안심하고 공을 넘길 수 있는 동료가 있다는 것은 매우 중요합니다. 게다가 자신은 수비를 잘하는데 동료가 공격을 잘해서 골까지 넣는다면, 이것은 시기해야 할 일이 아니라 기뻐해야 할 일이지요. 공동체적인 기쁨을 누릴 때에 교육이 완성될 수 있다는 것은 아주 중요한 가르침이었습니다. 진정으로 뛰어난 교사가 있다면, 그를 시기할 것이 아니라 최종적으로 나아갈 목표를 함께 걸어간다고 생각해 보는 것은 어떨까요? 그런 훌륭한 선생님들을 통해 제대로 된 교육이 이루어질 때 함께 기뻐할 수 있는 것입니다.

참다운 교육을 이루어 주는 '내적 교사'

　선생님들은 학생을 인격적으로 대우하기 위해 최선을 다해야 합니다. 즉 학생이 자신을 무시한다고 생각하기 전에 먼저 선생님 스스로 학생들을 인격적으로 대우했는지 되돌아보아야 합니다. 그리고 선생님들이 작은 모범이 되어야 합니다. 학생들이 가까이에서 체험한 모범은 엄청난 효과를 낼 수 있습니다. 그러나 자신이 모든 방면의 모범이 되기 어렵다면, 각 학생들에게 맞는 모델을 소개하는 것만으로도 좋은 효과를 낼 수 있습니다. 그러면 학생들은 그런 역할 모델을 통해 새롭게 시작할 수 있는 힘을 얻게 됩니다.

　아우구스티누스는 태양이 아니라 달처럼 창조주가 주신 사랑을 인식하고 그 사랑을 되비춰 주면 된다고 말합니다. 선생님들의 배후에는 하느님이 계셔서 사랑을 주시기 때문에, 우리 스스로 그 사랑을 꺼내서 태양처럼 빛을 내는 것이 아니라 이미 받은 사랑을 전달해 주는 것으로 충분하다고 말합니다.

　한편 아우구스티누스는 교사들을 모두 '외적 교사'라고 말합니다. 외적 교사는 진정한 교육을 준비시켜 줄 뿐이고, 참다운 교육은 '내적 교사'가 이루어 준다고 했습니다. 모두 자신의 손을 가슴에 얹고 심장이 뛰는지 확인해 주세요. 혹시라도 심장이 뛰고 있지 않다면 당장 책을 놓고 병원에 가야 합니다. 심장 소리가 잘 들린다면, 마음으로 자신의 심장이 뛰는 그곳을 더 깊이 느껴 보세요. 가장 깊은 곳에서 누군가 우리를 가르치고 있다고 생각해 보는 것입니다. 그분이 바로 아우구스티누스가 말하는 '그리스도이신 내적 교사'입니다. 이 책을 읽으면서 무엇인가를 느꼈다면, 그것은 바로 여러분 안에 공통적으로 있는 내적 교사가 연결시켜 준 것입니다. 이 강의를 통해 여러분 모두 이 내적 교사에 대한 신뢰를 가질 수 있기를 바랍니다.

🧔 아우구스티누스 시대에는 교육의 혜택이 특정 사회 계급에만 국한되었을 것 같은데, 아우구스티누스는 어떻게 이런 보편적인 교육 이론을 생각해 낼 수 있었을까요?

사회가 잘 돌아가는지 확인하는 징표는 교육의 대상에 있다고 할 수 있습니다. 일반적으로 사회가 어려울 때는 왕족이나 귀족들만 교육을 받았습니다. 예외적으로 종교인들이 교육을 받는 정도였지요. 반면 사회가 발전할 때는 모든 사람에게 공평한 교육의 기회가 주어집니다. 아우구스티누스 시대는 발전하던 시기의 마지막에 있었기 때문에, 보편적인 교육이 펼쳐지고 있었습니다. 그러나 이후 게르만족의 침략으로 로마 문화가 몰락했을 때는 교육받는 사람들이 극히 제한되었습니다. 그러다가 9세기 정도에 카를 대제가 문예부흥을 일으키며 교육과 학문의 발전에 힘썼을 때, 또다시 공평한 교육에 대한 기대가 퍼져 나갔습니다. 또한 중세 대학에서 가난한 학생들에게 장학금을 지급하면서 교육의 기회를 주었던 모습을 보면, 교육의 혜택이 얼마나 넓게 퍼지는지는 시대 상황과 연관이 있는 것으로 보입니다.

그러나 저도 처음에는 아우구스티누스가 이런 훌륭한 이야기를 했다는 것을 믿기 어려웠습니다. 그런데 아우구스티누스의 모든 책을 펼쳐 읽고 따져 보면서 교육자로서 제 자신이 부끄러워졌습니다. 1,600년 전에 이미 이렇게 구체적인 교육법을 써 놓았는데도 불구하고, 현대에 와서 오히려 우리가 교육을 퇴보하게 한 것이 아닌가 하는 생각이 들었기 때문입니다. 하나하나 보니 그 안에 정말 놀라운 교육관이 실려 있었습니다. 아마도 이런 현대적인 모습 때문에 교육학 논문들이 아우구스티누스에 대해 많이 다루는 듯합니다.

학생들에게 올바른 삶의 모범이 되는 모델을 제시하는 것이 중요하다고 했는데, 아우구스티누스 시대 때 제시하는 삶의 모범은 순교자들 혹은 성인들에 국한되었을 듯합니다. 이러한 분들은 우리와 동떨어진 느낌이 드는데, 이에 대해 어떻게 생각하나요?

사실 위인전만 봐도, 위인들이 우리가 무조건 본받아야 하는 역할 모델로서 강요될 때는 답답하게 느껴지기도 합니다. 그런데 영화 〈울지마 톤즈〉의 이태석 신부님(1962~2010년)이나 김수환 추기경님(1922~2009년), 마더 데레사Mother Teresa(1910~1997년) 성녀와 같은 분들을 보면 우리 스스로 깊은 감동과 존경의 마음이 우러나옵니다. 그러나 이러한 분들은 사실 조연에 불과합니다. 진짜로 방향성을 제시해 주는 분은 바로 예수 그리스도입니다. 예수 그리스도가 원조 역할 모델인 것이지요. 개별적인 역할 모델들이 주어지는 것은 각자 다른 성격을 지닌 사람들이 어떻게 예수님을 따라야 하는지 보기 위해서입니다.

안타까운 것은 우리 청소년들에게 알맞은 역할 모델이 없다는 것입니다. 요즘 청소년들은 아이돌이나 배우, 운동 선수를 따라가고 있습니다. 물론 그들이 충분한 꿈과 희망을 청소년들에게 줄 수 있습니다. 그렇지만 그 안에는 위험성이 있습니다. 그 역할 모델이 나빠서가 아니라, 상업주의에 의해 오염될 소지가 있기 때문입니다. 오염되지 않는 순수한 역할 모델, 학생들이 따라할 수 있는 모델을 먼 곳이 아닌 가까운 곳에서 찾는 것이 중요하다는 생각을 해 봅니다.

또 하나 중요한 것은, 역할 모델을 만병통치약으로 강요할 수 없다는 것입니다. 하느님은 우리 한 사람 한 사람에게 고유한 사명을 주셨기 때문에, 역할 모델만을 단순히 따라하는 것이 아니라, 그 모습에서 자신의 고유한 사명을 찾는 것으로 이어져야 한다고 말하고 싶습니다.

아우구스티누스가 1,600년 전에 이렇게 많은 교육 이론을 만들었음에도 실제 교육 이론과는 괴리감이 느껴지기도 합니다. 좋은 이론이 있음에도 교육 현장이 더 나아지지 않는다는 점과, 학생들이 느끼는 절망감에 대해 어떻게 생각하나요?

스마트폰을 생각해 보겠습니다. 현대인이라면 누구나 갖고 있는 스마트폰은 사실 10년 전에는 생각도 할 수 없는 것이었습니다. 이처럼 과학 기술은 지속적으로 발전하지만, 인간의 정신이나 교육은 그런 방식으로 발전하지 않습니다.

1,600년 전에 아우구스티누스가 이러한 이야기를 했고, 근대에 와서도 프랑스의 사상가 루소Jean Jacques Rousseau(1712~1778년)가 《에밀》에서 학생들의 인권이 얼마나 중요한지 충분히 이야기했음에도 불구하고 현대의 한국 사회에서는 교육이 퇴보해 버린 것처럼 보입니다.

우선 입시 제도가 너무 빨리 바뀌는 것이 문제입니다. 근본적인 모습을 바꾸지 않는다면 좋은 교육 이론만으로는 충분하지 않습니다.

그럼에도 불구하고 이러한 이론들이 중요하게 다뤄지는 것은 그 안에 근본이 들어 있기 때문입니다. 그래서 여러 가지 방법이 시도되고 있지요. 학생들 하나하나를 인격체로서 존중하고 그들이 스스로의 길을 찾아갈 수 있도록 하는 방법으로 참된 교육이 이루어져야 합니다. 그리고 실제로 교육이 잘 이루어지는지 끊임없이 반성하며, 참된 교육이 어떻게 실현될 수 있는지 구체적인 상황에 맞는 방법을 찾아가야 한다고 생각합니다.

· 제5강 ·

하느님은 왜 '악'을 방치하는가?

살인, 테러, 전쟁……. 증오, 차별, 반목…….

세상은 '악의 향연장'인가?

전지전능하고 선함 자체이신 하느님,

그분이 지으신 세상과 인간은 왜 이런 모습인가!

하느님은 왜 '악'을 방치하시는가?

절대자의 직무 유기인가?

아우구스티누스가 평생 해결하고자 했던 근원적 질문!

그의 결론은 '결핍'이었다.

무無로부터 세상 만물을 지으신 하느님,

선함 그 자체이신 그분에게서 멀어질 때

'결핍'은 고개를 든다.

그리고 결핍의 자리에 악이 들어선다!

아우구스티누스는 악의 정체를 그렇게 해석했다.

하느님은 왜
'악'을 방치하는가?

　여러분, 이런 생각을 해 본 적이 있나요? '전지전능한 하느님이 창조하신 이 세상에 왜 이렇게 많은 악惡이 존재할까? 하느님이 직무 유기를 하시는 것일까?' 또는 '하느님이 창조하신 나는 왜 늘 죄를 짓고, 시기하고, 질투하고, 미워하고, 나쁜 생각을 할까?' '악'이라는 것이 애초에 없었다면 이런 갈등은 생기지 않았을 텐데 말이지요. 그렇다면 이 '악'은 어디서 생겨나는 것일까요? 왜 하느님은 악을 방치하실까요? 선과 악에 대한 문제는 아우구스티누스가 평생을 바쳐 다뤄 온 문제입니다. 이번 강의에서는 이 문제에 대해 아우구스티누스와 함께 고민하는 시간을 갖겠습니다.

악이란 무엇인가?

아우구스티누스에게 있어 가장 중요한 두 주제를 꼽으라고 한다면, 단연 '하느님'과 '영혼'일 것입니다. 그런데 하느님과 인간의 영혼을 설명하는 과정에서 아우구스티누스를 사로잡은 문제가 있었습니다. 바로 악의 문제입니다. 그는 자신의 마음과 이 세상에서 일어나는 악의 문제를 해결하는 데 평생에 걸쳐 굉장히 많은 시간을 할애했습니다. 그만큼 악은 쉽게 해결할 수 없는 어려운 문제였던 것입니다.

아우구스티누스의 마음을 사로잡은 것 첫 번째, 《호르텐시우스》

맨 처음에 아우구스티누스가 느꼈던 악은 자기 마음대로 통제할 수 없는, 육체적인 것과 관련되어 있었습니다. 즉 육체적인 정욕이나 도둑질하고 싶은 마음의 상태를 악이라고 느꼈던 것이지요. 그런데 어떤 책을 만나면서부터 이러한 악에 대한 생각이 깊어졌습니다. 앞서 제3강에서 언급한 바 있는 키케로의 《호르텐시우스》입니다. 당시에는 사람들이 이 책을 즐겨 읽었지만, 지금은 아쉽게도 사라지고 없습니다.

이 책이 서양 사상에서 유명해진 이유는 바로 아우구스티누스가 《고백록》에서 인용했기 때문입니다. 아우구스티누스는 그 안에서 몇 가지 중요한 질문을 발견했습니다. 예를 들어 '신이 있는 세계에 어찌하여 신에게 적합하지 않은 일들이 존재하는가?', '행복을 추구하는 인간에게 왜 불행이 닥치는가?', '도대체 이러한 악은 어디에서 오는가?' 와 같은 것이었습니다. 우리가 서두에서 던진 질문들, 그리고 행복을 추구하는 인간들에게 멈추지 않고 찾아오는 불행들에 대한 의문이 《호르텐시우스》에 실려 있던 것이지요. 이 책을 읽던 아우구스티누스를 사로잡은 것은 악의 기원에 대한 문제였습니다.

초반에 아우구스티누스는 성경에서 그 답을 찾으려고 노력했지만 성경에 만족하지 못했습니다. 구약 성경에서 모순을 발견했고, 신약 성경조차도 완벽하게 짜여 있지 않은 모습을 발견했기 때문입니다.

아우구스티누스의 마음을 사로잡은 것 두 번째, 마니교

아우구스티누스의 공허한 마음에 들어온 것이 바로 선악의 이원론을 주장한 마니교였습니다. 선한 사람들과 그들을 이끌어 나가는 선신 '오르무즈드' 또는 '아후라 마즈다'가 있고, 악한 사람들과 그들을 주도하는 악신 '아리만'이 있는데, 이 둘은 모두 절대자입니다. 한 신이 다른 신을 없애거나 무찌르지 못하고 항상 엎치락뒤치락하며 영원히 싸운다는 것이 마니교의 세계관이었습니다.

제3강에서 잠깐 언급했지만, 마니교에서 선신과 악신이 싸우는 전쟁터는 세계뿐만이 아니었습니다. 정말 중요한 전쟁터는 우리의 마음이었지요. 아무리 웃고 있더라도 마음 안에서 어느새 미움과 시기가 생겨나는 일을 우리는 자주 경험합니다. 그런데 마니교에서는 이 문제를 아주 쉽게 설명했습니다. 선신과 악신이 마음에 들어와서 싸우

마니교의 사제들

고 있기 때문이라고 주장한 것입니다. 봉사 활동과 같이 올바른 일을 할 때는 선신을 따르는 것이고, 드라마에 나오는 악역들처럼 악행을 저지를 때는 악신의 세력에 끌려가고 있다는 것입니다.

우리한테는 조금 황당하게 들리는데, 아우구스티누스는 왜 마니교에 끌렸던 것일까요? 아우구스티누스는 욕정에 끌리는 것이 옳지 않음을 알고 있었습니다. 그렇지만 아무리 끊으려고 노력해도 욕정에 끌려가는 자신의 모습을 발견했습니다. 그런데 마니교의 책을 읽고 나서 이런 생각을 하게 되었습니다. '나는 나약한 인간일 뿐인데, 악신이 들어와서 나를 악으로 끌고 간다면 그것이 왜 내 탓인가? 오히려 선신이 나를 제대로 지키지 못한 탓이 아닌가?' 이렇게 아우구스티누스는 선신이 선한 빛을 비춰도 악신이 육체를 제멋대로 끌고 간다면, 이것은 자신에게 책임이 있는 것이 아니라고 생각하게 되었습니다.

게다가 마니교는 성경을 받아들이면서, 성경에 조금이라도 이상한 부분이 있거나, 선조들의 비윤리적인 행위를 발견하면 이를 비판하며 모두 없애 버렸습니다. 그들의 관점에서 보면 구약 성경은 결코 좋은

경전이 아니었기에, 신약 성경만을 자신들의
경전으로 만들어 놓았습니다. 신약 성경 곳곳
에 나오는 구약 성경에 대한 인용도 허용하
지 않았고, 부족한 부분은 교주인 마니Mani(216
년~274년경)의 행적으로 채워 넣었습니다. 이러
한 가르침들이 마니교를 지탱하는 이론을 형
성했습니다. 늘 이성적으로 생각하고 의심하던 아우구스티누스에게
는 선조들의 비윤리적인 행동과 성경에 나오는 모순이 제거된 마니교
의 경전이 더 합리적으로 보였던 것입니다.

> **마니**
> 바빌로니아 출신의 종교 사상가로 마니교를 창시했다. 열두 살에 천사에게 새로운 종교를 전하라는 명을 받았다고 전해지며, 페르시아 왕가까지 개종시켰으나 나중에 박해를 받고 목숨을 잃었다.

그리하여 아우구스티누스는 직접 마니교로 들어갔지만, 그곳에서
마니교의 뛰어난 성직자인 '선택된 자들electi'이 될 수는 없었습니다.
마니교에서는 선과 악에 각각 정신과 물질을 대응시켜 육체적인 모든
것을 나쁘게 봤기 때문에, '선택된 자들'은 극단적으로 육체를 배척했
습니다. 그들은 결혼도 하지 않았는데, 독신으로 사는 성직자나 수도
자 정도가 아니었습니다. 그들은 아주 엄격하게 금욕적인 생활을 했
기 때문에 멀리서 봐도 알아챌 수 있을 정도로 얼굴에 핏기가 하나도
없었습니다. 그러한 철저함이 매혹적으로 다가왔지만, 아우구스티누
스는 '선택된 자들'의 길이 자신의 길이 아님을 알았습니다. 그래서 그
가 선택한 것은 '청종자auditor'라는 두 번째 계층이었습니다. 청종자 계
층의 최상위에 교사가 있었는데, 아우구스티누스가 바로 이 교사의
역할을 수행한 것입니다. 그는 마니교의 교리를 가르치면서 10여 년

동안 마니교에 빠져 있었습니다. 이후에 아우구스티누스는 자신의 질문에 답하지 못하는 마니교도들의 무능함을 깨닫고 신플라톤주의를 만나면서 마니교에서 빠져나옵니다.

마니교를 벗어난 아우구스티누스에게 주어진 숙제

아우구스티누스가 밀라노에서 만난 최고의 멘토가 누구였는지 기억하나요? 바로 암브로시우스였지요. 아우구스티누스는 암브로시우스가 강론에서 "성경은 문자적인 의미로만 해석하는 것이 아니다. 그 안에서 영적인 의미를 발견해야 한다."라고 말하는 것을 듣고 마니교에서 완전히 벗어날 수 있었습니다. 그리고 그는 밀라노에서 신플라톤주의를 공부함으로써 정신으로 모든 것을 설명하는 방식을 알게 되었습니다. 그리고 마침내 아우구스티누스는 암브로시우스에게 세례를 받았습니다.

그런데 마니교 교사가 그리스도인이 된 것을 본 마니교도들은 어땠을까요? 그들은 아우구스티누스에게 배신감을 느꼈고 일방적으로 공격하기 시작했습니다. 중요한 공격 포인트는 바로 악에 대한 문제였습니다. 마니교에서는 악의 근원을 악신으로 설명했습니다. 그런데 그리스도교에서는 "전지전능하고 선함 그 자체이신 하느님이 모든 것을 창조하셨다."라고 이야기했지요. 그래서 마니교도들은 아우구스티누스에게 이렇게 따졌습니다. "아우구스티누스, 둘 중 하나만 골라. 악은 존재하지? 고통이 있단 사실을 부정하지 않잖아." 아우구스티누스도 이를 인정하지 않을 수 없었습니다. 그런데 만일 하느님이 전지전능하다면 악을 없앨 수 있을 것입니다. 그런데도 이 세상에 악이 존재한다면 그것은 하느님이 악을 없애지 않으셨기 때문입니다. 그렇게 되면 사람들이 고통받는 것을 보면서도 방치하기 때문에 하느님은 선한 신이 아닌 것입니다.

또한 그리스도인들은 하느님이 너무 선하셔서 고통받는 사람들을 보면 마음 아파하신다고 이야기하곤 합니다. 이에 마니교도들은 웃으며 말합니다. "그래, 하느님이 굉장히 마음 아파하시지? 그렇지만 악과 고통을 없애지는 못하잖아." 그렇다면 하느님이 전지전능하지 않다는 뜻이 되지요. 이 세상에 악이 있음을 인정하게 된다면 하느님이 전지전능하지 않거나 온전히 선하신 분이 아니라는 결론이 나오는 것입니다. 이것이 바로 마니교도들이 아우구스티누스에게 던진 숙제였습니다.

신플라톤주의를 통한 악의 해명

플라톤과 신플라톤주의

이러한 악의 문제는 마니교도만이 제기한 것이 아닙니다. 현대인들이 그리스도인들에게 던지는 중요한 문제이기도 합니다. 이 문제에 대해 아우구스티누스는 고심했습니다. 여러 성경 구절들을 인용하면서 항변해 보았지만, 마니교도들에게 구약 성경은 일고의 가치도 없

〈아테네 학당〉에서의 플라톤과 아리스토텔레스

기 때문에 그들을 설득할 수 없었습니다. 그러던 중, 아우구스티누스는 '신플라톤주의'에서 중요한 것을 발견하게 됩니다.

'신플라톤주의'라는 용어에는 우리가 잘 아는 철학자의 이름이 들어 있습니다. 바로 플라톤Platon(기원전 427년경~기원전 347년)입니다. 신플라톤주의는 플라톤의 사상을 바탕으로 새롭게 발전시킨 것입니다. 근대 르네상스 화가 라파엘로Raffaello Sanzio(1483~1520년)의 〈아테네 학당〉에서 플라톤과 아리스토텔레스Aristoteles(기원전 384년경~기

> **플라톤**
> 고대 그리스의 대표적인 철학자이자 소크라테스의 제자이며 아리스토텔레스의 스승이다. 아테네 명문 집안 출신으로 이데아론을 주장했다. 그의 사상은 고대 서양 철학의 정점으로 평가받는다.

원전 322년)의 모습을 비교해 보면, 플라톤은 검지를 하늘을 향해 들고 있고 아리스토텔레스는 땅을 향해 손바닥을 펼치고 있습니다. 이는 플라톤과 아리스토텔레스의 사상을 한눈에 알려 주는 상징입니다. 아리스토텔레스가 이 세상의 변화와 자연적인 원리에 대해 관심

> **아리스토텔레스**
> 마케도니아 출신으로 고대 그리스 철학의 완성자. 그는 플라톤의 제자이면서도 스승의 사상을 비판적으로 수용하여 이상과 현실을 조화하려고 노력하며 거의 모든 학문 분야를 체계화했다.

이 있었다면, 플라톤은 저 너머의 세계, 영원하고 불변한 **이데아**를 추구해야 한다고 생각했습니다. 그래서 플라톤의 이론을 '**이데아론**'이라고 하는 것입니다. '플라토닉 러브platonic love'라는 말을 보아도 플라톤이 영원불변한 것에 대해 관심이 있었음을 알 수 있습니다.

그렇지만 플라톤은 이데아 세계뿐만 아니라 이 세상도 인정했습니다. 눈으로 바라볼 수 있는 세계 즉, '**가시계**可視界'도 있다고 본 것이지요. 플라톤 이론의 결함은 바로 이 지점에서 생겨납니다. 이 두 세계가 어떻게 연결되는지 완벽하게 설명하지 못하는 것입니다. 영원불변한 이데아를 포함하는 '**가지계**可知界'와 변화무쌍한 현실의 가시계가 어떻게 연결될 수 있을지에 대해서는 플라톤이 세상을 떠난 다음에 그의 제자들이 고심했습니다. 그렇게 해서 발전하게 된 것이 신플라톤주의입니다.

예를 들어 우리가 공연장에 와 있다고 해 봅시다. 무대 위에서 강한 조명이 비치고 있습니다. 그럼 자연스럽게 제일 앞에 있는 사람은 가장 밝은 곳에 있고, 뒤로 갈수록 조금씩 어두워집니다. 빛이 강한 것

> **플로티노스**
> 고대 말기를 대표하는 그리스의 철학자. 플라톤이 남겨 놓은 이원론 체계를 극복하기 위해 '일자'를 중심으로 하는 사상 체계를 세웠다. 그의 사상은 그리스도교 신학에 수용되어 큰 영향을 미쳤다.

으로부터 멀어지면 점점 어두워진다는 것입니다. 신플라톤주의에서는 가장 강력한 빛, '선善의 이데아'를 '일자'라고 불렀습니다. 그곳에 모든 선한 완전성이 있고 그곳으로부터 멀어질수록 선한 것이 덜해집니다. 분수를 떠올려 볼까요? 분수에서 물이 쏟아져 나오면 위에서 밑으로 흘러내리는데, 이 위계질서적인 생각을 '신플라톤주의'의 창시자인 플로티노스Plotinos(205~270년)가 해냈습니다.

꼭대기에는 스승 플라톤이 가르쳐 준 선의 이데아, '일자'를 이야기했고, 이 일자로부터 모든 것이 분수처럼 흘러나왔다는 것입니다. 이것을 '유출설流出說'이라고 합니다. 여기서 중요한 것은 '일자'에 가까울수록 완전하고 좋은 것이고 멀어질수록 완전성이 줄어드는 위계가 형성된다는 것입니다. 일자, 정신, 세계혼으로 된 가지계가 인간, 동물, 식물, 무생물, 형상이 없는 질료質料로 된 가시계까지 단계적으로 흘러나오는 모습을 생각하면 됩니다.

플로티노스는 악은 악신처럼 "실체로서 존재하는 것이 아니라 단순한 선의 결핍에 지나지 않는다."라고 말합니다. 여러분 중에 혹시 어둠을 봉투에 담을 수 있는 분이 있나요? 아니면 여러분의 그림자를 봉투에 담을 수 있나요? 이런 질문이 황당할 텐데, 여기에 중요한 포인트가 있습니다. 손을 펼쳐서 그림자를 만들어 보세요. 그림자가 있나요, 없나요? 누구에게나 그림자는 있습니다. 드라마에 나오는 도깨

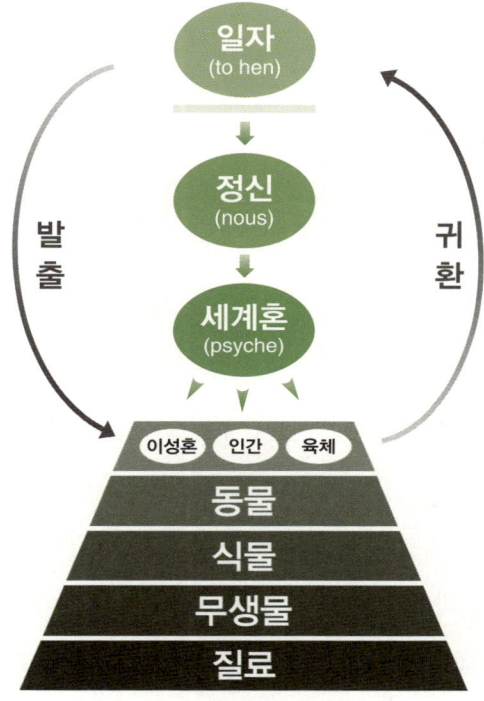

신플라톤주의의 유출설

비나 저승사자가 아니라면 말이지요. 그런데 그림자는 봉투에 담을 수도, 여러분과 떼어 놓을 수도 없습니다. 이처럼 어둠이나 그림자는 별도로 있는 것이 아니라 빛이 결핍된 상태라는 것입니다. 플로티노스는 이것을 "정말로 존재하는 그런 존재, 즉 실체는 아니다."라고 다소 어렵게 표현했습니다.

악은 선의 결핍

그렇다면 악은 무엇일까요? 플로티노스는 '악은 선의 결핍'이라고 했는데, 그럼 무엇인가가 결핍되었다면 그것은 모두 나쁜 것일까요? 제가 강의를 하다가 말고 곁에 놓인 컵을 보며 왜 강의를 열심히 안 듣냐고 야단친다고 생각해 보세요. 아무래도 컵을 야단치는 것은 뭔가 이상합니다. 왜냐하면 컵의 본성은 강의를 듣는 것이 아니라, 물이나 음료를 담는 것이기 때문이지요. 강의를 듣는 본성이 없는 컵에게 그 본성이 결핍되었다고 야단칠 수 없는 노릇입니다.

악이 되는 결핍은 바로 이런 의미입니다. '악은 선의 결핍'이라는 말은 '어떤 대상이 마땅히 지녀야 하는 본성 또는 완전성이 결핍된 것'으로 이해해야 합니다. 컵이 강의를 듣지 못하기 때문에 악한 것이 아니라, 금이 가서 더 이상 음료를 담을 수 없을 때 마땅히 지녀야 할 완전성이 결핍되어 악하게 되는 것입니다. 이것을 조금 어렵게 철학적으로 표현하면, 악은 "우유적偶有的으로 선이 결핍된 현상이다."라고 말할 수 있습니다. 결핍은 구체적인 대상이 있어야 가능한 것으로, 선 또는 존재 밖에서 악은 존재할 수 없습니다.

내가 지금까지 그 근원을 찾아왔던 악은 사실 실체가 아닙니다. 만일 악이 실체라면 그것도 좋은 것이기 때문입니다. 악이 하나의 실체로서 나빠질 수 없다면 그것은 최고로 좋은 것이 될 것이요, 나빠질 수 있다면 그 안에 좋은 것이 남아 있어야만 합니다. 그러므로 내가 확실히 알게 된 것은 당신이 모든 것을 좋게 지으셨다는 것과, 당신이 창조하시지 않은 실체는 하나도 없다는 것입니다. 《고백록》 VII,12,18

도대체 아우구스티누스는 왜 이렇게 복잡한 설명에 감동했을까요? 그것은 바로 마니교의 질문에 답하기 위해서였습니다. 만일 악이 실체로서 존재한다면, 이 또한 창조주 하느님이 만드신 것이 됩니다. 그렇다면 하느님이 이를 없애지 못하기 때문에 마니교에서 제기한 의문을 인정할 수밖에 없습니다.

하지만 결핍을 통해 하느님이 악을 만든 것이 아니라 다른 것으로부터 왔다고 한다면 악의 책임을 하느님께 돌릴 수 없습니다. 하느님이 세상을 선하고 완벽하게 만드셨는데, 악이 하느님과 관계없이 결핍으로 들어오게 되었다는 것입니다. 그림자는 여러분이 만들어 낸 것이 아니라 빛을 가림으로써 생겨나지요. 이처럼 악도 하느님이 직접 만드신 것이 아니라, 선하게 만들어진 것들이 무언가의 방해를 받아 하느님으로부터 멀어지고 차단되어 결핍이 생겨났다는 것입니다.

여기서 많은 오해가 생겨났습니다. 사람들은 고통받는데 아우구스티누스는 악이 존재하지 않는다고 이야기한다며 비난한 것입니다. 일부 신학자들마저 "아우구스티누스는 악을 부정해서 고통받는 사람들로부터 멀리 떨어진 뜬구름 잡는 이야기를 한다."라고 비난했습니다. 하지만 이것은 아우구스티누스와는 전혀 상관없는 이야기입니다.

악에 대해 남은 의문들

악을 실체가 아니라 선의 결핍으로 정의한 뒤에도 여전히 많은 의문점들이 남습니다. '어떻게 하느님으로부터 이러한 악이 나타날 수 있는가? 어떻게 전지전능한 하느님을 거슬러, 지녀야 하는 본성들이 없어지는 결핍이 나타날 수 있는가?' 하는 질문들이 생기는 것입니다.

그리스도교의 창조론에서는 이 세상에 존재하는 모든 것이 하느님에 의해 창조되었다는 사실을 매우 중요하게 봅니다. 성경에 "너는 먼지이니 먼지로 돌아가리라."(창세 3,19)라고 나온 것처럼, 모든 것은 '무無', '없음', '비존재'로부터 생겨났다는 것입니다. 손바닥 위에 볼펜을 올려놓았다고 생각해 보세요. 볼펜이 손 위에 잘 놓여 있을 것입니다. 그런데 손을 치운다면 볼펜은 어떻게 될까요? 밑으로 떨어지겠지요? 이렇게 볼펜이 밑으로 떨어지듯이, 무로부터 나온 존재들은 존재를 받쳐 주는 하느님과의 관계가 끊어지면, 근원인 무로 돌아갈 가능성이 있다는 것입니다. 조금의 상처가 있어도 결핍이 생기고, 완전한 결핍이 일어나면 더 이상 존재하지 않고 무로 돌아가 사라지게 됨을 기억하면 좋겠습니다.

영화 〈사랑과 영혼〉을 보면, 악한 짓을 저지른 이들이 지옥으로 끌려가는 모습이 아주 절묘하게 표현되어 있습니다. 끌려간 영혼이 완전히 없어져 버리는 것처럼 표현했는데, 이처럼 사라지는 것을 무로 돌아간다고 생각하면 조금 더 이해하기 쉽지 않을까요?

🧑‍🦳 하느님을 믿지 않는 사람들에게는 오히려 마니교의 설명이 설득력이 있다고 생각합니다. 실제로 많은 현대인들이 마니교에서 말하는 악에 대한 이미지를 갖고 있는 것은 아닐까요?

맞습니다. 마니교와 같은 이원론적인 설명 방식은 명쾌하고 강렬하게 악을 설명할 수 있습니다. 그래서 실제로 이런 생각들이 상당히 빠르게 퍼져 나갔습니다. 게다가 몇 백 년 뒤 마니교에 대한 것들이 사라졌음에도 불구하고, 《다빈치 코드》와 같은 책에서 나오는 것처럼, 마니교가 남프랑스에서 다시 새로운 버전으로 나타났습니다. 이렇게 사람들을 끊임없이 매혹시키는 무언가가 마니교에 있습니다. 가장 매력적인 것 중 하나는, 우리가 현실적으로 선보다 악을 더 많이 체험하는데, 이것을 매우 쉽게 설명할 수 있다는 점입니다. 그러나 마니교에서는 악신이 '절대자'라는 것을 잊어서는 안 됩니다. 즉 마니교의 악신은 선신도 어떻게 할 수 없는 동등한 위치의 존재라는 것입니다.

이렇게 매혹적인 부분이 있음에도 불구하고 마니교에는 결정적인 단점이 있습니다. 바로 악인들이 자신들이 저지른 비윤리적인 행위를 책임질 필요가 없다는 것입니다. 예를 들어, 뉴스를 보면 우리 모두를 분노케 하는 일들이 벌어지는 경우가 있습니다. 여성을 성폭행한다든지, 끔찍한 살인을 저지른다든지 혹은 정치와 결탁해서 이익을 보는 사람들을 생각해 봅시다. 그런 사람들이 마니교의 설명에 따라 이야기한다면 어떨까요? 그들은 자신들이 악신의 영향으로 어떻게 할 수 없었다고 말할 수도 있습니다. 그렇다면 우리는 그들에게 윤리적인 책임을 묻지 못하게 될지도 모릅니다.

단점이 또 있습니다. 마니교의 악신을 과연 절대자라고 부를 수 있을까요? 절대자는 전지전능해야 하는데, 마니교의 절대자라는 개념에는 모순이 있습니다. 선신과 악신이 모두 절대자라면, 선신도 악신을 없앨 수 있어야 하고 악신도 선신을 없앨 수 있어야 합니다. 하지만 마니교의 설명에서 이것은 불가능합니다. 그래서 아우구스티누스는 이 내용으로 마니교를 반박하는 책을 쓰면서 "너희가 악의 문제를 가지고 우리를 공격하지만, 그것만으로는 이 세상에 대한 모든 설명을 할 수 없다."라고 말합니다.

덧붙이자면 우리는 나쁜 짓을 하면서도 그것이 나쁘다는 것을 스스로 아는 경우가 많습니다. 나쁜 짓을 나쁘다고 아는 것만으로 우리를 강제하는 악신이 존재하지 않음을 의심해 볼 수 있습니다. 제4강에서 '내적 교사'에 대해 설명했는데, 내적 교사를 '양심'으로 바꿔 놓아도 틀린 표현은 아닐 것입니다. 행하고 있지 않다고 하더라도 올바른 것에 대해 이미 알고 있다는 것이 플라톤이나 아우구스티누스가 '선이 더 우선적이다.'라고 생각하는 데 영향을 끼쳤다고 할 수 있겠습니다.

하느님으로부터 멀어질 때 악이 생겨난다고 했는데, 그렇다면 왜 하느님으로부터 멀어지는 일이 발생할까요? 하느님이 피조물들을 정말 사랑하신다면, 피조물들이 조금이라도 멀어지려고 할 때 멀어지지 않게 붙잡아 주셔야 하지 않을까요?

정말로 선한 신이라면 우리가 악에 빠지지 않게, 당신으로부터 멀어지지 않게 해 주어야 할 것 같습니다. 그런데 이 안에는 엄청난 비밀이 숨어 있습니다. 이 비밀을 여는 열쇠가 바로 '자유 의지'입니다. 비유를 들어 설명해 보겠습니다. 바닷가에서 선탠을 하고 있다고 생각해 보세요. 그런데 선탠을 하다가 그만 얼굴에 손을 올리고 잠이 들어 버렸습니다. 그리고 시간이 지나 모두 상상할 수 있는 그런 상태가 되었습니다. 제대로 선탠이 된 것이 아니라 결핍된 상태가 된 것입니다. 그런데 여기서 태양에게 왜 내 얼굴을 이렇게 만들어 놓았냐며 책임을 돌릴 수 있을까요? 이 결핍의 책임은 태양이 아니라 손을 올리고 잠을 잔 사람에게 있다는 것입니다. 이렇게 손으로 하느님의 햇빛, 즉 선을 가리는 것, 그 능력을 '자유 의지'라고 부릅니다. 자유 의지에 대해서는 제7강에서 더 자세히 살펴보도록 하겠습니다.

> 다른 이를 원망하고 미워하고 질투하는, 이런 일반적인 감정들이 하느님으로부터 멀어져서 생기는 악이라면, 하느님이 인간을 너무 나약하고 불완전하게 만드신 것은 아닐까요?

앞서 이야기한 손으로 얼굴을 가린 비유처럼, 아우구스티누스는 "1차적인 책임은 하느님께 있지 않다."라고 말합니다. 아우구스티누스는 창세기에 대해 여러 번 언급했는데, 그중에서도 하느님이 창조하시고 나서 "보시니 좋았다."라고 말씀하시는 부분을 중요하게 보았습니다. 그래서 아우구스티누스는 나약한 인간의 모습이 원초적인 상태가 아니라고 생각했습니다. 그는 하느님이 인간을 나약하고 불완전하게 만드신 분이 아니라고 생각한 것이지요. 이런 허약한 상태는 원초적인 상태가 아니고, 도중에 어떤 일이 일어나서 모든 것을 변화시켰기 때문에, 아주 갓난아기 때부터 인간에게 탐욕과 같은 것들이 발현된 상태로 주어진다는 것입니다. 원초적인 상태에서 나약한 상태로 넘어가게 만든 것은 바로 '원죄' 때문인데요, 원죄에 대해서는 제8강에서 더 자세히 살펴보도록 하겠습니다.

· 제6강 ·

'태초', 피조물 프로그래밍 시작

"한처음에 하느님께서 하늘과 땅을 창조하셨다."(창세 1,1)

우주의 처음, '태초'는 어떤 모습일까?

하느님 말씀이 가득 깃든 '영원한 이데아',

그 위로 용솟음치는 '절대자의 자유'.

거룩한 '창조의 소용돌이'가

'없음無'으로부터 '모든 것의 있음有'을 이루셨다.

선함 그 자체이신 주님이 지으셨으니

모든 피조물은 원초적으로 선하다.

하느님의 창조는 영원한 진행형이며

세상 모든 존재는 끊임없이 형성되어 간다.

아우구스티누스는 '창조'를 이렇게 해석했다.

1,600년 전, 위대한 지성이 생각한 '우주'의 시작이었다.

'태초', 피조물 프로그래밍 시작

인류가 궁금해하는 것들 가운데 하나가 우주의 시작에 관한 것입니다. 이 세상은 언제 어떻게 시작되었을까요?

이 질문에 대답하기 위한 시도는 인류의 역사만큼이나 오래되었습니다. 그 대답은 철학이나 과학에서 시도되었고, 성경에도 언급되어 있습니다. 그런데 과학과 성경은 우주의 기원에 대하여 상반된 주장을 하는 것처럼 보입니다. 일반적으로 과학에서는 우주가 대폭발(빅뱅)에 의해 생겨났다고 주장하고, 성경에서는 하느님이 말씀으로 창조하셨다고 기록합니다. 그렇다면 그리스도교 최고의 지성인 아우구스티누스는 우주의 창조에 관해 어떤 상상을 했을까요?

> **대폭발(빅뱅)**
> 천문학 또는 물리학에서 우주의 기원을 설명하는 방법으로 가장 널리 인정받는 이론이다. 매우 높은 에너지를 가진 작은 물질과 공간이 약 100억 년 전에 거대한 폭발을 하여 우주가 형성되었다고 설명한다.

이 세계는 어떻게 시작되었을까?

그리스 철학자, 탈레스

세상의 근원에 대한 궁금증

철학자뿐만 아니라 많은 사람들이 다양한 고민을 안고 여러 가지 질문을 던집니다. 특히 '이 우주는 어디에서 시작되었을까? 그리고 나는 어디에서 왔을까?' 등 어떤 것의 근원을 묻는 것은 인간이 가진 근본적인 호기심이자 독특한 특성입니다. 사실 근원에 대한 질문은 역사적으로 중요한 의미를 가집니다. 그 옛날, 사람들은 파도가 몰아치고 폭풍우가 모든 것을 휩쓸어 가는 자연재해의 공포 앞에서 벌벌 떨며, 이런 자연의 힘이 어디에서 오는지 묻지 않을 수 없었습니다. 이런 근원에 대한 질문이 신화를 탄생시켰고, 그렇다 보니 세계 각국에는 저마다의 창조 신화, 설화가 있습니다.

그리스에서 시작된 세상의 근원에 대한 탐구

그런데 근원에 대한 질문의 답으로 신화적인 것만 있을까요? 근원에 대해 이성적으로 질문하며 탐구하는 것은 특정한 언어를 사용하던 곳에서 시작되었습니다. 그곳은 바로 그리스어를 사용하는 지역이었습니다. 소크라테스 이전의 철학자들을 떠올려 보세요. 그들을 사로잡은 문제는 "이 세상 모든 것의 근원은 무엇일까?"였습니다.

이 질문에 대한 대답은 철학자마다 다양했습니다. 탈레스Thales (기원전 624년경~기원전 546년경)는 만물의 근원, 즉 아르케Arche가 물이라고 했지만, 탈레스의 제자들은 아페이론(무한), 공기 등을 말했습니다. 헤라클레이토스Herakleitos(기원전 540년경~기원전 480년경)는 불, 일종의 에너지를 통해 모든 것이 생겨난다고 말했다면, 데모크리토스Democritos(기원전 460년경~기원전 370년경)는 원자가 모든 것의 근원을 이룬다고 주장했습니다. 세상의 근원에 대한 질문과 다양한 생각들이 신화적인 것과 이성적인 설명 사이에서 긴장감을 이루고 있었습니다. 하지만 시간이 흐르면서 이런 다양한 생각들이 뭉쳐서 뚜렷한 이론으로 그리스 철학에 자리 잡기 시작했습니다.

대부분의 그리스인들은 이 세계는 영원한

그리스 철학자, 헤라클레이토스

탈레스

소아시아의 도시 밀레토스 출신으로 자연의 근원을 최초로 탐구한 철학자. 보편 타당한 명제를 바탕으로 사고하여 '철학의 아버지'로 칭송받는다. 수학과 천문학 분야에도 많은 업적을 남겼다.

헤라클레이토스

소크라테스 이전 시기의 주요 철학자. 세계의 모든 것은 변화하고 있다는 '만유유전설萬有流轉說'을 주장했다. 허무주의적인 태도 때문에 '어두운 철학자', '우는 철학자'로도 불린다.

그리스 철학자, 데모크리토스

데모크리토스
고대 그리스의 철학자. 세계는 허공과 더 이상 쪼갤 수 없는 원자로 구성되어 있다는 원자론을 체계화하여 유물론 형성에 큰 영향을 미쳤다. 낙천적인 기질 때문에 '웃는 철학자'로도 불린다.

것으로, 시작도 끝도 없이 순환한다고 생각했습니다. 각각의 사물들이 생겨났다가 사라질지라도 그 기본이 되는 질료는 영원히 지속되고 있다고 믿었지요. 세계가 영원하다는 그리스인들의 생각은 플라톤의 사상에도 녹아 있습니다. 플라톤의 《티마이오스 Timaios》에 등장하는 데미우르고스 Demiurgos는 이미 존재하던 질료에 특정한 형상만을 부여하는 조물주입니다. 즉 데미우르고스와는 상관없이 이미 존재하는 질료들이 가득한 이 세계는 영원한 것입니다. 이와 비슷한 생각을 동양의 사상에서도 발견할 수 있습니다. 라틴어로 '나투라Natura'(영어로는 '네이처 Nature')라고 하는 것을 동양에서는 '자연自然'이라고 부릅니다. 자연이라는 단어는 '스스로 그러하게 있는 것'을 의미합니다. 이를 보면 동양에서는 자연이 사라질 것이라고 생각하지 않았음을 알 수 있습니다.

그렇다면 유대교에 뿌리를 둔 그리스도교는 어떠할까요? 창세기에 나오듯이 그리스도교의 하느님은 모든 것을 창조한 신입니다. 앞서 언급한 데미우르고스라는 조물주와, 그리스도교의 창조주 둘 다 무엇인가를 만들어 내는 자로서 비슷하다는 느낌을 받을 수 있습니다. 하지만 과연 그럴까요? 그 차이를 드러내기 위하여 그리스도교의 철학자들은 '무無로부터의 창조creatio ex nihilo'라는 개념을 이끌어 냈습니다.

무로부터의 창조

그리스 철학의 창조 vs. 그리스도교의 창조

여기서의 '무無'는 '없다'라는 뜻으로, '무로부터의 창조'는 아무것도 없는 상태에서 모든 것이 생겨났음을 의미합니다. 물, 불, 공기, 흙 등으로부터 만물이 생겨났다는 그리스 철학의 입장과 무로부터 만물이 창조되었다는 그리스도교의 입장 사이에는 중요한 차이가 있습니다. 사실 어떻게 '없음'에서 '있음'을 만들 수 있는지 의문이 들 수 있습니다. 그리스인들도 있는 것에서 있는 것이 생겨날 수 있지, 아무것도 없는 비존재 상태에서 어떤 존재가 생겨나는 것은 논리적으로 맞지 않는다고 생각했습니다. 즉 "무에서는 아무것도 생겨날 수 없고Ex nihilo nihil fit" 그것에 대해 생각할 수도 없다는 것이 고대 그리스 철학의 공통적인 전제였지요. 그리스 철학 입장에서 보았을 때 그리스도교에서는 무로부터 모든 것이 창조되었다는 이상한 말을 하는 셈입니다.

그렇다면 왜 그리스도교에서는 '무로부터의 창조'를 주장했을까요? 이 세상의 모든 것은 창조주인 하느님의 도우심을 받아야만 존재할 수 있음을 강조하기 위해서입니다. 하느님의 지으심을 받지 않고 존재할 수 있는 것은 아무것도 없다는 것이지요. 반면, 앞서 말했듯이 데미우르고스라는 신은 이미 있는 것에 특정한 형상을 부여할 뿐입니다. 마치 도자기 장인이 쓰는 재료인 흙이 장인의 도움 없이도 존재해 온 것처럼 말이지요. 하지만 그리스도교에서는 하느님의 창조로부터 벗어나 존재하는 것은 아무것도 없기에, 근원을 이루는 물질조차도 하느님으로부터 창조된 것이어야 합니다. 도자기뿐만 아니라 그 재료인 흙도 장인이 만들어 낸 것이어야 한다는 주장인 셈이지요. 창조주는 자신을 제외한 일체의 모든 것이 존재하도록 전능한 힘을 통해 존재를 부여하는 것입니다.

그렇다면 모든 것을 창조하시기 전에 하느님은 도대체 무엇을 하고 계셨을까요? 빛도 없고 해와 달도 없고 흙과 물도 없는 곳에서 공중에 둥둥 떠다니며 심심해하셨을 것만 같습니다. 하지만 아우구스티누스의 입장에서 본다면 이런 질문은 성립되지 않습니다. 하느님이 창조를 시작하시기 한 시간 전, 하루 전, 한 달 전에는 무엇을 하고 계셨을지 궁금해할 수도 있지만, 사실 시간이라는 개념조차 없었기에 질문 자체가 성립되지 않습니다. 시간 역시 만물의 창조와 더불어 시작되었기 때문이지요.

신플라톤주의의 유출설과 그리스도교의 창조

그리스도교의 하느님과 비슷해 보이는 것이 신플라톤주의에도 있습니다. 바로 '일자'입니다. 제5강에서 언급했듯이, 신플라톤주의의

신플라톤주의	그리스도교
일자에 가득 차 있는 완전성이나 선이 흘러넘침, 즉 필연에 따른 것	하느님이 선의와 사랑으로 무로부터 자유롭게 창조

신플라톤주의와 그리스도교의 창조론 비교

유출설에 따르면 만물은 일자로부터 흘러나와 생긴 것입니다. 모든 완전성은 일자에 다 들어 있으며, 일자로부터 나온 것들은 일자에 가까울수록 완전성이 높고, 멀어질수록 완전성이 덜해집니다. 이렇게 말하니 정말 그리스도교의 하느님과 비슷한 것 같지 않습니까? 하느님으로부터 모든 것이 생겨났고, 천사와 같이 하느님과 가까울수록 더 완전한 존재이고 하느님으로부터 멀수록, 예컨대 아메바와 같은 미생물들은 완전성이 덜한 존재라고 이해할 수 있습니다.

아우구스티누스는 이런 식으로 신플라톤주의를 통해 그리스도교를 설명하려고 노력했습니다. 하지만 차이점을 분명히 기억해야 합니다. 물이 가득한 컵에 물을 더 부으면 어떻게 될까요? 흘러넘치게 되어 있습니다. 신플라톤주의의 유출설도 이와 비슷합니다. 일자에 완전성이나 선이 가득 차서 흘러넘쳐 만물이 생겨난 것입니다. 필연에 따른 것이지요. 하지만 일자처럼 그리스도교의 하느님도 만물을 창조하는 것이 필연에 따른 것일까요? 만약 신에게 선이 너무 가득해서 만물을 만들 수밖에 없어서 만든 것이라면, 이런 필연적인 법칙과 그리스도교의 하느님 둘 중에 어느 것이 더 높다고 볼 수 있을까요?

최근에 우리나라에서 대통령이 탄핵된 사건이 있었습니다. 만약 대통령이 가장 높은 위치에 있었다면 결코 대통령을 물러나게 할 수 없었겠지요. 하지만 대통령보다 더 높은 것이 바로 헌법입니다. 그래서 헌법 재판소의 판결을 통해 대통령이 탄핵될 수 있었습니다. 이와 비슷하게 하느님이 필연적인 법칙에 따라 만물을 창조할 수밖에 없었다면, 이런 법칙이 하느님보다 더 상위에 있게 됩니다. 그리스도교에서는 이렇게 생각하지 않았습니다. 신플라톤주의의 일자와 달리, 하느님은 법칙에 얽매이지 않으시는 분입니다. 이미 하느님은 완전하시기에 더 필요한 것이 없음에도 불구하고, 넘치는 사랑으로 인간도 만들고, 동물과 식물도 만드셨습니다. 즉 하느님은 어떤 법칙에 기대서 무엇인가를 만들어 내는 존재가 아니라, 무로부터 모든 것을 자유롭게 창조하시는 분입니다.

그리스도교에 대한 오해 첫 번째, 점진적 창조 vs. 동시 창조

앞서 말했듯이 아우구스티누스는 한때 성경이 모순투성이라고 비판하며 마니교에 빠진 적이 있었습니다. 그런데 마니교도들은 성경을 정말 열심히 공부했습니다. 오히려 그리스도인들보다 더 열심히 공부했는데, 왜 그랬을까요? 그것은 성경을 비판하기 위함이었습니다. 창세기의 6일간의 창조에 관해서는 대부분 알 것입니다. 그런데 집회서 18장 1절을 보면 "영원히 살아 계시는 분께서 만물을 함께 창조하셨다."라는 구절이 나옵니다. 이상하지 않나요? 창세기에서는 하느님이 6일 동안 천천히 단계적으로 세상을 창조하신 것처럼 나오는데 말이지요. 마니교도들은 가장 근본적인 창조 이야기부터 모순을 일으키는 성경이 모순 덩어리가 아니냐고 비판했습니다. 마니교에서 빠져나와 그리스도교를 신봉하게 된 아우구스티누스는 마니교에 맞서기 위해서라도 성경의 모순을 어떻게 해석해야 할지 고심했습니다.

아우구스티누스는 하느님이 만물을 함께 창조했다는 것과 피조물이 전과 후로 나누어져 만들어졌다는 두 가지 진술을 조화하기 위해 스토아 철학을 받아들였습니다. 그는 '종자적인 형상rationes seminales' 이론을 통해서 창조의 차원과 생성의 차원을 연결시키려고 시도

> **스토아 철학**
>
> 아리스토텔레스 이후 그리스-로마 철학을 대표하는 주요 학파로 유물론과 범신론적 관점에서 금욕과 평정을 행할 것을 주장했다. 기원전 3세기의 제논에서 시작하여 기원후 2세기까지 융성했다.

했습니다. '종자적인 형상'이란 태초에 신에 의해서 창조되어 시간의 흐름과 더불어 여러 종으로 발전하는 사물들의 씨앗 또는 눈에 보이지 않는 능력을 의미합니다. 쉽게 말해 창조주가 직접 만물을 동시에 만든 것이 아니라 만물의 씨앗을 뿌려 놓았다는 것이지요.

예를 들어 꽃피는 것을 생각해 봅시다. 마치 시간대를 정해 놓은 것처럼 겨울이 지나면 산수유와 매화가 피고 봄이 오면서 개나리, 진달래 등의 순으로 각각의 꽃들이 자기 때에 맞게 꽃을 피웁니다. 아우구스티누스는 어떤 것들은 하느님이 처음에 말씀을 통해서 직접 창조하셨지만, 어떤 종자적인 형상이 완성된 형태로 드러나는 것은 시간이

진화론을 체계화한 다윈

다윈
영국의 박물학자로서 비글호에 동승하여 남태평양을 항해한 경험을 바탕으로 《종의 기원》을 저술해서 커다란 반향을 일으켰다. 이 책에서 그는 자연 도태설에 입각한 생물 진화론을 주장했다.

흘러 정해진 때에 이루어지는 것이라고 생각했습니다. 이런 식으로 아우구스티누스는 절묘하게 점진적인 창조와 동시 창조를 아우를 수 있는 가능성을 열어 놓았습니다.

여기서 진화론도 함께 생각할 필요가 있습니다. 많은 사람들이 진화론을 다윈Charles Robert Darwin(1809~1882년)이 최초로 창안한 것으로 생각하는데, 그렇지 않습니다. 소크라테스 이전 철학자들도 "모든 것은 단계적으로, 점진적으로 생겨나지 않는가?"라고 물으며 진화론의 토대가 되는 생각을 가지고 있었습니다. 다윈은 그것을 지질이나 화석 등 구체적인 증거를 통해서 확인했을 뿐입니다. 다윈이 주장한 생물학적인 진화뿐만 아니라, 화학적인 진화, 물질적인 진화, 우주적인 진화까지 이야기할 수 있는데, 그런 면에서 아우구스티누스는 꽤 진화적인 틀로 생각했던 셈입니다. 씨앗이 나무가 되듯, 시간이 흘러 정해진 때에 완성된 형태로 드러나는 종자적인 형상에 대한 이야기를 이미 한 셈이니까요.

하지만 아우구스티누스가 다윈처럼 발전된 진화론을 주장했던 것은 아닙니다. 진화론에 따르면 종도 얼마든지 새롭게 생겨날 수 있지만, 아우구스티누스는 하느님이 모든 종을 정해 놓았다는 전통적인 해석에서 벗어나지 못했습니다. 다만 다윈의 진화론도 아우구스티누스의 사상에서 소화할 수 있는 가능성이 충분히 있음을 기억하면 되겠습니다.

그리스도교에 대한 오해 두 번째, 기계적 신 vs. 인격적 신

근대에도 그리스도교의 하느님과 관련된 오해가 있었습니다. 하느님이 모든 것을 창조하시고 은퇴하신 것처럼 생각한 것입니다. 자연 과학이 발달한 근대에는 자연을 매우 복잡한 하나의 기계처럼 보았습니다. 그리고 하느님도 이런 틀에 따라 이해하려 했는데 이를 '기계적 신관Deus ex machina'이라고 부릅니다. 아주 좋은 시계는 일단 사면 고장이 잘 나지 않고 오래 갑니다. 이와 같이 하느님도 솜씨가 좋으실 테니 그분이 만든 세상도 고장 나지 않고 잘 굴러갈 것으로 여긴 것이지요.

이런 기계적인 신관의 결론이 바로 '한가한 신Deus otiosus'입니다. 하느님이 세상을 너무 잘 만들어 놓으셔서 더 이상 할 일이 없으신 것입니다. 당연히 애프터서비스도 필요 없을 테니 굳이 하느님이 이 세상에 개입하실 필요가 없습니다. 창조 때 잠깐 일하고 계속 휴가이신 셈입니다. 인간에게 과연 이런 하느님이 필요할까요? 모든 것이 신 중심으로 흘러갔던 중세와는 달리, 근대에는 인간 중심으로 흘러갔습니다. 즉 이제 이 세상의 모든 일은 우리 인간들이 알아서 잘하겠다는 의미입니다.

그렇지만 아우구스티누스는 스스로 존재할 수 있는 것은 아무것도 없다고 생각했습니다. 부모님의 사랑의 결실로 태어난 아기에게는 오랫동안 부모님의 보살핌이 필요하듯이 말입니다. 중력이 있어야 지구 위에 모든 사물이 서 있을 수 있는 것처럼, 우리는 중심에서 우리를 끌어당기는 하느님께 의지해야 살아갈 수 있습니다. 하느님은 창조를 끝내고 뒷짐 지고 물러나시는 분이 아니라, 모든 사물이 창조된 모습대로 나아갈 수 있도록 끊임없이 돌보아 주시는 분입니다. 모든 것이 한 번의 창조로 끝난 것이 아니라 지속적으로 완성을 향해 나아가는 여정에 있는 것이지요.

하느님의 선함이 깃든 모든 피조물

하느님의 권능으로 모든 것이 창조되었는데, 이것은 어떤 필연의 법칙에 따른 게 아니라 하느님의 자유로운 의지에 따른 것입니다. 하느님은 당신이 창조한 것들이 올바로 나아가도록 지속적으로 보살펴 주십니다. 여기서 중요한 점은 만물이 완전히 선하신 하느님의 창조로부터 비롯된 것이기에 각각의 사물에 선함이 내재되어 있다는 것입니다. 즉 인간을 포함한 모든 것에 하느님의 선함이 깃들어서 서로 조화와 질서를 이루는 것이지요. 그런데 여기서 잠깐 지난 강의와 연결해서 생각해 보면, 선하신 분이 만든 이 세상에 왜 악이 있을까요? 아우구스티누스는 이에 대해 '악은 선의 결핍'이라고 설명했습니다. 그렇다면 왜 결핍이 일어날까요? 무로부터 창조되었기 때문입니다. 창조주로부터 멀어지면 언제든 소멸하려는 경향이 발생할 수 있는 것입니다. 모든 피조물은 유한하기에, 피조물이 그 자체로 선하다고 해도 완전한 선을 가진 것은 아니라는 점을 생각하면 좋겠습니다.

🧑‍🦳 아우구스티누스를 포함한 많은 철학자들이 세상의 기원, 혹은 창조에 대해 이야기했는데, 그 이론들이 옳다고 어떻게 증명할 수 있을까요? 증명할 수 없는 이론은 결국 철학적으로 무의미한 것 아닌가요?

마음 같아서는 직접 하느님께 찾아가서 창조의 순간에 대해 인터뷰라도 하고 싶은데, 그러지 못해서 안타깝습니다. 증명에 대해 언급했는데, '증명'이라는 단어를 좀 더 상세하게 살펴볼 필요가 있습니다. 요즈음은 워낙 자연 과학이 대세여서 실험을 통해 반복 가능한 것만을 증명이라고 생각하기 쉽습니다. 그러나 각 개별 학문 분야마다 증명의 방식은 다릅니다. 예를 들어 법학에서 피고인의 죄를 증명하는 것, 역사학에서 어느 주장이 사실이라고 증명하는 것 등은 유사함이 있더라도 매우 큰 차이를 보입니다.

그런데 놀라운 점이 있습니다. 한 학문의 가장 기본이 되는 원리는 당연히 그 학문 안에서 증명이 이루어졌을 것 같지요? 하지만 보통은 그렇지 않습니다. 수의 기본적인 규정은 수학이 아니라 수리 철학에서, 법의 기본적인 규정은 법학이 아니라 법철학에서 다룹니다. 종종 이런 원리들은 자기 스스로 증명하지 못하고 소위 상위 학문 또는 기초 학문인 철학 등에서 빌려옵니다.

그러나 철학은 다릅니다. 철학은 독특하게도 더 이상의 기초 학문이 없기 때문에 자신의 원리마저 스스로 검토하고 규정합니다. 그래서 형이상학, 논리학, 인식론 등 가장 기본이 되는 철학 분야가 필요하게 된 것이지요.

　철학에서는 경험론적 증명 방식만이 아니라, 다른 방식의 증명법도 검토해 왔습니다. 자기 원리들 사이의 정합성, 가장 기본적인 논리 원칙과의 비모순성(모순을 일으키지 않음) 등을 검토하는 것입니다. '무로부터의 창조' 같은 경우 아우구스티누스와 그를 따르는 이들은 이것으로 충분히 증명되었다고 생각했습니다. 그러나 더 엄밀한 학문 개념을 가졌던 토마스 아퀴나스는 이러한 사실을 계시에 기반을 둔 신학의 증명으로서는 인정할 수 있지만, 모든 인간에게 이성만으로 요구할 수 있는 엄밀한 증명은 될 수 없다고 생각했습니다. 따라서 이런 설명은 계시에 근거하여 세상을 바라보는 틀 정도로 생각하면 좋겠습니다. 무로부터의 창조로 충분히 증명했다고 생각한 아우구스티누스와, 신앙적으로는 인정할 수 있지만, 이성적으로는 엄밀하게 증명하지 못했다고 판단한 토마스 아퀴나스 사이에서 어떤 입장을 받아들일지는 열려 있는 셈이지요.

아우구스티누스는 모든 피조물이 선하다고 확신했기 때문에 하느님 또한 선하다고 판단한 것이 아닐까요? 만약 그렇다면 모든 인간은 원초적으로 죄를 지었다는 원죄의 개념과 충돌을 일으키는 것은 아닌가요?

《고백록》을 비롯한 아우구스티누스의 저서를 살펴보면, 아우구스티누스가 피조물의 아름다움에 감탄하는 구절들을 발견할 수 있습니다. 《고백록》에 따르면 아우구스티누스가 자연의 질서와 조화에 감탄하며 명상할 때 "이 아름다운 것은 내가 만든 것이 아니다."라고 사물들이 외치는 소리를 들었다고 합니다. 자신이 아름다운 원인이 자기한테 있지 않다는 것이지요. 그렇다면 이 아름다움은 어디서부터 왔을까요? 그 근원을 찾다 보니 이것을 이렇게 조화롭게 만든 창조주를 찬미하게 된 것입니다. 피조물이 스스로 아름다움이나 선의 원인을 가지고 있지 않은데 피조물의 선성에 대한 확신으로부터 하느님의 선성에 대한 확신으로 나아간다고 보기는 어렵겠지요. 오히려 선하고 아름답지만 그럼에도 불완전한 피조물을 바라보며 그 근거를 찾아 거슬러 올라가 보니, 완전한 선과 아름다움을 지닌 하느님을 발견하게 되었다는 점이 아우구스티누스의 의도에 가까울 듯합니다.

그렇다면 원죄 개념과 충돌을 일으키지 않느냐는 건데, 아우구스티누스는 원죄 이전의 완전한 질서와, 원죄 때문에 발생한 왜곡된 상태를 구별했습니다. 원죄 이전에는 창조주가 원하신 아름다운 질서가 충만했지만, 원죄가 발생함으로써 그 아름다움에 결핍이 생기고 무질서가 생겨나기 시작했다는 것이지요. 그런데 여기서 질문을 하나 던질 수 있습니다. 그렇다면 원죄는 왜 생겨나게 되었는지 말입니다. 그것은 바로 다음 제7강에서 다룰 '자유 의지'와 연관되어 있습니다.

프란치스코 교황님은 빅뱅 이론, 진화론 어느 것도 창조론과 모순되지 않는다고 했습니다. 이런 교황님의 말씀은 아우구스티누스의 생각에 반하는 것인가요?

결론부터 말하자면 반하지 않습니다. 오히려 교황님은 이 주제에 관해서 가톨릭 교회에서 가르치는 내용을 정확하게 대변합니다. 저 같은 경우는 중학교 때 진화론을 배운 후, 창조론과 성경을 모두 의심하기도 했습니다. 제가 그랬듯이 많은 분들이 진화론과 창조론 사이에서 갈등을 겪고 있을지도 모르겠습니다.

우선 알아 두어야 할 것은 창세기를 비롯해 성경에 나오는 창조에 대한 고백은 세계 기원에 대한 과학적인 설명 방식이 아니라는 점입니다. 자연 과학에서는 원인과 결과의 관계가 어떻게 되고 실제적으로는 어떻게 이루어졌는가 하는 How에 관한 질문을 던집니다. 성경에서는 어떤 목적으로 이것이 왜 생겨났는가 하는 Why에 관한 질문을 던집니다. 방법론적인 것에 대해서는 자연 과학이 설명하고 이 세상, 온 우주의 의미와 목적에 대해서는 성경이 설명한다면, 서로 모순이 없을 것입니다.

우리가 전철을 타면 전도하는 분들을 종종 만날 수 있습니다. 언젠가 그런 분이 저한테 와서 이것저것 물었습니다. 그러다가 창조가 언제 이루어졌는지 알고 있냐고 묻더군요. 그래서 제가 "창조가 언제 이루어졌나요?"라고 반문했더니, 6천 년 전에 이루어졌다고 대답했습니다. 어떻게 그것을 확신하냐고 묻자 자기 교회 목사가 그렇게 가르쳐 줬다고 하더군요. 그런데 정말 우주가 6천 년밖에 안 되었을까요? 사실 아우구스티누스가 성경을 내버렸던 이유가 성경에서 발견되는 이런 모순 때문이었는데 말이지요. 아우구스티누스는 성경에는 문자적으로 해석될 부분과 영적으로 해석될 부분이 있다고 이야기했습니다. 따라서 창세기 앞부분의 설명들은 "모든 피조물이 그 소중한 존재를 절대자이신 한 분 하느님께 의존하고 있다."라는 신앙 고백으로 이해해도 좋을 듯합니다.

사실 정말 뛰어난 학자들은 자신이 아는 부분과 아직 확정되지 않은 부분을 정확하게 구분합니다. 상대성 이론으로 유명한 아인슈타인도 "이 세상에서 가장 이해할 수 없는 말은 이 세상을 이해할 수 있다는 말이다."라고 했습니다. 그리고 다음과 같은 말도 했습니다. "인생을 살아가는 데는 오직 두 가지 방법밖에 없다. 하나는 아무것도 기적이 아닌 것처럼, 다른 하나는 모든 것이 기적인 것처럼 살아가는 것이다." 자연 과학자들이 도달한 결론인 진화론에 귀를 기울이면서도, 인간과 피조물을 위해 그러한 과정을 마련해 주신 창조주를 찬양하면서 살아갈 수 있지 않을까요? 그래서 프란치스코 교황님도 두 가지 다른 차원에 가능성을 모두 열어 놓고 말하지 않았을까 생각해 봅니다.

· 제7강 ·

'자유 의지'는
하느님의 '면죄부'인가?

선함 그 자체이신 하느님,

그분이 지으신 우리는 왜 이런 모습일까?

세상 가득 드리운 짙은 어둠,

온갖 악과 부조리는 어디서 왔을까?

하느님이 우리에게 주신

또 하나의 은총 '자유 의지'!

아우구스티누스는

자유 의지를 사랑의 선물이라고 했지만,

길 잃은 우리의 자유 의지는

세상을 사랑의 불모지로 타락시키는데…….

자유 의지 때문에 인간은 고통받고,

반대로 하느님의 책임은 가벼워진 것은 아닐까?

자유 의지는 하느님이 인간에게 주신 '과분한 은사'인가?

아니면 하느님의 '면죄부'인가?

'자유 의지'는
하느님의 '면죄부'인가?

이번 강의에서는 계속 남겨 놓았던 의문을 풀 수 있을 것 같습니다. 지금까지 자유 의지에 대해 언급만 했는데, 사실 이 개념은 아우구스티누스 이전에 초대 교부들로부터 시작되었습니다. 예를 들어 오리게네스나 올림푸스의 메토디우스Methodius(?~311년)와 같은 3세기 교부들에게서 자유 의지에 관한 단어가 나옵니다. 하지만 악을 누가 조성했는지에 대한 질문, 무로부터의 창조, 자유 의지의 잘못된 사용과 같은 문제를 함축적으로 설명해서 하나의 책으로 꾸린 것이 아우구스티누스가 이룬 위대한 업적이지요. 그럼 지금부터 자유 의지의 세계에 들어가 볼까요?

> **올림푸스의 메토디우스**
>
> 그리스 교부이자 주교로서 순교했다. 오리게네스 사상을 최초로 반대한 것으로 알려져 있다. 여러 저술 중 '부활'과 인간의 '자유 의지'에 대한 대화 편이 남아 있다.

자유 의지의 문제를 다룬 책, 《자유 의지론》

제자 에보디우스와 나눈 대화

누군가는 아우구스티누스가 "악이 실재하지 않는다."라고 하며 악에 대한 것을 내던져 버렸다고 말하지만, 악이야말로 아우구스티누스가 계속해서 매달린 문제였습니다. 신플라톤주의에서 '악은 선의 결핍'이라는 중요한 단서를 얻었음에도 불구하고 해결되지 않는 의문들이 많이 남아 있었던 것입니다.

아우구스티누스는 '자유 의지'라는 중요한 주제를 다룬 《자유 의지론 De libero arbitrio》이라는 책을 썼습니다. 이 책은 그의 제자인 에보디우스 Evodius와 나눈 대화를 담고 있는데, 에보디우스는 '이 세상에 악이 있다면 하느님이 만드셨을 수밖에 없다.'라고 생각했습니다. 직접 만들지 않았다고 하더라도 그 책임은 하느님께 돌아가야 한다는 것이지요. 아우구스티누스는 이를 방어하기 위해서 방대한 설명을 해야만 했습니다. '하느님이 악을 조성하지 않았다면 악을 만들어 내는 것은 누구인가?' 하는 문제를 해결하는 것이 중요했습니다. 이에 대해 아우구스티누스는 《자유 의지론》에서 그 답은 바로 '인간 자신'이라고 설명합니다.

악의 근원은 자유 의지의 잘못된 사용

인간의 몸은 굉장히 다양하게 구성되어 있습니다. 이 다양한 것들

중에 악은 어디에서 나왔을까요? 손일까요? 머리일까요? 아니면 눈일까요? 아우구스티누스는 육체보다도 더 깊은 곳에 악의 근원, 고통의 근원이 있다고 설명합니다.

우리 내면에는 분노, 사랑, 시기 등의 여러 요소가 있는데, 아우구스티누스는 모든 잘못에 대한 근원은 그중에서도 인간의 탐욕에 있다고 이야기합니다. 이를 '쿠피디타스cupiditas'라고도 표현하는데, 정당하게 요구할 수 없는 것들을 가지고 싶어 하는 탐욕이나 움켜쥐고 싶어 하는 욕심을 말합니다. 이 말은 우리가 무엇을 욕구할 수 있는데, 정당한 욕구와 잘못된 욕구로 나누어진다는 것입니다. 이를 선택하는 것이 바로 자유 의지입니다.

많은 사람들이 자유 자체가 문제라고 이야기합니다. 그런데 아우구스티누스는 더 정확하게 지적합니다. 자유 의지의 '잘못된 사용'이 죄와 악의 근본적인 이유라고 말입니다. 아담과 하와의 이야기는 다들 알고 있지요? 이 이야기에는 또 하나 등장하는 것이 있습니다. 바로 뱀입니다. 뱀이 하와에게 말할 때 직접적인 표현을 쓰지 않습니다. "하느님께서 이 낙원에 있는 것은 전부 다 먹지 말라고 하셨다며?" 하는 식으로 묻습니다(창세 3,1 참조). 사실 뱀도 하느님이 한두 가지만 금지하셨음을 알고 있었습니다. 이렇게 뱀이 하와를 유혹하는 장면이 나오는데, 아우구스티누스가 바라볼 때는 하와가 뱀의 유혹을 거부할 수 있는 힘이 있었다는 것입니다. 그럴 능력이 있었음에도 하와는 뱀의 유혹에 동의했고, 아담까지 끌어들였습니다. 아담도 마찬가지입니다. 하

에덴 동산에서 뱀의 유혹에 넘어간 아담과 하와

와가 청할 때 아담도 거부할 수 있었는데, 하와를 따라간 것입니다.

 문제는 여기서 생겨납니다. 악행과 잘못이 시작될 때는 '**자유 의지에 의한 동의**'가 있다는 것입니다. 즉 자유 의지가 없어서 그렇게 할 수밖에 없었다면 아담과 하와의 잘못이라고 할 수 없습니다. 절대적으로 잘못 설계한 하느님께 모든 책임을 돌릴 수밖에 없지요. 그렇지만 아담과 하와에게는 근본적으로 자유 의지가 있었고, 이를 이용해서 거부할 수 있었음에도 유혹에 동의하고 악에 빠졌다는 것이 중요한 포인트입니다.

 아담과 하와의 이야기에서 모든 인간의 원형에 해당하는 모습을 볼 수 있습니다. 우리가 잘못을 저지르는 많은 경우, 그렇게 할 수밖에 없어서 그런 행동을 한 것이 아니라, 자유 의지로 선택하여 그런 행동을 한다는 것입니다. 이것을 아우구스티누스는 이렇게 평가합니다. 이 세상에는 **지혜, 용기, 절제, 정의**와 같은 덕이 있습니다. 아우구스티누스는 이 단어들을 조금 다르게 씁니다. 즉 **정의, 신중함, 자기 통제, 용기**라고 하는데, 이러한 덕은 좋은 것입니다. 이에 비해 자유 의지는 '중간 정도의 선'이라고 표현합니다. 무조건 좋은 것이 아니라, 좋은 것으로 충분히 활용할 수 있으면서 잘못될 수도 있는 선이라는 의미에서 중간 정도의 선인 것입니다.

아우구스티누스는 자유 의지가 잘못 사용되었음을 '**질서**ordo'라는 표현을 통해 설명합니다. 그리고 이 질서에서 열등한 것이 우월한 것을 끌고 가면 이것이 '**잘못된 사용**'이고, 우월한 것이 열등한 것을 잘 이끌면 이것이 '**올바른 사용**'이라고 이야기합니다.

이는 동물과 인간을 비교해 보면 명확히 알 수 있습니다. 동물은 본능에 따라 살아갑니다. 하지만 인간은 여타 동물과는 다르다는 것이 아우구스티누스의 생각이었습니다. 인간에게는 이성에 의한 능력이 있습니다. 그렇기 때문에 자신의 정념에 따라 살면서 성적인 욕구만을 충족시키는 길로 나아가서는 안 됩니다. 우월하고 이성적인 것이 나머지 것들을 올바른 길로 이끌어 나갈 수 있어야 하지요. 그래서 영혼과 육체 중에서는 영혼이 우위에 있고, 정욕혼과 이성혼 중에서는 이성혼이 더 우위에 있다고 그는 생각한 것입니다. 이것이 역전되면 자유 의지가 잘못 사용된 것이고, 역전되지 않으면 자유 의지가 올바르게 사용되었다는 것입니다.

질서의 역전은 의지 자체의 문제

그렇다면 왜 이렇게 질서의 혼란이 일어나는지 궁금해집니다. 자유 의지가 이성혼을 따르지 않고 정욕혼을 따르는 일은 왜 일어날까요? 이것이 아우구스티누스가 《자유 의지론》에서 다루는 핵심적인 질문 중 하나입니다. 마니교나 신플라톤주의에서는 물질이 인간을 유혹한다고 생각했습니다. 즉 물질의 유혹에 넘어가서 우리가 잘못되었다고 생각하기 쉬운데, 사실 물질은 아무것도 하지 않습니다. 예를 들어 돈은 잘 쓰일 수 있는 사물로서 인간을 기다릴 뿐입니다. 돈을 더 많이 가지려고 욕심을 부리는 것은 인간이지요. 인간이 돈의 주인이 되어야 하는데, 돈이 인간의 주인이 되는 것이 이 사회의 모습이기도 합니다. 여성의 경우도 마찬가지입니다. 아직도 여성에 대한 편견을 가진 사람들이 많습니다. 그런데 여성 자체가 문제가 되는 것이 아니라 여성을 정욕의 대상으로만 취급하는 데 문제가 있는 것입니다.

아우구스티누스는 이와 관련해서 아주 정확하게 이야기합니다. "이성을 탐욕의 동반자로 만드는 것은 오로지 그 자신의 의지 또는 자유 선택뿐이다."《자유 의지론》 I,10,21) 사람들은 보통 잘못을 저지르면 누군가에게 핑계를 대고 싶어 합니다. 그래서 아우구스티누스도 처음에는 핑계 댈 근거를 제공해 주는 마니교를 찾았던 것입니다. 마니교의 악신 탓도 해 보고, 신플라톤주의에서 가르치는 것처럼 물질 탓도 해 보았습니다. 그런데 아우구스티누스는 이런 설명들에 만족할 수 없었습니다. 자유 의지가 잘못된 데에는 의지에 그 모든 책임이 있다는 것

마니교 또는 신플라톤주의	아우구스티누스
물질의 유혹에 넘어가서 잘못을 저지름	의지의 잘못된 사용으로 인해 잘못을 저지름

질서의 혼란이 일어나는 이유에 대한 비교

입니다. 이러한 의지의 잘못된 사용을 하느님의 섭리 탓으로 돌리려는 에보디우스에게 아우구스티누스는 "이렇게 하느님을 외면하고 눈을 돌리는 것은 강제에 의한 것이 아니라 자발적인 행위에 의한 것이다."《자유 의지론》II,19,35)라고 분명히 밝혔습니다.

이해를 돕기 위해 예전에 사용했던 비유를 한 번 더 들어 보겠습니다. 제5강에서 선탠을 하다가 얼굴에 손을 올리고 잠이 든 사람 이야기를 한 적이 있습니다. 이때 태양은 인간에게 도움이 될 수 있는 따뜻함과 햇볕을 주었을 뿐입니다. 얼굴이 얼룩덜룩하게 된 것은 얼굴을 가린 자신의 손 때문이지요. 이처럼 맨 처음에 하느님이 창조하신 세상은 선한데, 결핍을 만들어 낸 것은 어떤 절대적인 것의 강요에 의해서가 아니라 잘못 사용한 인간의 의지라는 것입니다.

왜 자유 의지를 허용했는가?

그런데 아직 질문이 끝나지 않았습니다. '이러한 설명은 하느님께

면죄부를 주는 것이 아닌가?' 하는 의문이 들 수 있습니다. 하느님은 인간들이 죄를 지을 것을 알았을까요, 몰랐을까요? 우리는 하느님이 전지전능하기에 모르시는 것이 없다고 배워 왔습니다. 하느님이 만약 인간이 죄를 지을 가능성을 알았다면 자유 의지를 허용하지 말았어야 하는 것 아닐까요? 《자유 의지론》에서 에보디우스가 질문한 것도 이와 일맥상통합니다. 하느님이 자유 의지를 허용했기 때문에 이 모든 일들이 생겨났다면, 직접적으로 악을 만들지 않으셨더라도 어느 정도의 책임을 하느님께 돌려야 하는 것처럼 보입니다. 이에 대해 아우구스티누스는 이렇게 답했습니다.

> 모든 것의 최고 주인이 되는 진리가 우리들 속에서 우리에게 깨달음을 주실 것입니다. …… 하느님이 자유 의지를 주신 것이 분명하다면 자유 의지가 정당하게 주어졌을 것입니다. 우리는 자유 의지가 부여되지 않았어야 한다든지 다른 방식으로 부여되었어야 했다고 말해서는 안 됩니다. 《자유 의지론》 II,2,4

사실 아우구스티누스는 엄격한 의미에서 이에 대한 답은 잘 모르겠다고 말한 셈입니다. 다만 자유 의지가 없는 동물의 상태보다 잘못을 저지를 가능성이 있더라도 자유 의지를 가진 인간의 상태가 더 뛰어난 단계에 있다고 말합니다. 그렇기 때문에 하느님은 자유 의지를 허용했을 것이라는 의미입니다.

인간에게 자유를 선물하신 하느님의 사랑

자유 의지에는 긍정적인 측면도 있습니다. 하느님이 인류를 강제적으로 이끄시는 것이 아니라, 인간이 스스로 선한 길로 나아가서 하느님께 사랑과 찬미를 드리는 모습에 하느님은 기뻐하십니다. 아우구스티누스의 정신을 이어받은 후대의 학자들에 따르면, 인간의 자유란 하느님의 인도를 따르고 하느님께 사랑과 존경을 드리는 데 결정적인 의미를 지닌 필수적인 조건이라고 합니다. 결국 아우구스티누스가 찾아낸 것은 하느님은 인간을 창조하실 필요도 없었고 자유 의지도 주실 필요가 없었지만, 당신과 닮은 모습으로 창조한 인간에 대한 큰 사랑 때문에 인간에게 자유 의지를 주셨다는 사실이었습니다. 아우구스티누스도 때로는 이것이 위험한 선물일 수 있다고 생각했지만, 인간이 실수하더라도 올바른 쪽으로 나아갈 수 있는 가능성을 그대로 남기는 것이 인간에 대한 하느님의 진정한 사랑의 표현이라고 보았지요.

언젠가 아인슈타인Albert Einstein(1879~1955년)도 이렇게 이야기했습니다. "한 번도 잘못이나 오류를 범하지 않은 사람이 있다면, 그 사람은 새로운 것을 단 한 번도 시도하지 않은 사람이다." 올바름과 선도 좋지만, 정말 의미 있게 살아가는 이유를 아는 것은 잘못도 알고

> **아인슈타인**
> 독일 태생의 이론 물리학자. 관찰자의 운동에 따라 시간과 거리가 달라진다는 특수 상대성 이론과 중력에 따라 시공간이 휜다는 일반 상대성 이론을 발표해서 뉴턴적 세계관을 종식시켰다.

독일 아헨 대성당의 전시안

실수도 할 때라는 의미입니다. 잘못된 선택에 대한 가능성이 열려 있을 때에야 진정한 의미에서 좋은 것, 새로운 것, 올바른 것을 할 수 있습니다. 그래서 자유 의지는 있어도 그만, 없어도 그만인 것이 아니라 반드시 있어야만 하는 중요한 선물인 것입니다.

여기서 하느님에 대해 오해하지 않았으면 하는 부분이 있습니다. 때로는 하느님이 심판관이 되어서 아주 거대한 눈으로 모든 것을 감시하는 것처럼 생각하는 분들이 있습니다. 옛날 우리 교회에도 이런 모습이 있었습니다. 옛날 성당에 가 보면 삼각형 안에 눈을 그려 넣은 그림이나 조각을 보게 되는 경우가 있는데, 신자들은 이를 보고 겁을 먹곤 했습니다. 어디에 있든지 삼위일체 하느님이 다 보고 계신다니 겁이 날 수밖에 없었지요.

이러한 시각이 빚은 비극은 〈에쿠우스〉라는 연극에서 잘 나타납니다. 한 소년이 사랑을 나누는 것을 말에게 들킨 순간, 그 소년은 자신을 감시하는 것처럼 보이는 말들의 눈을 모두 파 버립니다. 이런 잔학한 행동은 소년의 어머니가 피를 흘린 십자가를 머리맡에 두고 항상 겁을 주었기 때문에 벌어졌습니다. 이런 식으로 하느님에 대해 겁을 내고, 하느님을 심판관의 모습으로만 바라본다면, 우리는 진정한 의미에서 하느님께 안길 수 없을지도 모릅니다. 심판관이신 하느님을 바라보기 이전에, 우리를 안아 주시고, 우리가 잘못한 것을 알거나 걱정이 됨에도 불구하고 소중한 자유를 선물해 주시는 하느님의 사랑에 대해 생각하면 좋겠습니다.

🧔 종종 부모님이 자식을 너무 사랑해서 분수에 맞지 않는 선물을 주는 경우가 있는데, 자유 의지도 이와 비슷한 듯합니다. 하느님이 자유 의지를 제대로 쓸 수 없는 인간을 과대평가하신 것 같은데, 이렇게 선물이 적절하지 않으면 다시 가져가셔야 하지 않을까요?

자유 의지가 위험하기 때문에 그런 생각이 들 수도 있습니다. 그런데 시편 저자는 이렇게 고백합니다. "인간이 무엇이기에 이토록 기억해 주십니까? 사람이 무엇이기에 이토록 돌보아 주십니까?" (시편 8,5) 우리가 이렇게 잘못하는데도 하느님은 어떻게 우리를 그렇게 사랑해 주실 수 있을까요? 그런데 사실 사랑의 모습만 나타나 있는 것은 아닙니다. 구약 성경을 보면, 때로는 정의로운 길로, 올바른 길로 이끌기 위해서 진지하고 엄격한 모습을 보여 주시기도 합니다.

그럼에도 하느님의 근본적인 모습은 사랑인 것 같습니다. 되찾은 아들의 비유(루카 15,11-32 참조)를 떠올려 보세요. 둘째 아들이 아버지의 유산을 다 받아 가서 흥청망청 쓰고 모든 유산을 탕진하고 돌아왔을 때, 아버지는 어떻게 했나요? 아들이 언제쯤 돌아올까 동구 밖까지 나가서 기다리는 모습을 인간의 이성으로만 생각한다면 이해할 수 없습니다. 아마도 하느님의 모습이 이 아버지와 굉장히 닮지 않았나 싶습니다.

애완동물 같은 경우에는 우리에 가두거나 시끄럽게 짖지 못하도록 수술을 시키기도 합니다. 그런데 아이들이 시끄럽게 운다고 수술시킬 수 있나요? 어떤 부모님도 그럴 수 없습니다. 인간들이 자유 의지를 잘못 사용한다고 하더라도 끊임없이 기다리면서 다시 돌아오기를 바라는 그 마음을 생각한다면, 인간에게 자유 의지를 주신 하느님의 마음을 조금은 이해할 수 있을 것입니다.

🧙 이렇게 악이 생겨나고 그로 인해서 인간이 고통받는 것은 온전히 인간의 탓인 것처럼 보입니다. 왜 선한 하느님은 인간이 이렇게 멀어지도록 방치하실까요? 아우구스티누스는 이에 대해 어떻게 대답했나요?

하느님이 충분히 선한 것을 할 수 있는 자유 의지를 주셨는데도 인간들이 자유 의지를 잘못 사용한다면, 이에 대한 책임은 인간에게 돌아올 수밖에 없는 것처럼 보입니다. 부모님에게 가서 왜 자기에게 이렇게 강한 팔과 힘을 줘서 도둑질을 할 수 있게 했는지 따질 수는 없지요.

그런데도 "하느님이 인간에게 자유를 주어서 인간들을 방치하지 말고 꽉 죄어 놓으시면 더 좋지 않았을까?" 하고 질문할 수 있습니다. 때로는 부모님이 사랑이라는 이름으로 자식을 통제하는 경우도 있습니다. 하지만 이런 것처럼 하느님이 인간들이 당신에게서 절대 멀어지지 못하도록 꽉 묶어 둔다면 이것이 자유 의지라고 할 수 있을까요? 그렇다면 아예 자유 의지를 주지 않으셨다면 어떨까요?

라디오 주파수처럼 하나에 딱 맞춰서 하느님을 바라볼 수밖에 없게 만들어 놓는다면 악도 없었을 텐데 말입니다.

사실 그런 삶의 유형을 가진 피조물들은 이미 많이 있습니다. 동물들도 그렇게 살아가고, 식물이나 무생물 역시 정해진 자연법칙에 따라서 살아갑니다. 그런데 그런 삶을 원하는 사람이 있을까요? 부모님 마음을 다시 생각해 볼까요? 어버이날에 선생님이 내준 숙제 때문에 억지로 부모님에게 쓴 편지와, 유치원생이 아빠 생일이라며 사랑을 담아 삐뚤빼뚤한 글씨로 쓴 편지는 다르게 느껴집니다. 이처럼 자유로운 것이 더 깊은 사랑의 관계를 맺을 수 있음을 생각하면 좋겠습니다.

자유 의지 때문에 너무 많은 사람들이 현실에서 고통받는 것은 어떻게 이해할 수 있을까요? 예를 들어 히틀러 같은 악인들 때문에 수백만 명의 사람들이 고통을 받거나 죽었는데 하느님은 무고한 사람들의 고통을 외면하시는 것은 아닌지요?

어쩌면 이것이 역사상 가장 많은 사람들이 던진 질문이 아닐까 합니다. 최근 현대 자연 과학자들이 하느님이 존재하지 않는다는 사실을 증명할 때도 어린아이들의 고통, 수백만 명의 사람들이 죽어 가는 엄청난 고통을 그 증거로 제시합니다. 이 질문에 답하기 위해 수많은 철학자와 신학자가 노력했습니다. 선한 이나 무죄한 이의 고통에 대해 하느님의 책임을 묻는 것에 답하는 것을 '변신론'이라고 부릅니다. 하느님을 변호하기 위해 다양한 이론이 제시된 것이지요. 그중 하나는, 하느님은 정의로운 분이시기 때문에 잘못을 저지른 인간들을 올바른 길로 이끌기 위해 벌을 주시는 것이라는 설명입니다.

그런데 여기에는 심각한 문제가 제기되는데, 때때로 고통을 당하는 대상이 무고한 이들이라는 것입니다. 무고한 사람들이 고통받는다면 죄에 대한 벌이라는 것만으로 설명될 수 없습니다. 그래서 나온 것이 하느님이 교육적인 의미에서 고통과 악을 허락하신다는 설명입니다. 구약 성경의 욥을 떠올려 보세요. 욥은 잘못한 것이 없는 의로운 사람이었습니다. 그럼에도 고통받게 된 것은 시련을 통해서 교육시키기 위한 것으로 성경에 언급되어 있습니다(욥기 1장 참조). 그런데 600만 명이 넘는 유대인이 죽은 것이 교육시키기 위해서였다면 누가 이를 받아들일 수 있을까요?

실존 철학자들은 더 극단적인 질문을 던졌습니다. 무신론적 실존 철학자들은 만약 무고한 자들의 피를 흘리게 해서 신자들을 하늘로 부르시는 하느님이라면, 자기들은 그런 하느님이 있는 천국에는 들어가지 않겠다고 선언한 것입니다. 철학자들은 도대체 이 문제에 대해 어떻게 답할 수 있을지 고민했습니다. 여기서 신학자들의 답 중 하나를 소개해 볼까요? 그들은 "아우슈비츠 때 하느님은 도대체 어디에 계셨는가?" 하는 질문을 받았을 때 십자가에 매달린 하느님을 생각하면서 "하느님은 고통받는 인간들과 함께 고통받고 계셨다."라고 대답했습니다.

아우구스티누스는 이 두 가지를 모두 활용하면서 답을 시도합니다. 그렇지만 이것이 온전한 답이 되었다고 생각하지 않은 그는 "하느님께서 왜 이 고통들을 허락하시는지 나도 모르겠다."라고 이야기합니다. 이렇게 아우구스티누스의 마지막 답변은 '모르겠다'이지만, 하느님이 틀림없이 어떤 계획을 가지고 있으실 것이라고 여운을 남깁니다.

전체적인 우주 질서에 대한 하느님의 계획은 아름다운 수를 놓는 작업에 비유할 수 있습니다. 화려하고 아름다운 수가 놓인 밑면을 바라보면 아름답지도 완벽하지도 않습니다. 아우구스티누스는 하느님의 계획을 이렇게 생각했던 것입니다. 하느님이 바라보시는 관점에서는 조화를 이루고 있지만, 밑에서 바라보는 인간이 볼 때는 그 깊은 뜻을 완전히 이해할 수 없다는 것이지요. 그렇지만 모르는 상태에서도 희망을 가지고 기다려 보고 싶다는 아우구스티누스의 말은 우리에게도 생각할 거리를 제공해 줍니다.

· 제8강 ·

욕망에 좌우되는 나는 '악인'인가?

끝없는 욕심과 욕망, 그에 따른 죄와 벌,

이 '억겁의 굴레'를 인간은 결코 벗어날 수 없는 것일까?

아우구스티누스는 이렇게 말한다.

"사랑하시오, 그리고 당신들이 원하는 것을 하시오!"

우리의 의지를 굳세게 세워

진정 '사랑해야 할 것'을 최선을 다해 사랑하라!

그리고 그 사랑과 의지가 향하는 가장 높은 곳에는

선함 그 자체이신 하느님이 계신다.

사모해야 할 '선한 대상'을 올바로 알고

온 마음으로 다가서는 것!

'인류 최고의 지성'은

이렇게 욕망과 죄의 탈출구를 제시한다.

그러나 한없이 흔들리는 존재인

우리 인간이 과연 그 길을 올곧게 갈 수 있을까?

욕망에 좌우되는 나는
'악인'인가?

우리는 욕심이 너무 많은 것 같습니다. 나보다 못한 직장 동료가 월급을 더 많이 받으면 샘이 납니다. 기도할 때도 처음에는 "이 나라를 평화롭게 해 주세요.", "부모님이 늘 건강하게 해 주세요." 이렇게 하다가도 나중에 보면 어느새 "제 생활이 조금 더 여유 있게 해 주세요." 하고 자기 욕심이 가득한 기도를 하는 경우가 많습니다. 하느님을 믿는 사람답지 않게 자기 욕심과 욕망에 좌우되는 우리는 나쁜 사람일까요? 이것이 바로 이번 강의에서 함께 생각해 볼 주제입니다.

사랑의 윤리와 죄의 본성

욕망에 휘둘리는 우리는 과연 악인일까요? 제 대답은 "아직 아닙니다."입니다. 오히려 다양한 것을 욕구하는 것이 굉장히 건강한 상태임을 나타낼 수 있기 때문입니다. 그렇다면 언제 악인이 될까요? 이 질문이 아주 간단하게 보이지만 사실 그렇지가 않습니다. 이 질문에는 인간 본성이 무엇인지, 과연 어떤 때 윤리적인 인간이 되거나 그렇지 못한 인간이 되는지, 또 죄라는 것이 무엇인지에 대한 아주 복잡한 문제들을 담고 있습니다.

더욱이 욕망에 휘둘린다는 것은 역설적으로 우리 인간이 자유 의지를 가지고 이것을 선택할 수도 있고 저것을 선택할 수도 있다는 뜻도 들어 있습니다. 그렇기 때문에 무생물이나 자유 의지를 전혀 가지지 못한 동물에게 "윤리적인 돌이 되어라.", "야, 윤리적인 개가 되어야지, 왜 개판이니?" 이러면 안 된다는 것입니다.

주지주의와 주의주의

우리가 언제 악한 사람이 되고 언제 선한 사람이 되는지에 대해 다루는 학문이 있습니다. 바로 '윤리학'입니다. 윤리학의 개요를 짧게 이야기해 보자면, 가장 먼저 윤리학의 원리로 주목받은 것은 '지성'이었습니다. '옳다', '그르다' 하는 것을 '지성'으로 알아본다는 것이 소크라테스, 플라톤, 아리스토텔레스로 이어지는 고대 그리스 철학의 핵심 가르침이었지요. 그래서 고대 그리스 철학의 윤리학을 '지성이 가장 중요하다'는 의미에서 **'주지주의**主知主義'라고 불렀습니다.

하지만 사람들은 무엇인가를 안다고 해서 바로 행하지 않습니다. 사기꾼들은 대포폰을 많이 쓴다고 합니다. 그들은 그것이 잘못된 일임을 알면서도 들키면 안 되기 때문에 대포폰을 쓰는 것이지요. 그래서 아는 것이 문제가 아니라, 정말로 올바른 행동을 하는 것이 필요하지 않은지, 올바른 행동을 하겠다는 굳은 의지와 결심이 관건이 아닌지 하는 입장이 등장했습니다. 이런 입장을 '의지'가 가장 중요하다고 해서 '주의주의主意主義'라고 불렀습니다.

사랑의 윤리학

사랑에서 찾은 윤리학의 원리

주의주의를 발전시킨 대표적인 사상가가 지금 우리가 배우는 아우구스티누스입니다. 의지에는 분노, 시기, 파괴하고 싶은 충동 등 여러 가지가 속해 있습니다. 아우구스티누스는 그런 의지 중에서 윤리학적으로 가장 중요한 것을 '사랑'에서 찾았습니다. 그래서 아우구스티누스의 윤리학을 '사랑의 윤리학'이라고 부르게 되었습니다.

> 선한 것을 아는 사람이 선한 사람이 아니라, 선한 것을 사랑하는 사람이 선한 사람이기 때문이다. …… 우리가 만약 짐승이라면 우리는 육체적 삶을 사랑할 것이고 육체의 감각에 따르는 것을 사랑할 것이다. …… 우리가 만일 돌이나 물살이나 바람이나 불꽃이나 그와 흡사한 무엇이라면 아무 감각과 생명이 없겠지만 우리 고유의 공간이나 질서를 향하는 어떤 충동만은 없지 않을 것이다. …… 정

신이 사랑에 의해 움직여지듯 물체는 중력에 의해 어디로든 끌고 가는 데로 끌려갈 것이다. 《신국론》 XI,28)

어떻게 행동하는 것이 윤리적인 행위인가

각각의 학문마다 가장 중요한 원리가 되는 것이 있는데, 그것을 보통 '제1원리'라고 이야기합니다. '사랑의 윤리학'의 제1원리는 "사랑하시오, 그리고 당신들이 원하는 것을 하시오Dilige, et quod vis fac."《요한 제1서에 관한 설교》7,8)라는 명제입니다. 행여 결과가 좋다고 하더라도, 그 행위에 사랑이 빠져 있다면 그것을 올바른 행위라고 할 수 없다는 것입니다.

장학금을 받고 싶어서 자신의 라이벌인 A학생을 괴롭히는 B학생이 있다고 합시다. A학생이 공부하는 것을 방해하려고 B학생이 장난 문자 메시지를 보냈습니다. '네 친구가 지금 저 앞에서 불량배한테 맞고 있어.' A학생이 놀라서 달려 나갔는데, 마침 그때 그 학생이 공부하던 독서실에 화재가 발생했습니다. 정말 황당하지요? 시기 어린 장난을 친 B학생이 A학생의 목숨을 구한 셈이니까요. 하지만 이런 장난질의 결과가 좋았다고 해서 그 행위를 윤리적인 행위라고 할 수는 없습니다.

선거철마다 보면, 선거 전에는 서민들이 사는 곳을 찾아오는 분들이 굉장히 많습니다. 정치가들이 와서 여러 가지 선행을 하고, 어려운 사람들을 돌보는 것은 칭찬받을 만한 행위입니다. 그런데 왜 꼭 선거

전에만 열심히 찾아올까요? 그러한 선행은 많은 사람을 기쁘게 할 수 있는 좋은 일이지만, 그 목적에 사랑이 빠져 있다고 할 수 있습니다. 단지 표를 얻기 위한 행동일 수도 있으니까요. 이렇게 행위의 목적에 사랑이 결여되어 있다면 그 행위는 결코 윤리적인 행위가 될 수 없습니다.

이제 사랑이 윤리적인 행위의 필요조건이 된다는 것은 이해했습니다. 그런데 '사랑을 지니고 행동하면 그것이 곧 윤리적인 행위일까?' 하는 질문도 생각해 볼 필요가 있습니다.

다른 예를 하나 들어 볼까요? 어떤 사람이 계속 싫다고 하는데도 쫓아다니는 사람들을 '스토커'라고 부릅니다. 그런데 이런 스토커들을 체포했을 때 그들에게 왜 그런 행동을 했냐고 물어보면 하나같이 하는 말이 있습니다. 바로 '사랑하기 때문'이라는 것입니다. 이런 스토커가 참혹한 비극을 낳는 경우도 있었습니다. 수년 전에 초등학교 때부터 좋아한 선생님을 스토킹하던 사람이 그 선생님을 살해하는 일까지 벌어졌습니다. 이런 경우라면 자신이 아무리 사랑하기 때문이라고 하더라도 그것이 윤리적인 행위가 될 수 없다는 것은 너무나 분명하지요.

그러면 스토커처럼 이상한 사람들만 윤리적이지 못한 행위를 할까요? 사실 가장 숭고한 사랑을 한다는 어머니들도 정도에서 벗어나는 경우가 많습니다. 혹시 '헬리콥터 맘'이라고 들어 보았나요? '헬리콥터 맘'이란 아이들의 모든 문제를 해결해 주기 위해서 아이 주변을 뱅뱅 도는 엄마를 가리키는 말입니다. 한때 가장 극단적인 헬리콥터 맘이 사법 연수원 앞에 등장했다는 소문이 돌았습니다. 자녀의 재능이 그렇게 뛰어남에도 불구하고, 자기 자녀를 좋은 자리로 보내기 위해 어머니가 과외시켜 주겠다며 그곳까지 나타났다는 것이었지요. 사실이 아니길 바라지만 만일 그렇다면 이것은 결코 어머니의 진정한 사랑이라고 말할 수 없습니다. 그리하여 사랑이 반드시 필요하기는 하지만, '어떠한 종류의 사랑이 인간 행위를 윤리적으로 만들 수 있는가?'라는 질문이 나오게 됩니다.

향유와 사용

향유와 사용의 의미

아우구스티누스는 여기서 두 가지의 사랑을 구분해서 가르쳐 줍니다. 하나는 사랑하는 대상을 목적으로서 온전히 사랑하는 것이고, 또 하나는 사랑하는 대상을 다른 목적을 위한 수단으로서 사랑하는 것입니다. 아우구스티누스는 목적으로서 대상을 사랑하는 것을 '향유frui'라고 불렀고, 그 대상을 수단으로서 사랑하는 것을 '사용uti'이라고 불렀습니다. 그렇다면 과연 어떤 것이 진정한 사랑일까요? 향유일까요, 사용일까요? 이렇게 물으면 의아할 수도 있는데, 그 의아함이 정답일 수 있습니다. 아우구스티누스도 "그때그때 달라요."라고 가르쳤기 때문입니다. 향유만이 올바른 사랑의 방식은 아니라는 것이지요. 명확한 답을 원한 분들은 황당해서 "그런 윤리학이 어디 있어." 하고 실망할 수도 있겠지만, 아우구스티누스의 말은 대상이 무엇인지에 따라서 목적으로서 향유하기도 하고, 수단으로서 사용하기도 해야 한다는 의미입니다.

어떻게 향유하고 어떻게 사용해야 할까

그렇다면 어떤 것은 향유하고 어떤 것은 사용해야 할까요? 이에 대해 아우구스티누스는 조금 어려운 표현을 씁니다. '가치의 질서', 즉 '사랑의 질서'는 '존재의 질서'를 따라가야 한다고 말한 것이지요. '존재의 질서'라는 어려운 단어는 '신플라톤주의'의 위계적인 질서를 떠올리면 조금 더 쉽게 이해할 수 있습니다. 일자로부터 정신, 세계혼, 이 모든 것이 나와서 가시적인 세계가 되었을 때 가시적인 세계의 가장 높은 곳에는 무엇이 있을까요? 바로 인간이 있습니다. 그리고 인간 다음에 '감각혼'을 지닌 동물, '생장혼'을 지닌 식물, 혼을 지니지 못한 무생물, 아무런 형상을 지니지 못한 질료, 이렇게 단계를 이룹니다. 여기서 중요한 것은 인간의 위치입니다. 유출설을 나타낸 표를 보면 인간은 중간에 위치해 있습니다. 그렇기 때문에 윤리적인 행위를 해야 되는 인간을 기준으로 한다면, 인간보다 상위의 것을 사랑하는 방식과 인간보다 하위의 것을 사랑하는 방식은 차이가 납니다.

그렇다면 인간보다 상위의 것은 목적으로서 향유해야 할까요, 아니면 수단으로서 사용해야 할까요? 목적으로서 향유해야 합니다. 그렇다고 인간보다 아래에 위치한 것들이 결코 나쁜 것은 아닙니다. 아우

신플라톤주의 유출설에서의 향유와 사용

구스티누스가 바라볼 때는 하느님이 창조하신 모든 것들은 관점에 따라 좋은 면을 지니고 있습니다. 따라서 이것들을 사랑하지 말라는 것이 아니라, '더 높은 것에 도달하기 위한 수단으로서 다른 것을 사랑하라'는 것이 아우구스티누스의 가르침이었습니다.

예를 들어 보겠습니다. 아우구스티누스는 동물과 인간을 비교한다면, 인간이 좀 더 상위의 존재라고 생각했습니다. 이것이 이해가 안 되면, 구제역이나 AI가 창궐할 때 어떻게 처리하는지 생각하면 됩니다. 비록 좋은 방법은 아니지만, 감염의 확산을 피하기 위해 동물들을 한꺼번에 도살해 버립니다. 그러나 인간인 우리가 신종 플루나 메르스에 걸렸을 때 이렇게 하면 어떻게 되겠어요? 생각만 해도 끔찍하지 않나요? 누구도 이런 일을 벌이지 않습니다. 동물이 지닌 생명의 소중함을 아는 사람들조차 위험 상황에서는 동물보다 인간의 생명에 더 가치를 둡니다.

그렇다면 동물을 미워해도 될까요? 아닙니다. 아우구스티누스는 동물도 소중한 피조물이기 때문에 사랑해야 한다고 말합니다. 다만 동물을 인간보다 더 사랑하게 된다면, 이는 문제가 될 수 있다는 것입니다. 어떤 사람이 자기의 반려견한테는 온갖 좋은 것을 사 주면서 가난한 이웃에게는 아무것도 베풀지 않는다면, 그 사람의 행동을 윤리적이라고 판단하기는 어렵습니다.

그렇다면 우리가 좋아하는 돈은 동물, 식물, 무생물, 질료 중 어디에 속할까요? 굴러다니기는 하지만 동물은 아닌 것 같고, 식물처럼 심어 놓고 나올 때마다 한 장씩 뜯을 수도 없지요. 아무래도 돈은 무생물인 것 같습니다. 그렇다고 이 돈을 나쁘다고만 말할 수 있을까요? 아우구스티누스는 그렇게 생각하지 않았습니다. 돈으로 가난하고 굶주린 사람들을 도와줄 수 있지요. 다만 돈을 목적으로 향유하여 동식물과 자연을 파괴하고 인간들의 생명까지 위협하는 일이 벌어져서는 안 된다는 것입니다.

향유해야 하는 하느님을 사용하는 인간

아우구스티누스는 우리가 오로지 향유해야 할 대상이 있다고 이야기합니다. 그 대상은 모든 '존재의 질서'에 가장 높은 위치를 차지하고 있고, 최고선을 지니고 있기 때문에, 그 대상은 목적으로서만 사랑해야지, 수단으로서 사용해서는 안 된다고 합니다. 누구일까요? 바로 하느님입니다.

> 왜냐하면 만일 하느님이 인간의 최고선이라고 한다면 …… 그 최고선을 구하는 것이 잘 사는 일이므로, 잘 산다는 것은 분명히 모든 마음을 다하고 온 목숨을 다하고 온 뜻을 다하여 하느님을 사랑하는 데 지나지 않는 것이다. 《가톨릭 교회의 관습과 마니교도의 관습》, I, 25, 46)

십자군 전쟁
11~13세기에 걸쳐서 서유럽의 그리스도교도들이 이슬람교도들에게 점령당한 팔레스타인과 예루살렘을 탈환하기 위해 여덟 차례 감행한 대원정이다. 제1차 원정을 제외하고는 대부분 실패했다.

그런데 인간의 욕망은 너무나 크기에, 심지어 인간들이 하느님마저 사용하는 일이 일어나곤 합니다. 《알수록 재미있는 그리스도교 이야기》 2권에서 제가 십자군 전쟁에 대해 이야기한 바 있습니다. 이와 같은 종교 전쟁에서 인간들이 하느님을 사용해서 자신들의 부와 권력을 탐하려는 일들이 벌어졌습니다. 그런데 현대 사회에서도 종교인들이 하느님을 사용하는 일이 자주 일어납니다. 한편으로는 예수님의 이름을 외치면서도, 한편으로는 자신들의 이익만 취합니다. 이러한 사람들은 하느님을 향유하는 것이 아니라 사용하는 자들이라고 할 수 있습니다.

아우구스티누스의 악의 구분

 이제 큰 틀이 준비되었습니다. 향유와 사용이라는 사랑의 방식을 적절하게 적용해야 하는데, 이 질서가 뒤바뀌었을 때 이것을 '악'이라고 부릅니다. 여기서 아우구스티누스는 악을 좀 더 세분화합니다. 먼저 '인간이 **직접 행하는** 악malum quod homo facit'이 있습니다. 인간이 자신의 자유 의지를 가지고 사용해야 될 대상을 향유하거나, 향유해야 할 대상을 사용하게 될 때 악을 행하는 것이지요. 그리고 이런 악을 '죄peccatum'라고 부릅니다. 이것을 다른 말로 '도덕적인 악'이라고 부릅니다.

 그런데 이 세상에서 우리에게 고통을 주는 것은 꼭 도덕적인 악만 있지는 않습니다. 때로는 지진, 해일, 홍수와 같은 것이 우리에게 더 큰 고통을 주기도 합니다. 아우구스티누스는 이에 대해 이렇게 이야기합니다. "이것은 인간이 행하는 악은 아니다." 지진, 해일과 같은 자연재해는 인간이 일으키고 싶어서 일으키는 것은 아님은 분명합니다. 그래서 아우구스티누스는 이런 '자연적인 악'을 '인간이 당하는 악'이라고 합니다. 그러면서 이 '인간이 당하는 악'은 대부분 하느님이 인간이 죄를 지은 것을 벌하기 위해서 사용하신다는 표현을 씁니다.

이것은 아우구스티누스 시대 때에는 너무나 당연한 이야기였을지도 모르지만, 현대인들은 이를 받아들일 수 없습니다. 사실《자유 의지론》에도 이에 대한 반론이 제기되는 내용이 나옵니다. "인간이 죄를 짓지 않았다면 지진과 해일과 태풍과 화산 폭발 같은 것이 일어나지 않는다는 말입니까?" 아우구스티누스는 이렇게 이야기합니다. "강력한 자연 현상이 모두 재앙은 아니고, 그것 때문에 인간이 피해를 보았을 때에만 재앙이나 악이라고 불린다." 제주도를 생각해 볼까요? 제주도는 화산 폭발로 생긴 섬입니다. 아무런 인간도 죽지 않고 화산 폭발로 그렇게 아름다운 섬이 생겨났다면 그 누구도 이것을 '악'이라고 부르지 않지요. 그렇다면 언제 악이 될까요? 폼페이의 화산 폭발처럼 무수한 인간들의 생명을 빼앗았을 때 우리는 그것을 '악'이라고 부르는 것입니다.

> **폼페이의 화산 폭발**
> 79년 베수비오 화산이 폭발하면서 당시 로마 제국에서 가장 번성했던 도시인 폼페이와 헤르쿨라네움 지역이 화산재로 뒤덮이며 역사에서 사라졌다. 그러나 18세기에 발굴되면서 세상에 알려졌다.

아우구스티누스의 설명에도 불구하고 누군가 다음과 같이 질문할 수도 있습니다. "그것이 말이 되는가? 아마 하느님은 양궁 대회에 나갔으면 완전히 예선 탈락했을 것이다. 꼭 화살을 맞고 죽어야 할 사람들은 놔두고, 어린아이들이나 엉뚱한 착한 사람들한테 화살을 쏘는 하느님을 도대체 우리는 어떻게 믿을 수 있단 말인가?"

로마 폼페이를 멸망시킨 화산 폭발

원죄론에 관한 이론 정립

아우구스티누스는 고심했습니다. 죄인들에게만 고통이 가해지지 않고 선한 이들에게도 고통이 다가옴을 어떻게 설명해야 할지 고민한 것입니다. 그는 직접적인 자기 죄가 아닌 것에 대해 고통을 당하는 사람을 설명하기 위해서 '원죄론原罪論'이라는 이론을 들여옵니다. 아담과 하와로 상징되는 원조들, 앞선 사람들의 죄가 계속해서 유전되듯이 사람들에게 전해지면서 훨씬 더 죄를 짓기 쉬운 상태로 태어나게 되었다는 것입니다. 원죄론은 그 이후에 많은 논쟁을 거쳤지만, 그리스도교의 정통 교리로서 인정받게 되었습니다.

여기서 하느님이 세상을 좋게 창조하셨다는 것과 모순되는 것이 아니냐는 반론도 나올 수 있습니다. 그러나 원죄론에서는 "하느님은 모든 것을 선하게 창조하셨지만, 원조들이 자유 의지를 통해 하느님을 거슬러 죄를 지음으로써 우리들의 본성이 손상되어 버렸다."라고 합니다. 모든 인간은 이 원죄론으로 표현된 어려운 상태, 즉 욕망에 끌려다니는 상태에서 벗어나고 싶어 합니다. 인간이 자신의 힘으로 이런 상태에서 벗어날 수 있는지 없는지 하는 문제에서 종교가 갈라집니다. 어떤 특정 종교에서는 인간이 충분히 자력으로 구원받을 수 있다고 가르칩니다. 그렇지만 그리스도교에서는 이 사슬을 끊기 위해서는 우리 힘만으로는 되지 않고 하느님의 은총이 필요하다고 합니다. 그렇기 때문에 죄의 사슬을 끊어 주기 위해서 하느님이 이 세상에 오셨고, 그분의 십자가와 부활로 우리에게 주어진 은총을 통해 우리는 죄에서 벗어날 수 있게 된 것입니다.

향유와 사용을 올바르게 활용하여 자유로운 인간으로

옛날 분들이라면 교리 시간에 육신, 세속, 마귀가 삼구三仇라고 배웠을 것입니다. 그래서 세속 전체가 악이고 죄인 것처럼 착각할 수 있는데 그렇지 않습니다. 이 세상의 모든 것은 하느님이 선하게 창조하신 것입니다. 돌이 혼자서 날아다니면서 인간을 해치지 않습니다. 만일 그런 일이 발생한다면 우리는 불안해서 이 세상에서 살 수 없겠지요. 악의를 품고 그 돌을 던진 사람 때문에 다른 사람이 다칠 뿐입니다. 다이아몬드나 금이 나쁜 것이 아닙니다. 여러 가지로 활용할 수 있는 다이아몬드나 금은 그 자체로 소중할 수 있습니다. 단지 인간이 그것을 탐욕적으로 자신의 분수에 맞지 않게 추구하는 것이 문제입니다. 따라서 향유와 사용이라는 기준을 활용하여 우리의 자유 의지를 올바로 사용하는 것이 중요합니다. 욕망 자체가 나쁜 것이 아니라, 그 욕망을 잘 사용한다면 진정한 의미에서 자유로운 인간이 될 수 있지 않을까 하는 기대감을 가져 봅니다.

🧑‍🦳 많은 종교에서 욕망을 나쁘다고 가르치는 것으로 알고 있습니다. 이 욕망을 꼭 나쁘다고 할 수 있을까요? 스님이나 신부님만 이 세상에 있다고 해서 그렇게 좋을 것 같지는 않습니다.

만일 모든 신자들이 갑자기 신부님이나 수녀님이 된다면, 다음 세대에 가톨릭은 사라집니다. 그렇기 때문에 욕망을 조금 다르게 바라볼 필요가 있다는 점은 분명합니다. 역사적으로 살펴보자면, 욕망이라는 단어 중에서 가장 유명한 단어는 '에로스eros'입니다. '에로스' 하면 에로 영화 같은 것을 떠올릴 수도 있는데요, '에로'라는 표현도 이 단어에서 유래했습니다. 그리스어에서 에로스는 단순하게 육체적인 욕정만을 가리키는 단어가 아니라, 무엇을 추구하려는 힘, 상승하려는 힘이라는 의미가 담긴 단어입니다. 즉 최고선을 지향하거나 이데아를 추구하는 힘 자체도 에로스인 것입니다. 만일 이렇게 올바른 일을 이루거나 원대한 일을 이루겠다는 욕심과 욕망이 생겨난다면, 이것을 잘못되었다고 이야기하기는 힘들겠지요.

그래서 아우구스티누스는 종종 사랑을 '중력'에 비유했습니다. 어떤 좋은 것이 있으면 그냥 끌려간다는 의미에서 그렇게 비유한 것이지요. 끌림 자체는 그렇게 큰 문제가 아닙니다. 아우구스티누스는 죄가 이루어지는 단계를 세 가지로 구분했는데요, 먼저 아름답거나 좋은 어떤 것을 봤을 때 마음에 동요가 일어나는 단계입니다. 예를 들어 어떤 사람이 명품 가방을 보았을 때 '저것이 명품이구나.

저 가방을 가진 사람은 좋겠네.' 하면서 지나가면 되는데, 저 가방을 어떻게 해서든 가지고 싶다는 유혹이 나타날 수 있습니다. 그것이 유혹에 이끌리는 단계입니다. 이 단계까지는 아직 죄가 아닙니다. 놀랍게도 예수님도 이 유혹의 단계까지는 들어가셨습니다. 광야에서 악마의 유혹을 받으신 것이지요. 이 유혹을 받는 단계를 넘어 인간이 자신의 자유 의지로 이에 동의할 때부터 죄가 성립된다는 것입니다. 그렇기 때문에, 좋은 열정과 같은 것은 얼마든지 정당하고, 오히려 그것을 통해서 발전이 이루어질 수 있습니다.

예를 들어 보겠습니다. 예수회를 세운 이냐시오 데 로욜라Ignatius de Loyola(1491년~1556년) 성인은 원래 '기사'였습니다. 그는 전쟁터에서 용맹하게 싸웠고 승리에 대한 강한 열망이 있었습니다. 그렇기 때문에 많은 사람을 죽이기도 했습니다. 그런데 회심한 후에는 그 열정을 가지고 하느님의 사도로서 복음을 전파했습니다. 열정과 욕망을 이렇게 사용한다면 그것은 죄가 아니라 오히려 발전의 동력이 될 수 있습니다.

인재人災와 같은 경우 그 일과 연관된 사람이 마땅히 벌을 받아야 하는데, 전혀 관계 없는 사람들이 고통을 받는 경우가 종종 있습니다. 어쩌면 하느님은 인간이 잘못을 저질렀을 때 집단 체벌이나 연좌제까지 선호하시는 무서운 분은 아닐까요?

많은 사람들의 목숨을 앗아 갔던 체르노빌 원전 사고나 후쿠시마 원전 사고를 생각해 봅시다. 대부분의 경우, 그러한 사고는 잘못된 행동을 한 인간에게서 비롯됩니다. 후쿠시마 원전 사고의 경우 지진 해일만이 원인이 아니었지요. 모든 것을 계산할 수 있을 것이라는 오만 속에서 그런 위험한 지역에 원전을 세워 놓았던 것이 문제였을 수 있습니다. 그래서 인재의 경우는 '자연적인 악', 즉 '인간이 당하는 악'이라고만 할 수 없습니다. 그럼에도 불구하고 정말 억울하게 당하는 악들이 있기에, 하느님이 인간에게 집단 체벌을 하시는 것은 아닌가 생각할 수도 있습니다.

그런데 인간이 한번 행한 악은 계속 번져 나가는 '사회성'을 가지고 있습니다. 한두 명이 저지른 개인적인 죄에 대한 여파가 점점 커지면서 거대한 악이 되어서 나중에는 전쟁의 발발로 이어지거나 엄청난 재앙을 몰고 올 수도 있습니다. 그런 측면이 있기 때문에, 인간들이 하느님께 모든 책임을 돌리기 이전에, 인간들 스스로 책임을 지고 행해야 할 부분이 없는지 숙고할 필요가 있습니다.

🧑‍⚖️ 원죄론이 연좌제가 아닌가 하는 의문이 완전히 풀리지는 않습니다. 그렇지만 원죄론도 결국 '믿을 교리'니까 철학적인 질문이 의미가 없는 것은 아닌가요?

사실 원죄론이 '믿을 교리'로 확정된 것은 상당히 늦은 시기, 즉 5세기가 지난 뒤의 일입니다. 성경에 나와 있다고 해서 모든 사람이 다 똑같이 그 내용을 이해할 수 있는 것이 아닙니다. 그렇기 때문에 시대의 사상과 문화를 통해서 성경을 새롭게 이해할 필요가 있습니다. 원죄론의 경우는 당시 유아 세례라는 문제 때문에 더욱 빠르게 발달되었습니다. 아기들은 죄가 없는 것 같은데 왜 세례를 주는지 반론이 제기되었던 것이지요. 아우구스티누스는 자신이 본성적으로 느끼는 욕정을 볼 때, 인간은 태어날 때부터 그런 조건에서 성장한다는 확신이 들었고 이를 신학적으로 '원죄'라고 표현한 것입니다.

아우구스티누스가 강조한 원죄론의 핵심은 "인간이 '자유 의지'를 가지고 하느님의 명령을 거스름으로써, 이 세상에 근본적으로 죄악의 상태가 널리 퍼져서 올바른 행위를 하기 매우 어려운 상태에 빠져 버렸다."입니다. 하느님의 뜻을 거스른 죄와 그런 죄가 보편적으로 모든 인간에게 영향을 미침으로써 인류 전체가 '악의 사회성' 때문에 고통을 받게 되었다는 것이지요.

최근 성경 학자들 사이에서는 이 원죄와 같은 창세기 설화를 어떻게 해석할지가 굉장히 중요한 논쟁거리가 되고 있습니다. 즉 원죄론이 '연좌제'가 아니냐는 문제입니다. 혹시 '아담 할아버지'랑 '하와 할머니'를 만난 사람이 있나요? 우리 민족도 아닌 그분들이 지은 죄가, 왜 우리에게까지 내려오나 하는 생각을 할 수도 있습니다. 성경 학자들의 설명에 따르면, "아담과 하와의 이야기는 인류사의 연대기가 아니라 현재의 인간 조건의 의미를 밝히려는 의도로 쓰인 고전적 이야기 형식"이라고 합니다. 원죄란 원조들의 범죄 때문에 인류의 유전자 어딘가에 손상이 생긴 것처럼 볼 것이 아니라, 모든 인간들이 '사회악이 널리 퍼진' 조건 속에서 태어나서 살아가고 있다는 사실을 설명한다는 것입니다.

한편 쇼넨베르크Piet Schoonenberg(1911~1999년)와 같은 신학자는 이를 다른 관점으로 주목합니다. 즉 아기가 성장하여 스스로 자신의 결정을 내릴 수 있는 시점에 도달하기 전에, 많은 선택이 그를 대신하여 다른 사람에 의해 이루어지고 조건 지어지고 방향 지어진다는 것입니다. 갓난아기라 할지라도 보편적인 죄의 상태 때문에 그 아기의 인생 출발은 어느 정도 훼손되어 있고 난관에 처하게 되어 있습니다. 그리고 그 아이도 자기가 받은 피해를 또다시 남에게 전가하고 개별적인 죄를 지으며 살아간다는 것이지요.

이처럼 다양한 방식으로 생각해 볼 가능성이 있는데도, "원죄는 믿을 교리니까 그냥 믿어!"라고 강요하면 나중에는 정말 안 믿게 됩니다. 전혀 이해하지 못하고 동의할 수 없는데 어떻게 그 이야기를 믿고 따라가겠습니까? 원죄와 같은 경우에는 믿을 교리라고 하더라도 성직자와 수도자들, 학자와 같은 분들이 이것을 이해할 수 있는 방식으로 사람들에게 설명하는 것이 필요하다고 생각합니다.

· 제9강 ·

우리는 지금 행복한가?

잠시 반짝였다 사라지는 '신기루 같은 행복'이 아닌,

바람처럼 스쳐가는 '찰나의 행복'이 아닌,

'진정한 행복'은 어디에서 올까?

언제라도 변할 수 있는 것, 빼앗길 수 있는 것,

그것을 추구하는 이는 불행하다.

아우구스티누스에게

'행복과 불행의 기준'은 명확했다.

영원한 진리, 지혜의 근원, 우주를 비추는 빛,

'하느님'을 마음에 지니는 이는 참으로 행복하다!

행복을 찾기 위해 먼 길을 나설 필요가 없다.

우리 마음 깊이 행복의 참뜻을 일깨우는

스승이 계신 까닭이다.

내 안에 모신 빛나는 '내적 교사',

하느님이 영원한 행복의 길로 우리를 이끄시리라.

우리는 지금
행복한가?

여러분, 요즘 사는 것이 어떤가요? 행복한가요? 아마도 행복할 때도 있고 행복하지 않다고 느낄 때도 있을 것 같습니다. 특히 요즘 청년들은 취업이나 결혼 문제로 행복하지 않을 때가 더 많을 듯합니다. 하지만 때로는 항상 행복하면 그것을 행복이라 느낄 수 있을지 의문이 들기도 합니다. 그렇다면 진짜 행복이란 무엇일까요? 어떻게 하면 우리는 때때로 행복하지 않고 항상 행복할 수 있을까요? 이번 강의에서는 이 문제를 아우구스티누스와 함께 생각해 보겠습니다.

행복이란 무엇인가?

행복에 대한 철학자들의 다양한 생각

'행복이란 무엇인가?'라는 질문은 사실 시대를 불문하고 거의 모든

> **벤담**
> 영국의 철학자이자 법학자. '최대 다수의 최대 행복'을 추구하는 공리주의를 주장함으로써 개인적인 쾌락을 추구하는 이기주의를 긍정하고 자본주의 사회의 존재 방식을 예찬했다.

철학자들이 계속해서 던진 질문 중 하나입니다. 그 답도 굉장히 다양했습니다. 아리스토텔레스는 '지성적인 작용'이라고 했고, 스토아학파는 '자연의 법칙에 따라 사는 것'이라고 했습니다. 에피쿠로스학파는 '욕심을 줄이는 것'이라고 했고, 벤담Jeremy Bentham(1748~1832년)은 '최대 다수의 최대 행복'이라고 했습니다. 이렇게 행복은 많은 사람들이 씨름했던 최고의 난제難題인 듯합니다.

그럼 여기서 제가 질문을 바꿔 보겠습니다. 여러분, 행복해지고 싶나요? 그렇습니다. 저도 행복해지고 싶습니다. 사실 우리 모두는 지금 당장은 행복하지 못하더라도 두고두고 행복해지고 싶어 합니다. 근데 아우구스티누스는 놀라운 이야기를 합니다. "행복해지고 싶은 자, 즉 행복을 찾는 자는 행복하지 않다."라고 말입니다. 행복해지고 싶은 사람은 적어도 지금의 상태보다 더 나은 것을 바라거나, 아니면 적어도 지금 가진 것들을 잃어버릴까 봐 걱정하면서 그것을 계속 가지고 싶어 하는 사람이기 때문입니다.

어떻게 해야 진정으로 행복할까

그러면서 아우구스티누스는 다시 한 번 질문을 바꿉니다. 도대체 우리는 언제 행복할까요? 행복했던 순간들을 떠올려 보세요. 어머니들에게 물어보면 첫 아이를 순산했을 때라고 이야기하는 경우가 많습니다. 대학생들에게 물어보면 대학에 합격했을 때라고 말하는 경우가 많습니다. 특히 대학 입시에서 턱걸이로 합격한 학생들이 제일 행복해합니다.

아우구스티누스는 "욕구하는 것을 소유하는 자는 행복하고, 반대로 그것을 소유하지 못한 자는 불행하고 비참하다."라는 일반적인 견해를 알고 있었습니다. 그런데 이를 그대로 받아들이지는 않습니다. 그는 "만일에 누군가가 자신에게 합당하지 못한 것을 계속해서 원하고 있다면, 그것을 가지게 된 삶이 과연 행복할까?"라고 반문합니다.

> 자기가 원하는 대로 사는 사람은 행복하다고들 누구나 말한다. 그러나 이것은 거짓이다. 인간에게 합당치 못한 바를 원한다는 것은 더없이 가련한 일이다! 또 불행이 있다면 소망하는 바에 도달하지 못하는 데에 있다기보다는, 합당한 소망도 못 되는 것을 소망하고 또 거기 도달하는 데에 있다. 《삼위일체론》 XIII,5,8)

외국에는 많은 청소년들이 마약이나 알코올을 통해서 쾌감을 느끼고 싶어 합니다. 합당하지 못한 이러한 것을 그 친구들이 가지게 되었다고 해서 과연 행복할까요? 아우구스티누스는 이것에 의문을 품는 것입니다. 아이들이 원한다고 해서 날카로운 칼이나 불장난할 수 있는 라이터를 건네는 부모님은 없습니다. 그래서 어떠한 대상을 원하는지가 진정한 행복을 찾는 데 매우 중요하다는 생각을 하게 됩니다.

그리하여 아우구스티누스는 "원하는 것을 소유했다고 하더라도 지금 소유하는 것이 시간의 경과와 더불어 상실되는 것이라면, 그는 다시금 불행해질 것이다."라고 말합니다.

이해를 돕기 위해 제가 학생들에게 들려주는 예시를 가져오겠습니다. 신입생들이 하는 큰 착각 중 하나가, 대학에 들어오면 자동으로 여자 친구나 남자 친구가 생기는 줄 압니다. 그리고 〈건축학개론〉 같은 영화에서처럼 대학에 들어가면 수지 같은 아리따운 여학생이랑 같이 강의를 듣는 줄 압니다. 하지만 그런 꿈이 깨지는 데는 한 학기면 충분합니다.

그런데 이런 일이 벌어질 수도 있습니다. 어떤 여학생이 동아리방에 앉아 있는데, 롱코트를 입은 복학생이 문을 삐걱 열고 들어옵니다. 자기 눈에는 공유로 보이는 그 선배가 자기에게 말을 걸고 그 선배와 함께 즐거운 시간을 보내며 연애를 시작합니다. 그리고 그때부터 이 여학생은 날짜를 셉니다. 그러다가 100일쯤 되는 날, 못 참고 친구들을 불러들입니다. "야, 내가 오늘 저녁 쏠게." 그러면서 친구들에게 그 멋진 선배를 소개시켜 주자 친구들 사이에서 난리가 납니다.

그런데 선배가 그날 이후로 계속해서 휴대폰을 꺼 놓습니다. 이상한 느낌이 들지요? 기분이 나빠진 여학생은 친구하고나 놀아야겠다며 그 친구 집 앞에 갔는데, 그곳에서 그 친구와 함께 있는 선배를 발견합니다. 이 대목에서 김건모의 〈잘못된 만남〉을 떠올리는 분도 있을 것입니다. 사랑하는 사람과 친구를 모두 잃을 것 같은 위태로움 속에서 그 여학생은 선배를 사랑했기 때문에 혹시 선배가 무릎을 꿇고 빌면 용서해 주고 싶습니다. 그런데 그 선배가 낙엽을 집어 던지면서 "사랑은 움직이는 거야!" 한다면 어떨까요? 이야기가 완전 달라집니다.

예가 적절한지는 잘 모르겠지만, 만일에 그 대상이 이렇게 변심하는 사람들의 마음처럼 확확 바뀌어 버리는 것이라면 과연 이러한 대상을 사랑하고 매달리는 사람이 행복할 수 있을까요? 이것이 아우구스티누스가 던진 질문 중 하나였습니다.

또 다른 두려움은 변심하는 친구와는 달리 변하지 않는 다이아몬드처럼 그 자체로 굉장히 좋고 소중한 무언가를 누군가가 와서 빼앗을 수 있다는 것입니다. 그것을 빼앗겼을 때의 고통은 좋아하는 선배를 잃은 여학생의 슬픔처럼 클 수밖에 없겠지요. 그래서 아우구스티누스는 진정한 행복을 얻기 위한 두 가지 조건을 찾아냈습니다. 우리가 행복하기 위해 추구하는 대상은 무엇보다도 그 대상 자체가 영속적이어야 하고, 다른 이가 빼앗을 수 없도록 우리와 필연적인 관계를 가져야 한다고 합니다.

그렇다면 그 대상이 과연 무엇일까요? 아우구스티누스는 자신의 온 체험을 통해서 다음과 같이 고백했습니다. 하느님이야말로 그 모든 것으로부터 독립된 영원한 존재로서 불변하고 불멸하는 것이요, 또한 만물의 창조자이자 모든 생명의 근원이므로 우리 존재와도 필연적 관계에 있다고 말입니다. 그렇기 때문에 오직 '하느님을 소유하게 되었을 때'에만 우리는 진정으로 행복해진다고 말합니다.

> • 추구하는 대상이 영속적이어야 함
> • 추구하는 대상과 필연적인 관계를 가져야 함
> → 그 대상은 바로 하느님,
>   즉 하느님을 소유하게 되었을 때 진정한 행복을 얻을 수 있음

아우구스티누스가 말하는 행복을 위한 조건

하느님을 소유하는 참행복이란?

하느님을 소유한다는 것의 의미

그렇다면 하느님을 소유한다는 것은 도대체 무슨 뜻일까요? 하느님을 소유하게 되었을 때 우리는 행복하다고 했는데, 하느님을 마치 상품처럼 살 수 있나요? 우리가 TV를 보다 보면 홈쇼핑을 자주 접합니다. 그럼 홈쇼핑에서처럼 "자, 지금부터 단 30초 동안만 1+1 하느님 행사 들어갑니다!" 할 수 있나요? 우리가 하느님을 이런 식으로 소유할 수는 없습니다. 또, 소유하게 되었다고 하더라도 하느님을 몇 캐럿짜리 다이아 반지처럼 금고에 넣어서 보관할 수도 없지요. 제가 이렇게 이야기했을 때 갑자기 어떤 복사 어린이가 "아니요, 금고에 넣을 수 있어요."라고 말했습니다. "무슨 말이니?"라고 묻자 "신부님이 미사 시간에요, 열쇠 가지고 금고에 가서 하느님을 꺼내 놨다가 다시 집어넣더라고요."라고 하더군요. 아마 감실에 성체를 모시는 것을 보고 그런 이야기를 한 모양입니다.

어떻게 하면 하느님을 소유하게 되는지에 관해, 아우구스티누스는 이렇게 말합니다. 하느님을 찾기 위해서 밖으로 돌아다닌다고 해서 그것을 발견할 수는 없다고 말입니다. 혹시 파랑새에 대한 이야기를 알고 있나요? 행복이 파랑새에 있다고 해서 그 파랑새를 계속 쫓아다녔지만 결국 찾지 못했습니다. 또한 무지개를 잡겠다고 떠난 소년의 이야기도 비슷한 결말을 맞이하지요. 실제로 많은 사람들은 바깥에서 무엇인가를 소유하게 되었을 때 행복해질 것이라고 생각하며 계속 쫓아다닙니다.

내면으로 들어갔을 때 만날 수 있는 행복

아우구스티누스는 우리를 이렇게 초대합니다. "내면으로 들어가라." 우리가 생각하는 것보다 더 깊은 곳에 하느님이 머무르시기 때문에 바로 우리 내면으로 들어갈 때에만 하느님을 만날 수 있다고 이야기하는 것입니다.

> **엘리야 예언자**
>
> 구약 성경 열왕기에 나오는 예언자. 북이스라엘을 다스리던 아합 임금 때 주로 활동했다. 카르멜 산에서 바알 예언자들과 대결한 이야기(1열왕 18,20-40 참조)로 유명하다.

엘리야 예언자가 그랬듯이, 우리는 하느님을 거창한 곳에서 만날 것이라고 생각하는 경우가 많습니다. 엘리야 예언자는 거센 바람, 지진, 불 속에서 하느님을 찾아 헤매는데, 놀랍게도 가장 조용한 미풍 속에서 그가 하느님의 현존을 체험하는 이야기가 성경에 나옵니다(1열왕 19,9-18 참조). 아마도 아우구스티누스는 그것을 더 내면화한 것 같습니다.

광야에 머물고 있는 엘리야 예언자

　그렇다면 우리 안에서, 우리의 생각 속에서 무엇을 만나게 되었을 때 우리는 행복할까요? 아우구스티누스는 우리가 내면에서 진리와 지혜를 소유하게 되었을 때, 이것을 진정한 의미에서 행복한 사람이라고 보았습니다. 그래서 아우구스티누스는 아무리 많은 부와 명예를 가지고 있다고 하더라도, 지혜를 가지지 못해 올바로 사용하지 못하는 사람들은 결코 행복감을 느낄 수 없다고 이야기합니다.
　사실 현대 사회에는 선한 사람들보다 악인들이 부와 명예를 누리는 경우가 많습니다. 이러한 모습을 우리나라에서도 쉽게 볼 수 있지요. 악인들이 굉장히 큰 성공을 거두는 일들이 종종 벌어지는데, 아우구스티누스는 악인에 대해 오히려 저주에 가까운 말을 합니다. "악인은 이 세상의 것을 추구함으로써 그들이 사랑하는 것을 언제든 잃을 수 있으며, 이로 인해 이 세상의 걱정과 갈증으로부터 해방될 수 없다." 즉 우리가 부와 명예에 매달리는 순간, 마치 바닷물을 마신 것처럼 그것에 대한 갈증이 끊임없이 계속되는 일이 벌어지곤 합니다. 그렇기에 아우구스티누스는 이런 사람들이 진정으로 행복하다고 볼 수 없다는 것입니다.

영원불변한 진리를 알려 주는 '내적 교사'

아우구스티누스가 발견한 진리, "의심하는 나는 존재한다."

아우구스티누스는 여러 저서를 통해 어떻게 하면 진리와 지혜를 만날 수 있는지에 대해 계속 이야기해 나갑니다. 하지만 여기서는 아우구스티누스가 찾았던 마지막 진리 하나만 말해 볼까 합니다. 모든 것을 다 의심하면서 이 세상에 확실한 진리는 없다고 한 사람들이 아우구스티누스 시대에 있었습니다. 아카데미아 학파라고 불린 이들은 쿨한 사람들이어서 "이 세상에 진리가 어디 있는가? 진리가 있다고 해도 우리는 소유할 수 없다. 그러니 진리와 같은 것에 만족하고 살아라."라고 주장했습니다. 그들에게 아우구스티누스가 이렇게 답했습니다. 자기가 아무리 의심하고 또 의심해도 의심할 수 없는 것이 있다고 말입니다.

아우구스티누스는 다음과 같이 말합니다.

> **아카데미아 학파**
> 플라톤이 세운 아카데미아에서 유래했다. 그러나 신비주의적인 경향을 지닌 초기를 지나면서 더 이상 영원불변한 진리란 없으니 진리 같은 것에 만족하라는 회의론적인 경향을 점차 띠게 되었다.

> **데카르트**
> 서양 근대 철학의 출발점을 이룬 철학자. 《방법 서설》, 《성찰》 등의 저술을 통해 방법론적 회의를 정립하고 모든 것을 의심하여 참으로 신뢰할 수 있는 지식에 도달하고자 노력했다.

"내가 만일에 의심하거나 오류에 빠진다면, 의심하는 나는 존재한다 Si enim fallor, sum." 우리가 질문을 하거나 너무 불확실해서 "진리가 없는 것 같다."라고 회의하는 순간, 그 의심하는 '나'라는 주체는 오히려 확실하게 존재하는 것이지요. 여기서 어떤 분들은 '어라? 이런 비슷한 이야기 어디서 들어본 것 같은데?' 할 것입니다. "나는 생각한다. 그러므로 존재한다 Cogito, ergo sum." 데카르트 René Descartes(1596~1650년)의 명언이 아우구스티누스의 입에서 나왔습니다. 누가 먼저일까요? 아우구스티누스가 훨씬 더 먼저입니다. 물론 데카르트는 아우구스티누스에 의존하지 않고 독자적으로 이 명제를 발견했습니다. 그렇지만 아우구스티누스는 놀라운 통찰력으로 이러한 명제에 먼저 도달한 것입니다. 그는 우리가 의심한다고 하더라도 더 이상 의심할 수 없는 영원불변한 진리에 대한 흔적이 남아 있으며, 이것을 어떻게든지 제대로 찾아내는 것이야말로 우리가 행복해지는 길이라고 가르쳤던 것입니다.

'내적 교사'이신 성자 예수 그리스도

그런데 혹시 이런 생각을 해 본 적이 있나요? "내가 만일에 오류에 빠진다면, 나는 존재한다." 이러한 진리를 찾지 못하면 우리는 행복해질 수 없을까요? 아우구스티누스는 그렇게 생각하지 않았습니다. 아우구스티누스에 따르면, 우리에게 어떠한 길이 올바른 길인지, 무엇이 지혜인지 알려 줄 분이 우리 내면에 있다는 것입니다. 그분이 '내적 교사'이신 하느님이십니다.

그런데 여기서 아우구스티누스는 좀 더 구체적으로 이야기합니다. 우리의 하느님은 '삼위일체 하느님'이십니다. 그러면, **성부**, **성자**, **성령** 중에 어떤 분이 우리의 '내적 교사' 역할을 맡으실까요?

근대 철학자, 데카르트

많은 분들은 성령이라고 생각하기 쉽겠지만, 아우구스티누스는 조금 다르게 생각했습니다. 하느님 아버지가 어떤 분인지 우리에게 알려 주시는 분이 누구냐 하면 로고스, 말씀이신 분, 바로 **성자**이십니다. 즉 예수 그리스도야말로 우리의 내적 교사이시기 때문에 우리가 그분의 말씀을 따르면 진리에 도달할 수 있습니다. 그 말씀이 담긴 것이 무엇일까요? 바로 성경이지요. 아우구스티누스는 성경 말씀에 따라 내면에서 진정한 지혜를 발견하게 될 때, 우리가 참된 행복에 도달할 것이라고 가르치는 것입니다.

하느님과 우리의 만남을 지속하는 길

사실 아우구스티누스 자신도 행복에 대해 그렇게 열심히 가르치면서도 하느님을 만나서 행복하다고 맨날 웃고 다니지는 못했습니다. 오히려 매일같이 올바른 신앙과 생활에 대해 논쟁하고 신자들의 어려움을 해결하기 위해 힘겨운 시간을 보냈습니다. 그러면서 "하느님과의 그 짜릿했던 만남의 순간이 왜 그렇게 길지 못합니까?" 하고 하느님께 매달려서 애원했습니다. 여기서 아우구스티누스가 애원하면서 얻고자 했던 것을 우리는 주목할 필요가 있습니다. 그는 하느님을 만나는 그 소중한 순간이 지속되는 일은 안타깝게도 이 세상에서 이루어질 수 없다고 생각했습니다. 즉 하느님을 완전히 소유하면서 만날 수 있는 순간은 하느님 나라에서만 약속되어 있다고 이야기했지요. 전문적인 용어로, 얼굴을 맞대듯이 하느님을 바라보는 순간을 '비지오 베아티피카 visio beatifica', 즉 '**지복직관**至福直觀'이라고 부릅니다. 자기가 가장 좋아하는 연예인을 만나는 순간이나 오랫동안 사랑한 이에게 멋진 사랑 고백을 받는 체험을 생각한다면 이 행복을 이해하기 쉬울 것입니다.

　아우구스티누스는 행복감이 순간으로 끝나지 않고 지속적으로 이루어지는 길로 우리를 초대합니다. 하느님과 우리의 만남이 이루어지는 지복직관을 희망하면서 걸어가라고 말입니다. 여러분도 함께 희망하며 이 길을 걸어 보도록 초대하면서 이번 강의를 마치겠습니다.

🧔 아우구스티누스는 생활에 대해 걱정이 없었던 것은 아니었을까요? 우리는 더 나은 생활을 위해서 아등바등하면서 살아가는데, 이런 삶은 참된 행복과는 거리가 먼 것은 아닌가요?

실제로 아우구스티누스는 이 세상에서의 편안한 삶이 우리에게 진정한 행복을 가져다주지 못한다고 했습니다. 그런데 그렇게 말한 아우구스티누스가 이 세상의 어려움을 체험하지 못해서가 아닐까 하고 생각한다면 그분의 생애를 다시 한 번 돌아볼 필요가 있습니다.

사실 아우구스티누스는 그다지 유복하지 못한 가정에서 자랐지만, 그 뛰어난 재능을 발휘해 나중에는 성공했습니다. 그는 밀라노 황실 수사학 학교의 교사로서, 부와 명예를 모두 가졌지요. 그런데 아우구스티누스는 행복하지 않았습니다. 그는 육체적 쾌락, 부와 명예, 심지어 주교라는 강한 권력에도 관심이 없었고, 그것에서 행복을 느끼지도 않았습니다. 물론 아우구스티누스도 현세적인 것을 완전히 무시하지는 않았습니다. 다만 이러한 것들이 자신의 목마름을 채워 주지 못한다는 것입니다. 아우구스티누스가 자신의 체험을 통해 도달한 것이 《고백록》에 나오는데, 그는 하느님과의 만남을 통해서 "아, 이것이야말로 참된 행복이구나."라는 깨달음을 얻었습니다. 따라서 아우구스티누스가 현실을 무시했다기보다는, 우리 일상의 노력과는 다른 층위에서 행복을 찾았다고 말할 수 있습니다.

🧔 영원한 진리, 하느님의 빛, 이런 것이 행복의 근원이라는 의미임은 알았습니다. 하지만 이런 가르침이 자칫하면 지상에서 열심히 사는 사람들을 나약하고 세속적으로 바라보는 것은 아닐까요?

사실 하느님을 향유하며 사는 것이 진정한 행복이라고 말하는 것과, 이 세상에서 열심히 살아가면서 가치 있는 일을 한다는 것은 아우구스티누스에게는 모순이 아니었습니다. 그리스도교에서는 하느님의 창조물 전체가 선하기에, 이 창조에 대한 질서를 계속해서 유지해야 한다고 합니다. 즉 세상을 발전시키는 작업은 잘못된 것이 아닐 뿐만 아니라, 우리에게 부여된 소중한 사명이라고 생각했습니다. 그래서 아우구스티누스는 세속적인 직업을 얻는 것을 권장하고, 오히려 그것을 질서에 맞게 하는 것이야말로 하느님의 창조 사업에 협조하는 것이라고 설명했습니다.

제8강에서 말한 바와 같이 우리가 사용해야 할 대상을 목적으로서 계속해서 움켜쥐기 때문에 문제가 되는 것이지, 그런 것들 자체가 잘못된 것은 아닙니다. 심지어 아우구스티누스는 자신의 체험을 들어 돈 자체가 나쁜 것이 아니라고 설명했습니다.

한번은 노예선이 들어왔는데 열악한 환경에서 고통받는 노예들이 아우구스티누스의 눈에 들어 왔습니다. 당시에는 노예에 대한 모든 권한이 그 주인에게 있었고, 노예를 사고팔 수도 있었기 때문에 돈이 있다면 노예를 사서 풀어 줄 수도 있었습니다. 그런데 아우구스티누스는 이미 자신이 쓸 수 있는 돈은 다 쓴 상황이었습니다. 심지어는 성작까지도 팔았던 모양입니다. 그래서 그는 그 옛날에 팔았던 성작이라도 있었다면 저 노예들을 구할 수 있을 텐데 하면서 안타까워했다고 합니다.

그렇다면 아우구스티누스가 문제가 된다고 보는 것은 무엇일까요? 많은 이가 노동이 굉장히 힘들다고 이야기하면서도, 보다 많은 돈을 벌기 위해서 계속 짐을 더 달라고 하더라는 것입니다.

"여러분의 수고를 내 눈으로 보고 있다. 얼마나 무거운 짐을 지고 사는지 안다. 여러분의 어깨에 얼마나 묵직한 자루가 메여 있는지도 안다. 그런데 더 한심한 일은 그 무거운 짐을 벗어 던지려 하지 않고 여러분은 자꾸만 더 얹어 달라고 조른다는 사실이다!"《설교집》164,2,4)

바로 이 집착에 대한 부분을 아우구스티누스는 경계합니다. 이미 자기가 짐을 충분히 지고 있음에도 불구하고, 더 큰 짐을 지겠다고 집착해서 쉬지도 못하고 달려가는 것을 비판한 것이지요. '피로 사회'라는 말이 있듯이 현대인들은 이러한 집착 때문에 과도한 노동에서 벗어나지 못하는 경우가 많습니다. 그렇기 때문에 만일 우리가 질서 있게 세상의 일을 해 나간다면, 두 마리 토끼를 다 좇을 수 있을 것입니다. 우리의 노동은 단순히 돈을 벌기 위한 것만이 아닙니다. 사회적인 나눔의 측면도 매우 중요합니다. 우리는 노동을 통해서 하느님과 이웃에 대한 사랑의 계명을 동시에 이룰 수 있습니다. 그렇기 때문에 아우구스티누스는 "세상에서의 노력이 필요 없다!"라고 하지 않았던 것입니다.

> 내면으로 들어가서 하느님을 소유하게 된 분들은 정말 행복할 것 같습니다. 그런데 그런 행복을 느끼는 분들이 과연 얼마나 될까요? 많은 사람들이 이루기 힘든 행복이라면 이런 행복은 오히려 사람들을 불행하게 하지 않을까요?

아우구스티누스가 제시한 행복이 너무나 멀고, 실현 가능성도 없다고 느껴질 수도 있습니다. 하지만 진정한 행복에 대해 말할 때 강조해야 할 것이 하나 있습니다. 여기서 말하는 행복은 갑자기 유토피아에 들어가거나, 엔도르핀이 과도하게 분비되어서 주체할 수 없는 상태를 뜻하는 것이 아닙니다. 아시시의 프란치스코San Francesco d'Assisi(1181년경~1226년) 성인을 예로 들어 볼까요? 그는 하느님에 대한 사랑이 정말 컸습니다. 그렇지만 그가 얼마나 큰 육체적인 고통을 느꼈는지 모르는 분들도 꽤 많습니다. 그는 오상五傷을 받으며 극심한 고통을 겪었고, 마지막에는 안질이 심해져서 그 고통을 견딜 수 없게 되자 불로 지지는 치료법을 받기도 했습니다. 이러한 고통을 받으면서도 프란치스코 성인은 〈태양의 노래〉를 부르며 죽음까지도 찬미할 수 있는 단계까지 올라갔습니다.

진정한 행복이 무엇인지 알았던 현대인으로 요한 바오로 2세John Paul II(1920년~2005년) 성인 교황님을 들 수 있습니다. 교황님은 선종하기 전, "나는 행복합니다. 여러분도 행복하십시오."라고 이야기했습니다. 그러면 많은 분들이 '저분이 교황님이니까 얼마나 행복했겠어?'라고 생각하겠지만, 교황님의 생애도 그리 순탄하지 않았습니다. 일찍이 가족들을 모두 잃었고, 고국 폴란드에서 제2차 세계 대전을 겪으면서 인간이 얼마만큼 잔인해질 수 있는지 체험했습니다. 1978년에 교황으로 선출된 후, 1981년에 일반 알현을 하다가 총을 맞았는데, 심장에서 1밀리미터 벗어난 곳에 총을 맞아서 사경을 헤매다가 겨우 살아났습니다. 그리고 선종하기 전, 마지막 10년 동안은 다양한 질병을 겪으며 계속 고통을 받았는데, 교황님은 마지막에 "나는 행복합니다."라고 했습니다. 여러 가지 어려움을 겪고 고통을 받으면서도, 희망을 가지고 얻을 수 있는 그런 행복은 하느님을 만나러 지복직관의 세계로 들어갈 때 얻게 되는 것은 아닐까 생각해 봅니다.

· 제10강 ·

절망, 불행, 고통은 하느님을 바라보게 하는 통과 의례인가?

고통과 번민, '길 잃은 사유思惟'는
아우구스티누스를 벼랑 끝으로 내몰았다.
영혼은 질식할 듯 헐떡였고 진리는 멀기만 했다.
그러나 절망과 불행의 의미를 거듭 새기면서
한 줄기 빛을 만났다.
바로 '신앙'이었다.
탐욕과 욕망에서 벗어나 드높이 바라보는 '눈부신 은총'!
하느님 사랑으로 절망을 이겨 내고
그 사랑의 힘으로 절망한 이웃을 보듬을 수 있다.
아우구스티누스의 가슴속에서
절망과 불행은
이렇게 사랑과 믿음의 행로에 자리했다.

절망, 불행, 고통은
하느님을 바라보게 하는
통과 의례인가?

　이번 강의는 명화와 함께 시작해 보겠습니다. 다음 그림은 프랑스의 유명한 사실주의 화가 구스타브 쿠르베Gustave Courbet(1819~1877년)의 〈절망에 빠진 남자〉입니다. 어떤 느낌이 드나요? 생각지도 못한 사람에게 배신을 당하거나 신념이 무너지는 데서 오는 절망처럼 보이나요? 아니면 답을 찾지 못해 방황하고 답답해하는 것처럼 보이나요? 이렇게 우리는 한 남자의 그림으로 여러 가지 인상을 받을 수 있습니다. 아우구스티누스도 이처럼 인생과 공부의 여러 고개에서 숱한 방황을 겪기도 했고, 불행과 절망에 가슴을 치기도 했습니다. 그런 혼돈 속에서 아우구스티누스가 찾은 해답의 실마리가 있습니다. 이번 강의에서는 '절망'이라는 주제로 아우구스티누스를 만나 보겠습니다.

구스타브 쿠르베, 〈절망에 빠진 남자〉

아우구스티누스에게 다가온 절망과 불행

실망과 절망을 거듭 체험한 아우구스티누스

절망은 우리 인생에서 가장 무거운 주제가 아닐까 싶습니다. 아우구스티누스도 어렸을 때부터 여러 가지 실망과 절망, 불행을 체험했습니다. 그러다가 마니교에 빠졌을 때는 마니교가 진정한 진리를 가져다주리라고 기대했습니다. 그런데 마니교의 스승들이 자신의 질문에 대답해 주지 못한다는 것과, 그들이 금욕을 주장하면서도 실제 생활은 그렇지 못하다는 점에 실망했습니다. 이런 실망감이 쌓이면서 아우구스티누스는 회의주의에 빠졌습니다.

하지만 밀라노에 도착해서 신플라톤주의를 배우고 암브로시우스를 만나면서 아우구스티누스의 길은 분명해졌습니다. 그런데 그때부터 더 큰 위기가 다가왔습니다. 신실했던 어머니 모니카마저도 아들의 성공과 명예에 눈이 멀어, 아우구스티누스의 내연의 처이자 아데오다투스의 엄마인 여인을 강제로 떼어 버리고 아우구스티누스를 귀족 가문의 딸과 약혼시켰습니다. 그러나 그 약혼녀의 나이가 열 살에 불과했기에 기다려야 하는 시간을 참지 못하고 그는 욕정의 노예가 되어 딴 여자를 두었습니다. 아우구스티누스는 내연의 처를 잃은 고통이 위로받기는커녕 오히려 상처 위에 더 큰 불행이 덕지덕지 덧씌워졌다고 이야기합니다. 그러나 이것은 서곡에 지나지 않았습니다.

다른 사람들이 볼 때는 성공한 밀라노 황실 수사학 학교의 교사였지만, 정작 아우구스티누스의 마음은 점점 공허해졌습니다. 그는 황제가 훌륭하다고 시민들을 속여야 하는 황실 대변인도 겸하고 있었던 것입니다. 황제가 틀렸음을 아는데도 불구하고, 자신의 명예와 부를 유지하려면 거짓을 행할 수밖에 없는 상황에 그의 가슴이 찢어졌습니다. 어느 날 아우구스티누스는 이를 잊어버리기 위해 과음을 했고 반쯤 취한 상태로 밀라노 거리를 걷고 있었습니다. 그런데 그때 한 거지의 노랫소리가 들렸습니다. 아마 우리말로 번역하면 "이래도 한 세상~ 저래도 한 세상~" 정도가 될 것 같습니다. 자신은 부와 명예를 다 쥐고 있는데도 행복하지 못한데, 저 거지는 아무것도 가진 것이 없는데도 행복해 보이는 것이었습니다.

아우구스티누스의 회심, "집어서 읽어라."

　외적으로는 행복해 보였지만 내적으로 점점 힘들어지자, 아우구스티누스는 암브로시우스가 추천해 준 바오로 사도의 서간을 읽었습니다. 그는 서간을 읽으며, 영과 육의 싸움에 대해 설명하는(갈라 5,17 참조) 바오로 사도야말로 현재 자신이 처한 상황을 완전히 이해하는 인물이라고 생각했습니다. 이렇게 자신이 가야 할 방향은 분명해지고 있었지만 명예와 육체적인 쾌락을 추구했던 습관이 다시 그를 끌어당겼습니다. 그의 마음 안에서는 두 가지 의지가 충돌했습니다. 아는데도 행하지 못하는 그 갈등 속에서 아우구스티누스는 좌절했습니다. 그는 "도대체 주님, 언제까지입니까? …… 내일 또 내일입니까? 왜 지금은 아닙니까? 어째서 바로 이 시각에 저의 추접을 끝장내지 않으십니까?"《고백록》 VIII,12,28)라고 울부짖었습니다.

　그런데 그다음에 아우구스티누스에게 있어 아주 중요한 사건이 벌어졌습니다. 아우구스티누스는 "톨레, 레게tolle, lege.", 즉 "집어서 읽어라." 하는 소리를 듣고 읽게 된 성경 구절을 통해 회심에 이르렀습니다.

　밤이 물러가고 낮이 가까이 왔습니다. 그러니 어둠의 행실을 벗

회심하는 아우구스티누스

어 버리고 빛의 갑옷을 입읍시다. 대낮에 행동하듯이, 품위 있게 살아갑시다. 흥청대는 술잔치와 만취, 음탕과 방탕, 다툼과 시기 속에 살지 맙시다. 그 대신에 주 예수 그리스도를 입으십시오. 그리고 욕망을 채우려고 육신을 돌보는 일을 하지 마십시오. (로마 13,12-14)

지금까지 아우구스티누스가 겪었던 절망과 불행에 대해 이야기했는데요, 이것이 우리에게 시사해 주는 바는 과연 무엇일까요? 지금부터 그것을 짚어 보겠습니다.

절망과 불행의 의미는 무엇인가?

아우구스티누스가 바라본 고통의 의미

절망이나 불행을 좋아하는 사람은 아무도 없습니다. 아우구스티누스도 벗어나고 싶어 발버둥을 쳤습니다. 그런데 한번 빠진 절망으로부터 벗어나기란 결코 쉽지 않았습니다. 그럼에도 아우구스티누스는 《고백록》에서 불행과 절망이 자신이 여태까지 살아온 삶을 되돌아볼 수 있는 계기를 만들어 주었다고 말합니다.

그리스도교에서는 마치 고통이 무언가 더 좋은 일로 이끌어 주는 사전 단계라고 이야기하는 경우가 있습니다. 그리스도교에서 고통을 긍정적으로 평가하려는 것은 초기의 순교 체험에서 강한 영감을 받은 것으로 추정됩니다. 그리스도교의 어떤 교부는 '십자가'와 '부활'에 빗대어 고통을 긍정적으로 해석합니다.

> 아픔과 괴로움의 왕관은, 아픔과 괴로움에 대한 인내가 앞서지 않는다면, 결코 받을 수 없기 때문입니다. (치프리아누스, 《인내의 선》 X, 27ff.)

그런데 아우구스티누스는 여기서 조금 더 나아갑니다. 고통이나 불행이 하느님이 우리를 올바른 길로 이끌기 위한 목적으로 시험을 하시거나 개선을 위한 교육적인 도구로 사용하실 수도 있다는 해석을 발전시킵니다. 하느님이 고통을 통해서 장차 다가올 유혹에서 인간을 보호하고 인간의 인내를 키우며, 그의 신앙을 정화한다는 것입니다.

이것은 일반적으로 이해하기 힘든 부분일 수도 있습니다. 전혀 고통을 당해 보지 않은 사람들이 갑자기 고통을 당하면 이를 더 크게 느끼고, 그것을 이겨 내지 못하고 좌절하는 경우가 있습니다. 저도 유학 시절에 경험한 것이 있습니다. 한국에서 엘리트로 승승장구하던 사람들이 유학 와서 오히려 좌절을 맛보는 모습을 보았습니다. 그러나 야단도 맞고 실패도 해 본 사람들이 유학 생활에 훨씬 더 잘 적응하는 모습도 보았습니다. 예전에 어려움을 겪은 경험이 있는 유학생들이 쉽지 않은 유학 생활을 더 잘 이겨 낼 수 있었던 것입니다.

그런데 여기서 주의해야 할 것은, 아우구스티누스가 고통을 무조건 미화한 것은 아니라는 사실입니다. 아우구스티누스는 고통이나 불행 자체는 극복되어야 하지만, 그것을 잘 분별해야 한다고 말했습니다. 고통을 잘 분별한다는 것은, 없어져야 하는 고통도 있고 없앨 수 있는 고통도 있지만, 어떤 고통은 인간의 힘만으로 아예 없앨 수 없음을 아는 것입니다.

절망의 다양한 원인들

그렇다면 없앨 수 없는 고통과 절망은 대체 무엇일까요? 먼저 **질병**이 있습니다. 아우구스티누스도 두 번이나 지독한 질병에 시달린 적이 있었지요. 한번은 어렸을 때 죽을 뻔해서 거의 대세받기 직전까지

간 적이 있었고, 또 한번은 어머니 모니카를 카르타고에 두고 로마로 갔을 때의 일입니다. 배를 타고 가다가 지독한 열병에 걸려 죽음의 골짜기까지 갔다가 빠져나온 적이 있었습니다.

물론 육체적인 질병은 의사의 치료를 통해 도움을 받아 극복할 수도 있습니다. 하지만 질병이 확실히 나을 수 있다는 보장이 없다면, 질병은 우리를 큰 절망에 빠뜨리고 불행으로 이끄는 위험 요소인 셈입니다.

또 다른 절망의 원인으로 회의와 마음의 갈라짐을 들 수 있습니다. 요즘 청년들이 힘들어하는 이유 중 하나가 자신이 어느 길로 나아가야 하는지 모르기 때문입니다. 어떤 직업을 선택하는 것이 좋을지, 결혼을 언제 해야 하는지 고민하곤 합니다. 게다가 외적인 것도 힘들지만 마음 안에서는 외부에서보다 더 갈라지고 찢어지는 고통을 경험합니다.

> 저의 두 의지, 하나는 묵었고 하나는 새것, 전자는 육적이고 후자는 영적인 두 의지가 저희끼리 맞부딪치고 어긋나며 저의 영혼을 갈가리 찢어 놓았습니다. 《고백록》 VIII,5,10

아우구스티누스처럼 한쪽 의지와 다른 쪽 의지가 서로 반대로 달려가며 고통스러워하는 사람들이 많습니다. 드라마 〈도깨비〉에서 도깨비가 무로 돌아가지 않으면 도깨비 신부가 죽고, 도깨비 신부가 살기 위해서는 도깨비의 검을 뽑아야 하는 내용이 나옵니다. 이와 같이 떠나고 싶지만 떠날 수 없는 마음이 바로 외적인 고통보다 더욱 어려운 경우입니다. 회의와 마음의 갈라짐이 이런 의미에서 절망을 가져오는 것이지요.

아우구스티누스는 절망의 또 다른 원인이 **탐욕**에 있다고 말합니다. 그는 《설교집》에서 다음과 같은 비유를 들어 설명합니다. 어떤 사람이 항해하다가 위험에 빠졌을 때 하느님께 살려 달라고 외친다면, 아우구스티누스는 하느님이 이렇게 말씀하실 것이라고 말합니다.

> 하기야 그대에게는 이력이 났겠지만, 바닷길에 폭풍이 인다. "주님, 저를 살려 주소서!" 주님이 대답하시는 말씀. "너를 구해 줘야 한다고? 무엇 때문에? 너를 인도까지 보낸 것이 나란 말인가? 널 보낸 건 탐욕이다. 너한테 없는 걸 구해 오라고 탐욕이 널 보내지 않았더냐?" 《설교집》 164,3,5)

쉽게 말해 "내가 그 먼 곳으로 보물을 찾으러 떠나라고 했느냐? 네가 탐욕이 있어서 보물섬을 찾다가 폭풍우를 만나고 나서는 왜 내게 살려 달라고 외친단 말이냐?"라고 묻는 것입니다. 아우구스티누스는 과연 절망과 불행을 오로지 하느님의 탓으로 돌릴 수 있는지 반문했던 것입니다.

한편 아우구스티누스는 다양한 직업을 지닌 이들이 탐욕 때문에 위험에 처한다는 사실을 적나라하게 고발합니다. 현대에도 그대로 적용될 수 있을 정도로 부를 축적하는 이들의 대명사인 변호사, 의사, 사업가 등이 고발 대상이라는 것이지요(《시편 상해》 LXX,17-18 참조). 아우구스티누스가 그들을 비판하는 이유는 그들의 부유함 때문이 아니라, 그들이 자기의 탐욕이 이끄는 방식으로 활동하면서 오만해지고, 하느님과 공동선을 무시하기에 이르기 때문입니다(《신국론》 20,3 참조). 그러면서 한편으로는 돈을 많이 버는 직업이 아니더라도 돈을 더 탐욕스럽게 취하려고 한다면, 그 탐욕이 절망과 불행을 자동적으로 불러올 것이라는 점을 지적합니다.

절망의 원인으로 또 들 수 있는 것은 **고독**입니다. 자신이 즐겁고 행복할 때는 주위에 친구들이 많이 있습니다. 그런데 너무 힘든 일이 생겨서 그 이야기를 친구들에게 하려고 하면, 그렇게 친했던 친구들과 연락하기 어려운 경우가 있습니다. 때로는 그런 친구들이 마음이 없는 것이 아닌데도 도와주지 못하는 경우도 있습니다.

어떤 철학자들은 '불행의 주관성'이라는 이야기를 합니다. 자신의 힘든 상황과 고통을 다른 사람들은 이해하지 못한다는 것입니다. 어머니 모니카가 죽었을 때 아우구스티누스는 눈물이 차올랐지만 꾹 참았습니다. 그런데 사람들은 그가 슬퍼하지 않는다며 어머니를 사랑하지 않는다고 생각했지요.

그 치열한 아픔을 저는 진리의 향유로 가라앉히고 있었습니다만

그 고통은 당신만 아실 뿐 다른 사람들은 알지 못했고, 그러기에 그
들은 제 말을 주의 깊게 들으면서도 제게는 고통의 감정이 없다고
생각하는 참이었습니다. …… 저희 인간 조건에 정해진 질서와 운
명에 의해서 필연적으로 일어나게 마련이지만, 저는 저의 고통을
또 다른 고통으로 괴로워하고 있었고 이중의 슬픔에 시달리고 있었
습니다. 《고백록》 IX,12,31)

어느 정도를 넘어선 슬픔 앞에서는 눈물도 잘 나오지 않음을 겪어 본 사람은 알 수 있습니다. 저 또한 어머니를 잘 보내 드리고 나서 돌아와 텅 빈 방을 봤을 때에야 눈물이 쏟아졌습니다. 이처럼 절망 속에서 다가오는 고독은 또 다른 의미에서 더 큰 어려움을 가져다줍니다.

어떻게 절망을 극복할 수 있는가?

육체적인 것으로부터 벗어나는 작업

그렇다면 우리는 절망을 어떻게 극복할 수 있을까요? 아우구스티누스는 먼저 원론적인 이야기로 시작합니다. 그는 탐욕스럽게 모든 것을 움켜쥐려는 순간, 아무리 많은 것을 얻어도 궁극적으로 다시 불행해질 수밖에 없다고 말합니다. 따라서 육체적인 것, 세속적인 것으로부터 벗어나는 작업을 해야 한다고 하면서, 이를 위해서는 훈련하는 과정이 필요하다고 말합니다. 그러면서 영혼의 건강을 위해 시간을 낼 것을

제안합니다.

요즘 운동을 하기 위해 헬스클럽에 다니는 사람들이 많습니다. 혹은 집에 운동 기구를 사놓고 운동하기도 합니다. 그렇지만 영혼의 건강을 위해서는 따로 시간을 내지 못하는 것 같습니다. 아우구스티누스는 따로 시간을 내서 감각의 속박으로부터 자유로워지는 과정이 필요하다고 제안합니다. 그리고 이러한 영혼의 정화 과정을 통해서야 초월적인 하느님의 신비를 이해할 수 있다고 주장합니다(《고백록》 VII,17,23 참조).

하지만 아우구스티누스도 이 과정이 얼마나 힘든지 알고 있었습니다. 그는 오랫동안 익숙해진 육체적인 습관으로부터 벗어나는 어려움에 대해 《고백록》에서 아주 상세하게 이야기합니다.

> 나는 아직도 죽음의 삶을 죽이고 참된 삶을 살기를 망설였던 것입니다. 그것은 아직 경험해 보지 못한 선보다는 습관화된 악이 나를 더 강하게 지배하고 있었기 때문입니다. 그리하여 내가 새 존재가 되려는 순간이 가까이 올수록 더 큰 두려움이 나를 엄습했습니다. (《고백록》 VIII,11,25)

그런데 아우구스티누스의 이야기를 너무 극단적으로 받아들인 나머지 세속적인 욕망에서 벗어나겠다며 가진 모든 것을 버려서는 안 됩니다. 인간은 '현세 생활을 위해서 불가결한' 사물들을 이용하는 것을 포기할 수 없습니다. 다만 아우구스티누스는 이런 것들에 너무 매여 있지 말라고 경고하는 것입니다.

절망을 극복하게 하는 은총의 힘

이 모든 것이 어렵다는 것을 알았던 아우구스티누스는 다음과 같은 결론에 도달합니다. 사실 죄로 떨어져서 잘못을 저지르는 데에는 특별한 것이 필요하지 않습니다. 자유 의지 하나로 나쁜 짓을 할 수 있지요. 그렇게 의지가 악해지고 영혼이 병들고 난 다음에는 회복이 어려워집니다. 건강할 때는 잘 먹고 잘 걷기만 해도 건강을 유지할 수 있는데, 건강을 잃고 난 다음에는 아무리 잘 먹고 잘 자도 쉽게 회복되지 않습니다. 우리의 영혼도 마찬가지여서, 건강하지 못한 영혼이 의로움으로 돌아오는 데에는 **하느님의 은총이** 필요하다고 아우구스티누스는 말합니다.

> 죄에 떨어지는 데는 인간을 타락시키는 자유 의지만으로 충분하다. 그렇지만 의로움으로 돌아오는 데는 건강치 못하므로 의사가 필요하고, 이미 죽은 몸이므로 살려 줄 분이 필요하다. 《본성과 은총》 23,25)

이것이 아우구스티누스의 체험이었습니다. 완전히 무기력해 있을 때 놀랍게도 그 안에서 '내적 교사'가 자신을 회복시켜 주었다는 것입니다. 그래서 아우구스티누스는 인간의 구원과 죄를 극복하기 위해서는 하느님의 은총이 반드시 필요하다고 역설합니다.

은총에 대한 펠라지우스와의 논쟁

아우구스티누스가 이런 주장을 펼치고 있을 때 카르타고에 연설을 기가 막히게 잘하는 설교가가 등장했습니다. 펠라지우스Pelagius(360년경~418년경)라는 사람인데, 그는 스코틀랜드부터 설교 여행을 와서 로마를 완전히 휩쓸고 이제 북아프리카까지 넘어온 것이었습니다. 그런데 펠라지우스는 아우구스티누스의 설교에 동의할 수 없었습니다. 아우구스티누스의 설교는 굳이 표현하자면 '기승전 은총'이었습니다. 그런데 펠라지우스가 볼 때 아우구스티누스처럼 은총만으로 다 된다고 한다면 은총이 너무나 값싼 것으로 전락하는 것 같았습니다.

그리하여 펠라지우스는 세례를 통해 구원을 받았으니 자유롭게 살아야겠다는 사람들을 꾸짖었습니다. 그러면서 하느님의 은총이라는 이름에 힘입어 올바른 행실을 하지 않는다면 절대로 구원을 받지 못한다고 했습니다. 은총만을 강조한다면 인간 노력의 가치가 사라지기 때문입니다.

또한 펠라지우스는 아우구스티누스가 정립한 원죄론을 날려 버리려고 했습니다. 그는 "모든 사람이 아담으로부터 죄의 본성을 물려받았다는 것은 인간의 모든 노력을 송두리째 없애 버리는 것이 아닌가?"

하는 비판적 질문을 제기했습니다. 펠라지우스에 따르면, 죄가 널리 퍼지게 된 것은 아담이 끔찍한 예를 만들어 놓은 이후 발생한 사회적 습관의 결과 때문이라는 것입니다. 그래서 그는 인간의 본성은 원죄 이후에도 그대로 남아 있으며, 자신의 공로에 따라서 하느님의 은총을 받을 수 있기에, 열심히 노력한 만큼 은총을 받아 행복해질 수 있다고 설명했습니다.

아우구스티누스와 논쟁한 펠라지우스

아우구스티누스와 펠라지우스의 논쟁은 불가피했습니다. 아우구스티누스도 인간의 자유 의지가 중요하고 인간의 노력도 필요하다는 것을 인정했습니다. 다만 펠라지우스의 주장대로 은총이 뒤따라오는 것일 뿐이고 인간의 힘만으로 구원받을 수 있다면 그 안에는 위험한 '자기 구원론'이 숨어 있다는 것이었습니다. 죄인들을 구원하기 위한 '예수 그리스도의 십자가와 부활'이 펠라지우스의 이론에서는 아무런 힘을 가질 수 없게 된다는 것이지요. 우리의 공로와 노력에 대한 계산서를 하느님께 요구할 수 없다는 것이 아우구스티누스 자신의 체험과 성경에서의 가르침을 통해 얻은 그의 최종적인 결론이었습니다.

절망과 불행을 함께 나누고 은총을 믿으며

> **시몬 베유**
> 프랑스의 신비주의자이자 철학자. 제2차 세계 대전 때 레지스탕스에 참여했으며, 프랑스와 영국의 사회 사상에 영향을 미쳤다. 저서로는 《중력과 은총》, 《신을 기다리며》, 《압박과 자유》 등이 있다.

우리는 무조건적으로 고통과 불행을 가지고 살아야 할까요? 우리의 삶을 돌아보면 사랑하는 사람이 많아지면 많아질수록, 절망하거나 불행하거나 마음이 아플 일들이 자주 생깁니다. 고통을 가장 적게 받는 방법은 다른 종교에서 가르치듯 인연을 맺지 않거나 누구도 사랑하지 않는 것일지도 모릅니다. 그러나 그리스도인은 그렇게 할 수 없습니다. 프랑스의 철학자 시몬 베유Simone Weil(1909~1943년)는 아우구스티누스의 정신을 이렇게 대변합니다. "만일에 정말로 고통받지 않기 위해서 아무도 사랑하지 않는다면, 즉 우리가 사랑하기를 그쳤을 때 하느님은 존재하지 않게 된다는 것입니다."

> **제주 4·3 사건**
> 1947년 제주도에서 남한 단독 정부 수립을 반대하던 주민에게 군경이 발포하고 그들을 무력 진압하여 무장 봉기가 발생했다. 이에 대한 군경의 초토화 작전으로 무고한 주민들이 많이 희생되었다.

오늘날에도 극도의 고통을 받는 사람들이 많습니다. 우리나라의 경우 오랜 시간이 지났음에도 불구하고 제주 4·3 사건이나 5·18 광주 민주화 운동이나 2014년에 일어난 세월호 침몰로 인한 고통은 아직도 지속되고 있습니다. 그럴 때 우리는 이미 끝난 일이니 그만두라고 할 수 없습니다. 정말로 그 고통을 느끼는 사람이라면, 고통을 겪는 그분들 옆에 조용히 서서 하느님이 그 옆에 계심을 조금이라도 체험할 수 있게 해 주어야 합니다. 그렇게 하지 않으면 절망과 불행으로부터 완전히 벗어날 수 있는 은총이라는 말은 공허할 수밖에 없습니다. 우리가 은총을 믿으면서 함께 사랑을 나누기 시작할 때 절망과 불행이라는 짐을 나눌 수 있는 것입니다.

> **5·18 광주 민주화 운동**
> 1980년 5월 전남 및 광주 시민들이 군사 독재에 반대하여 계엄령 철폐, 민주 정치 지도자 석방 등을 요구하며 벌인 민주화 운동. 전두환이 지휘한 신군부로 인해 수많은 시민들이 참혹하게 살해되었다.

아우구스티누스가 절망과 불행을 이야기한 것도 바로 그 길을 함께 걷기 위해서였습니다. 그는 사랑의 사도이자 주교로서, 회개한 장 발장처럼 남은 생을 절망하는 이들과 함께 걸었습니다. 아우구스티누스를 통해 여러분도 절망과 불행을 극복하기 위한 작은 단서를 얻었기를 바랍니다.

🧔 고통이나 불행이 어떤 의미에서 더 큰 은총을 받게 해 주려는 담금질처럼 이해가 되는데, 당장 지금의 고통에 허우적거리는 사람에게는 너무 가혹한 것이 아닐까요?

아우구스티누스에 관한 강의가 아니라면 이런 주장을 펼치기가 매우 망설여집니다. 그렇지만 아우구스티누스는 너무나 분명하게 써 놓았습니다. 명시적으로 고통과 불행이 하느님이 주신 교육이나 단련을 위한 수단이라는 것입니다. 물론 어떤 이들은 "하느님은 견딜 수 있을 만한 고통만 허락하신다."라고 충고합니다. 하지만 그러면 이해하기가 더 힘들어질 수도 있습니다. "아니, 무슨 견딜 만한 고통이야? 당신이 한번 겪어 보시지!"라고 외치고 싶은 사람도 있을 것입니다. 이런 마음은 충분히 공감하지만, 모든 고통이나 불행을 하느님이 쓰시는 교육이나 훈련시키기 위한 고통이라고 생각할 필요는 없다고 조심스럽게 이야기하고 싶습니다.

때로는 이런 고통도 있습니다. 국민들이 존경하고 열광하는 사람들, 예를 들어 2010년 벤쿠버 동계 올림픽에서 금메달을 딴 김연아 선수의 발을 본 적이 있나요? 발이 다 일그러질 정도의 고통을 겪어 냈기 때문에 이루어 낼 수 있었던 부분이 분명히 있습니다. 그러나 모든 고통이나 불행을 시련과 개선으로 이야기할 수 없는 경우가 많습니다.

이와는 다르게 질병으로 인한 고통이나 죽음이 다가오는 고통 등 우리가 아무리 노력해도 막을 수 없는 고통이 있습니다. 이런 고통을 어떻게 할 것인지가 아우구스티누스가 고민한 부분 중 하나였습니다. 아우구스티누스는 이 문제에 대해 "하느님의 전능은 고통을 모두 없애 버리는 것이 아니라, 때로는 악조차도 선으로 바꾸실 수 있다는 것에서 드러난다."라고 답합니다. 탐욕스러운 사람들이 실패를 겪지 않는다면 아무것도 모르고 죽을 때까지 욕심을 부릴지도 모릅니다. 그러나 그들이 실패를 겪고 고통을 받으면서 자신의 잘못을 깨닫고 돌아선다면, 이것이 선이 될 수 있다는 의미입니다. 또한 고통받는 사람 옆에서 그의 고통을 덜어 주는 손길을 내민다면, 그것 역시 고통이 또 다른 의미의 선으로 바뀌는 계기가 되지요. 자신을 성찰하거나 죽음을 앞두고 고통 속에서 변화될 수 있는 경우가 있기 때문에 그런 예를 들지 않았을까 생각해 봅니다.

불경한 생각일 수도 있지만, 불행을 극복하고 고통을 이겨 내는 것도 인간인 것 같습니다. 우리가 울고 있을 때 하느님이 은밀히 우리 옆에 계셨다는 이야기는 결국 인간의 의지에 하느님이 숟가락만 얹으시는 것은 아닐까요?

인간의 본성은 아담의 죄 때문에 다 망가지지 않았고, 노력을 통해 인간이 모든 것을 스스로 해 나갈 수 있다는 펠라지우스의 말이 더 매력적으로 다가올 수도 있습니다. 하지만 모든 것이 무너지는 체험을 했던 아우구스티누스는 구원까지도 스스로 이루겠다는 생각은 그리스도교에 담을 수 없는 내용임을 강조하고 싶었던 것입니다. 그런데 그가 이렇게 이야기하는 것은 인간의 노력을 없애자는 것이 아님을 기억해야 합니다. 아우구스티누스는 자유 의지나 인간이 스스로 결정하는 것의 중요성을 인정하고 있었습니다.

아우구스티누스의 생각은 만일 자신의 의지가 강하거나 무언가를 잘해서 자랑할 것이 있다면, 그것조차도 하느님이 주셨다는 것이었습니다. 예를 들어, 저는 비교적 암기력이 뛰어난 편이었습니다. 좋은 기억력을 가지고 열심히 공부한 것은 저의 노력인데, 생각해 보니 좋은 기억력을 갖게 되는 데에는 제가 노력한 것이 하나도 없었습니다. 이런 의미에서 제가 자랑할 것이 있다고 한다면, 그것은 제 것이 아니라는 것입니다. 아우구스티누스는 《고백록》에서 스스로 해 보려고 한 것은 다 실패했는데, 하느님께 되돌아가게 되었을 때 모든 것을 하느님이 주셨음을 알게 되었다고 이야기합니다. 자유 의지를 통해 올바른 결단을 내리게 된다면 그전에 이미 은총이 들어와 있다는 사실을 그는 고백하는 것입니다.

이처럼 은총과 자유 의지 모두를 인정하는 부분은 펠라지우스와 공유할 수 있지만, 더 깊은 차원에서 아우구스티누스는 은총을 더 강조합니다. 요약하자면, 하느님은 인간의 자유 의지를 없애 버리고 원하시는 대로 끌고 가는 것이 아니라, 인간이 자유 의지를 잘못 사용했을 때에도 계속해서 기다려 주신다는 것입니다.

불행을 겪다 보면 이겨 내려고 노력하다가도 다시 절망에 빠지는 경우가 너무 많습니다. 우리가 절망과 불행을 이겨 내고 굳세게 나아가려면 어떻게 해야 할까요?

아우구스티누스의 제자들도 같은 질문을 했습니다. "계속해서 다시 쓰러질 때 어떻게 하는 것이 도움이 되나요?" 아우구스티누스는 세 가지를 제안합니다. 바로 사랑과 성경과 모범인데, 사랑은 맨 처음에 내딛는 길입니다. 제 친구가 유학 생활을 할 때 쓴 일기장을 보여 준 적이 있었습니다. 그는 엘리트였는데, 몇 년이 지나도 학업의 끝이 보이지 않고, 더 이상 칭찬도 받지 못하는 상황에 좌절해서 고속 열차의 철로에 뛰어들려고 했답니다. 그런데 그때 갓 돌이 지난 딸의 얼굴이 떠올랐다고 합니다. 딸의 얼굴이 떠오르는 순간 살아야 되겠다는 생각을 한 것이지요. 그래서 마음을 다잡고 내려왔다는 이야기가 눈물이 섞인 일기장에 담겨 있었습니다. 지금 그 친구는 잘 살고 있으며, 딸도 엄마 아빠의 사랑을 받으며 열심히 공부하고 있습니다.

이처럼 맨 처음 고통과 좌절을 이겨 내려는 힘은 사랑입니다. 하지만 사랑이 계속 견뎌 낼 수 있는 힘이 되지는 않습니다. 그럴 때 힘을 주는 것이 성경입니다. 아우구스티누스가 굉장히 즐겨 읽고, 주해까지 했던 성경은 시편입니다. 그런데 시편에는 좋은 내용만 쓰여 있지 않습니다. 원수들이 둘러싸고, 죽음의 골짜기를 거닐고, 원수들에게 불을 내려 달라고 호소하는 내용도 포함되어 있습니다.

우리는 고통에 대해 공감해 주는 시편을 통해서 위로를 얻을 수 있습니다. 성경은 또한 우리의 생각을 바꾸고, 우리가 가야 할 방향을 제시해 줍니다.

그래도 성경이 멀게 느껴질 때 도움이 되는 것은 모범이 되는 사람들의 생활입니다. 우리는 아우구스티누스를 바라보면서도 도움을 받을 수 있습니다. 또는 역경을 이겨 낸 순교자들이 모범이 될 수도 있습니다. 이것마저도 너무 거창하게 느껴진다면, 더 가까이에서 찾을 수도 있습니다. 저희 집안의 모범은 할머니인데, 중림동 약현 성당에서 총회장까지 했던 할아버지가 쓰러져서 17년 동안 중풍을 앓았습니다. 그런데 할머니는 단 한 번도 불평하지 않고 정성을 다해 할아버지를 돌보아 주었을 뿐만 아니라, 85세까지 저희 여섯 남매의 도시락을 싸 주며 저희를 길러 주었습니다. 꿋꿋이 인내하며 사랑을 베푼 할머니는 제게 항상 힘이 됩니다. 이렇게 가까운 곳에서 절망을 이겨 낸 분들을 작은 모범으로 삼는다면, 어려움을 헤쳐 나갈 수 있는 위안이 될 것입니다.

· 제11강 ·

죽음,
그 이후의 세상

그 누구도 죽음을 피해갈 수 없다!
그렇다면, 죽음 이후에 남는 것은 무엇인가?
죽음 그 너머의 세계는 과연 존재하는가?
비록 죽음은 필연이지만,
그것은 육체의 스러짐일 뿐, 영혼은 불멸한다!
그리고 육체를 벗어난 영혼은
'하느님이 약속하신 참된 세상'으로 나아간다!
이렇게 아우구스티누스는
영혼의 불멸과 사후의 세계를 확신했다.
그리고 그는 죽음 그 너머의 세상은
지상에서 지은 죄와 연관이 깊다고 믿었다.
심오한 이성과 그리스도교의 가르침이
정결한 신앙과 깊은 사유 안에서 하나로 이어진다.
아우구스티누스는 지금 우리에게 말한다.
"죽음을 잊지 말고 오늘의 삶에 최선을 다하시오!"

죽음,
그 이후의 세상

 우리는 죽음을 직접 경험하지 못합니다. 그런데 철학자들은 왜 죽음에 대해 끊임없이 고민하고 연구할까요? 철학은 이성적으로 생각하는 것이고, 논증이 되려면 이성의 범위에서 해야 할 것 같은데, 왜 철학이 죽음에 대해서 이야기하는지 의아할 수도 있습니다. 그렇기 때문에 많은 경우, 이에 대한 답을 종교에 기대하게 됩니다.
 그런데 종교가 주는 답은 때로는 휴거와 같은 종말론이나 자신들만 구원된다는 배타적인 구원론 등 그것을 믿는 집단에서만 통용되는 주장인 경우가 많습니다. 하지만 죽음은 특정 집단에서만 겪는 것이 아니라 모든 인간이 예외 없이 겪습니다. 그래서 철학하는 사람들이 죽음에 대해 질문하게 되는 것입니다.
 이처럼 죽음이라는 주제는 많은 이들에게 궁금증과 의문을 불러일으킵니다. 그렇다면 아우구스티누스는 죽음에 대해 어떻게 생각했을까요?

죽음이란 무엇인가?

드라마 〈도깨비〉를 보면 한 사람이 몇 날, 몇 시에 죽는지 나옵니다. 여러분도 궁금하지 않나요? 하지만 언제 죽는지 알게 되면 우리의 마음은 더 불안해질 것 같습니다. 인간은 자신이 언제 죽는지 알지 못하지만, 모두 죽는다는 사실만큼은 분명합니다. 이런 의미로 아우구스티누스는 인간에 대한 유명한 정의를 조금 바꾸어 놓았습니다. 이전까지 가장 유명한 인간에 대한 정의는 아리스토텔레스의 '인간은 이성적 동물'이었는데, 아우구스티누스는 여기에 '모르탈레mortale'라고 하는 '사멸하는, 죽어서 사라지는'이라는 단어를 추가했습니다. 즉, '인간은 죽어서 사멸하는 이성적 동물'이라는 것이지요. 이는 인간을 이해하는 데 있어서 죽음을 앞두고 있다는 사실을 생각하는 것이 매우 중요함을 알게 해 줍니다.

죽음이 지닌 의미

아우구스티누스는 삶이란 죽음으로의 점진적인 굴복이어서, 우리는 우리에게 할당된 나날 중 한 부분을 매일 죽음에 바치고 있다고 《신국론》에서 밝힙니다. 또한 《고백록》을 통해 자신이 회개하기까지 오랜 시간이 걸렸기 때문에 회개의 길로 하느님의 품에 나아가지 못하면서도 매일 하루하루를 잃어가는 자신의 처지를 안타깝게 여깁니다.

저는 주님께 돌아서기를 마냥 늦추고 있었고, 당신 안에 살기를 차일피일 미루면서도 제 안에서 날마다 죽어 가기는 미루지 않았습니다. 《고백록》 VI,11,20)

로마의 정치가, 세네카

그렇다고 우리가 죽을 수밖에 없는 존재라는 것이 부정적인 의미만 가진 것은 아닙니다. 죽음을 앞두고 있다는 것이 오히려 '삶의 의미가 무엇인지' 질문하게 만들기 때문입니다.

아우구스티누스가 좋아했던 로마 철학자 중 한 명인 **세네카**Seneca(기원전 4~기원후 65년)는 다음과 같이 이야기했습니다. "사는 방법은 일생을 통해서 배워야만 한다. 그리고 불가사의하게 여겨지겠지만, 아마도 사는 것 이상으로 평생을 통해서 배워야 할 것은 죽는 일이다. 우리가 타고난 인생이 짧은 것이 아니라 우리가 그것을 짧게 만드는 것이다. 우리에게는 인생이 부족한 것이 아니라 우리가 인생을 낭비하는 것이다. 우리의 일생도 알맞게 잘 쓰는 사람에게 그 폭이 두드러지게 넓어지는 법이다." 오늘날 우리도 '평생 교육'과 같은 말을 쓰고 있는데, 세네카는 우리가 평생을 바쳐서 배워야 하는 것은 죽는 일이라고 한 것입니다.

> **세네카**
> 스페인의 코르도바에서 출생한 로마 제정 시대의 정치가이자 후기 스토아학파의 철학자. 젊은 시절부터 웅변가로서 명성을 날렸으며 네로 황제의 스승이 되었지만, 이후 황제의 명령으로 자살했다.

그렇다면 죽는 일을 배운다는 것은 무슨 뜻일까요? 오늘날 '웰다잉well-dying'이라고 해서 잘 죽는 것에 사람들이 관심이 많은데, 관에도 들어가 보고 유서도 써 보는 체험을 의미할까요? 아니면 죽음이 우리의 삶을 어떻게 비추는지 생각해 보라는 의미일까요?

죽음으로부터의 도피

한 가지 흥미로운 점은 우리나라 대부분의 건물 엘리베이터에는 4층 표시가 없다는 것입니다. 4라는 숫자가 죽음을 떠올리게 하기 때문에, 전통적으로 피해 온 것이지요. 현대에 오면서 죽음을 피하려는 경향은 더욱 심해졌습니다. 죽음이 일상생활에 들어와 있으면 안 되고, 죽음은 자신과는 상관 없는 일인 것처럼 여깁니다. 그래서 이 주제를 불편하게 느끼는 분이 있을지도 모르겠습니다. 그런데 우리가 과연 죽음을 완전히 제쳐 놓고, 죽음에 대한 이야기 없이 살아가는 것이 가능할까요? 이것이 바로 철학자들이 우리에게 던지는 질문입니다.

죽음에 초연한 동서양의 사상가들

아우구스티누스의 사상으로 넘어가기 전에 동서양의 사상가들이 어떻게 죽음을 인식했는지 먼저 살펴보려고 합니다. 저는 독일에서 오랫동안 유학 생활을 하면서 동양인들의 죽음관과 서양인들의 죽음관이 꽤나 차이가 난다는 생각을 했습니다. 먼저 동양에서는 무덤이 멀리 있습니다. 그리고 주민들이 자신의 거주지 근처에 화장장이 설립되는 것을 굉장히 싫어합니다. 반면 서양에서는 공원처럼 도심 한복판에 교회가 있고, 그 뒤로 아름답게 꾸며진 묘지가 있습니다. 그렇다면 동양에서 죽음을 더 피하려고 했던 것일까요? 전통적인 동양의 사상가 장자 莊子(기원전 369~기원전 289년)는 땅을 관으로 삼고 하늘을 관 뚜껑으로 삼겠다고 한 적이 있습니다. 도가 사상가들은 죽음이라는 것은 기가 모였다가 흩어져 버리는 것에 지나지 않는다고 생각하기도 했습니다.

동양의 사상가, 장자

장자
노자와 함께 도가를 형성한 전국 시대 말기의 사상가. 혼란한 사회 속에서 개인이 겪는 근심으로부터 벗어나 자연의 법칙에 따르고 자유롭게 생활하는 '무위자연無爲自然'을 주장했다.

> 삶은 죽음의 길을 따르는 것이요, 죽음이란 삶의 시작이니, 어찌 그 근본 이유를 알 수 있으리오. 사람의 삶이란 기氣의 모임이니, 기가 모이면 곧 살아 있는 것이요, 기가 흩어지면 곧 죽는 것이다. 삶과 죽음이 서로를 뒤따르는 것이라면, 나는 또 무엇을 근심하겠는

그리스 철학자, 에피쿠로스

가? 그러므로 만물은 하나다.

(장자, 《지북유편知北遊篇》)

많은 경우 동양에서는 죽음과 삶을 동전의 양면처럼 밀접하게 연관된 것으로 생각해 왔습니다.

죽음에 초연했던 사람은 서양에도 있습니다. 소크라테스는 친구들이 감옥에서 도망갈 수 있게 모든 준비를 했음에도 불구하고, 죽음에 대해 논해 보자고 제안하고 결국 침착하게 독배를 마시고 죽은 것으로 알려져 있습니다. 에피쿠로스학파의 창시자 에피쿠로스Epikuros(기원전 341~기원전 270년)에 따르면, 죽음이란 의식을 완전히 상실하는, 고통에서의 해방으로서 꿈을 꾸지 않고 자는 것과 다름없다고 합니다.

> **에피쿠로스학파**
> 쾌락을 최고선으로 규정한 아테네의 철학자 에피쿠로스가 창시한 학파. 스토아학파와 함께 헬레니즘 시기를 대표했다. 육체적 쾌락보다는 정신적이고 지속적인 쾌락을 중시했다.

죽음은 우리에게 아무런 문제가 아니다. 우리가 살고 있는 한 죽음이란 아직 찾아들지 않은 것이고, 죽음이 찾아들었을 때에는 우리가 더 이상 존재하지 않을 것이기 때문이다. (에피쿠로스, 《메노이케우스에게 보내는 편지》)

그렇다면 과연 에피쿠로스의 말처럼 걱정할 일은 없을까요? 이런 사상가들과는 달리 우리에게 죽음이란 초연할 수 있는 문제가 아닙니다.

아우구스티누스의 죽음에 대한 탐구

죽음에 대한 진지한 반성

아우구스티누스는 우리와 마찬가지로 죽음을 두려워했습니다. 친구의 죽음과 같은 타인의 죽음, 고통을 주는 죽음이 아우구스티누스가 먼저 체험한 죽음이었습니다. 아우구스티누스는 세 가지 두려움을 갖고 있었는데, 첫째는 친구를 잃는 두려움, 둘째는 육체적 고통에 대한 두려움, 셋째는 죽음에 대한 두려움이었습니다(《독백》 I,9,16 참조). 자신을 사로잡는 이러한 두려움에 대해 초연하게 생각할 수 없었던 것입니다.

아우구스티누스는 플라톤의 책을 열심히 읽었기 때문에 영혼이 불멸한다는 사실을 철학적으로 이해하고 있었습니다. 그럼에도 불구하고 자신이 알고 있는 것을 모두 **빼앗기거나** 가깝게 지낸 사람들을 **빼앗기는** 것에 대한 두려움을 갖고 있었습니다. 이를 강하게 느끼게 한 사건이 어머니 모니카의 죽음이었습니다. 아우구스티누스는 《고백록》에 어머니의 죽음을 상세하게 묘사했습니다. 모니카는 세상을 떠나기 전, 아우구스티누스에게 한 번도 눈을 부릅뜬 적이 없는 착한 아들이었다

387년 세상을 떠난 아우구스티누스의 어머니, 모니카

고 말해 주었습니다. 그런데도 아우구스티누스는 자신을 끝까지 사랑한 어머니를 마음 아프게 했고, 어머니에게 제대로 사랑을 드리지 못했다고 자책했습니다.

저도 6년 전에 부모님을 한 해에 모두 떠나보냈습니다. 그리고 그 다음 해에는 아주 친한 친구가 병으로 세상을 떠났는데, 그 아픔은 또 다른 것이었습니다. 부모님의 죽음은 마치 나무에서 뿌리가 잘려져 나간 듯한 아픔이라면, 친구의 죽음은 총 맞은 것처럼 가슴이 뚫린 듯한 아픔이었습니다. 이런 슬픔은 너무나 당연하겠지요. 아우구스티누스에게도 마찬가지였습니다. 그렇다면 아우구스티누스는 이것을 어떻게 이해하고 해석했을까요?

죽음을 대하는 성숙한 자세

중국의 진시황秦始皇(기원전 246~기원전 210년)은 죽음을 피하게 해 주는 불사불로초不死不老草를 찾기 위해 발버둥 친 인물이었습니다. 중국을 통일하고 모든 권력을 가졌던 진시황이 그래서 살아남았던가요? 도교에서는 단약에 대한 연구를 통해 불사의 꿈을 꾼 이들도 있

> **진시황**
> 중국 진秦나라의 제1대 황제. 기원전 221년에 중국을 통일하고 스스로 시황제라 칭했다. 중앙 집권을 확립하고, 도량형·화폐의 통일, 만리장성의 증축, 아방궁의 축조 등으로 위세를 떨쳤다.

었지만, 오히려 그들은 수은 중독으로 제명대로 살지 못했습니다. 죽음은 피하려고 해도 피할 수 없는 것입니다.

아우구스티누스가 특히 안타까워한 죽음이 있었습니다. 친구나 젊

은이의 죽음, 어린아이의 죽음이었습니다. 사람들이 세월호 침몰을 왜 그렇게 아파하며 안타깝게 여길까요? 세월호에서 다른 이들도 죽음을 맞이했지만, 특히 수학여행을 떠났던 학생들이 많이 죽었습니다. 학생들의 죽음이 더 아프게 다가오는 것은 그들이 꽃봉오리도 피지 못하고 죽어 갔기 때문입니다. 그런 죽음을 바라보면서 우리는 아주 깊은 슬픔과 고통을 느낍니다. 그런데 죽음만을 계속해서 생각하며 살아간다면 얼마나 슬픈 일일까요?

아우구스티누스는 지나치게 죽음만 생각하는 것을 경계합니다. 그는 우리가 생각하는 첫 번째 죽음인 육체의 죽음이 최종적인 것이 아니라고 이야기합니다. 즉 영혼이 순례의 길을 계속해서 나아가고 있다면, 육체의 죽음은 그 과도기에 일어난 한 사건에 불과하다는 사실을 우리가 깨달아야 한다는 것입니다. 그렇기 때문에 아우구스티누스에게 중요한 것은 에피쿠로스가 이야기한 것처럼 모든 것이 끝나 버리기 때문에 더 이상 무서워하지도 공포를 느끼지도 말자는 것이 아닙니다. 오히려 그다음에 이어지는 삶이 있다는 사실을 숙고하고 이것을 진지하게 받아들이면서 살아가라고 충고합니다.

아우구스티누스가 이렇게 주장할 수 있는 근거 중 하나는 죽음이 마지막이 아니라는 것입니다. 그래서 그는 영혼의 불멸성에 대해서 철학적으로 매달립니다. 그리스도교에서 완성된 영혼관과는 차이가 나지만, 그 단계로 나아가는 중간 단계에 있는 아우구스티누스의 영혼관에 대해 지금부터 이야기해 보겠습니다.

플라톤 철학의 영혼관과 아우구스티누스의 영혼관

 아우구스티누스는 신플라톤주의를 받아들였다고 이야기한 바 있습니다. 플라톤 철학의 중요한 특징 중 하나는, **육체**와 **영혼** 중에 **영혼**을 더 중시했다는 것입니다. 그래서 플라톤주의자들은 철저하게 **영혼의 불멸성**을 증명하고자 했습니다. 플라톤은 영원불변한 진리를 알 수 있다고 주장했기에, 누군가 그 진리를 알고 있다면 진리를 담을 만한 그릇도 불변성이 있어야 한다고 했습니다. 또한 그리스 철학자들은 생명의 유무를 영혼의 유무로 이야기했기에, 영혼이 생명의 원리라고 생각했습니다. 그래서 플라톤은 영혼이 죽는 것이 아니라, 영혼을 지닌 존재가 죽는 것이라고 이야기했습니다. 종종 영화나 드라마에서 영혼이 떠나 버린 사람이 나올 때, 영혼이 육체 바깥에서 자신의 죽음을 바라보는 것처럼 묘사되기도 하는데, 이와 비슷한 것입니다.

 아우구스티누스도 이 증명 방법을 가지고 왔지만, 이를 그대로 받아들일 수는 없었습니다. 만일 그렇게 받아들인다면, 영혼이 그 자체로 생명을 지니게 되기 때문입니다. 하지만 아우구스티누스는 그렇게 생각하지 않았습니다. 인간이 생명을 지니게 된 것은 하느님의 창조 행위를 통해서입니다. 즉 인간의 영혼 자체가 생명을 가지거나 불멸하는 것이 아니라, 하느님이 생명을 주셨기 때문에 살아 있게 되었다고 합니다.

 더군다나 아우구스티누스는 원죄를 인정하고 있었기 때문에, 원죄를 통해서 이 세상에 죽음이 들어온 것으로 이해했습니다. 지난 강의에서 이야기한 것처럼 죄를 짓는 데는 자유 의지만 필요했습니다. 하느님은 인간에게 죽음이라는 고통을 주고 싶지 않으셨는데, 인간이 자유 의지로써 죄를 지었기 때문에 죽음이 들어온 것이지요. 그래서 아우구스티누스는 원죄로 인해 들어온 죽음이라는 절망과 불행으로부터 벗어나려면 예수 그리스도가 부활하셨다는 사실이 필요하다고 가르쳤습니다.

> 저희 주 예수 그리스도를 통해서 내리는 당신의 은총이 아니면 누가 이 죽음의 몸에서 이 불쌍한 인간을 구해 주겠습니까? 《고백록》 VII,21,27〉

죽음에 대한 아우구스티누스의 성찰과 교훈

"한 사람을 만들어 내기 위해서는 9개월이 필요하지만, 한 사람을 죽이기 위해서는 단 하루로 충분하다."라는 서양의 격언이 있습니다. 사실 하루도 필요하지 않고 아주 찰나의 순간이면 충분합니다. 그렇다고 우리가 목숨을 잃을 수 있다는 가능성, 우리가 앞날을 모른다는 것 때문에 불안감에 떨며 살아갈 필요는 없습니다. 오히려 죽음을 주어진 현재의 삶을 충실히 살아가는 계기로 삼아야 합니다. 우리는 때로 너무나 당연하게 이 삶이 언제까지나 이어질 것이라고 생각하고, 타인의 죽음에 대해서만 걱정합니다. 그러나 우리에게도 언제나 죽음이 다가올 수 있다는 사실을 상기하는 것은 우리로 하여금 더 열심히 살아가도록 자극합니다.

아우구스티누스도 남들이 바라는 삶을 살아왔습니다. 그는 타인이 주는 명예와 인정에 목말라했습니다. 호스피스 간호사로서 활동한 경험을 바탕으로《내가 원하는 삶을 살았더라면》이라는 책을 저술한 브로니 웨어Bronnie Ware(1967~)는, 사람이 죽어갈 때 후회하는 다섯 가지가 있다고 이야기합니다. 그중 하나가 자신이 원하는 삶이 아니라 남들이 원하는 삶을 살아갔다는 사실에 후회한다고 합니다. 아우구스티누스는 그런 의미에서 우리에게 나만이 살아갈 수 있는 삶, 하느님이 나에게 예견하신 삶을 살아가라고 말해 줍니다.

또한 아우구스티누스는 인간이 유한한 삶을 지녔다는 사실을 자각하라고 합니다. 만일 우리가 자유 의지를 통해서 하느님을 거부한다면 육체의 죽음과는 또 다른 의미의 죽음에 직면하는 것입니다. 아우구스티누스에게 가장 소중한 것은 현세적인 삶에 대한 지식이 아니라 하느님에 대한 지식, 영혼에 대한 올바른 지식이었습니다. 그는 우리가 현세적인 지식을 얻기 위해 노력하는 만큼, 하느님을 알고 영혼을 아는 것에도 최고의 노력을 해 나가야 한다고 이야기합니다.

아우구스티누스에게 영혼의 불멸성은 하느님과 영혼을 연결해 주는 연결 고리였습니다. 그런데 여기서 착각하면 안 되는 부분이 있습니다. 영혼의 불멸성은 앞서 말했듯이 그리스 철학에 이미 나와 있었습니다. 즉 그리스도교적인 것만이 아닙니다. 하지만 영혼과 육체의 결합으로 이루어진 온전한 인간이 부활한다는 가르침이 그리스도교에 담겨 있지요. 안타깝게도 아우구스티누스에게는 이런 가르침을 온전하게 설명할 수 있는 도구가 없었습니다. 그리하여 아리스토텔레스 철학이라는 도구로 영혼과 육체가 결합된 인간의 부활을 설명한 인물이 바로 토마스 아퀴나스입니다. 여기서는 우리가 죽음에 대해 생각할 때, 인간의 유한성과 삶의 소중함을 깨닫는 것이 중요하다는 점을 강조하고 싶습니다.

🧑‍🏫 동양과 서양에서 죽음을 바라보는 관점이 다르다고 언급했는데, 왜 그런 차이가 발생했을까요? 동양인이나 서양인이나 죽음이 두려운 것은 마찬가지일 텐데 말입니다.

　동양과 서양의 차이는 여러 가지가 있지만, 그중에서 독특한 것은 서양 철학에서는 형이상학이나 인식론과 같이 어려운 이야기를 많이 했다면, 동양 철학에서는 삶과 연관된 질문들이 굉장히 많았다는 점입니다. 공자孔子(기원전 551~기원전 479년)는 '조문도 석사가의朝聞道夕死可矣'라는 말을 남겼습니다. 아침에 도에 대한 이야기를 듣는다면 저녁에 죽어도 상관없다는 뜻입니다. 한편, 공자를 따르던 다혈질 제자인 자로子路(기원전 543~기원전 480년)가 죽음 이후에 어떻게 되는지 궁금했던지 스승에게 물었던 모양입니다. 그런데 이 질문에 공자는 삶에 대해서도 제대로 모르는데 죽음 이후의 세계에 대해 왜 묻냐고 야단을 쳤다고 합니다. 이처럼 동양에서는 전체적으로 현세에 많은 관심을 기울였던 것 같습니다. 그래서 죽음도 현세적인 삶과의 연관성에서 지속적으로 다루려고 했고, 자연과의 조화를 통해서 바라보았습니다.

　서양에서는 근대 이후에 인간이 자연을 지배하려는 생각이 퍼지는데, 동양에서는 훨씬 이전부터 자연과의 조화를 생각했습니다. 동양화를 자세히 들여다보면, 거대한 산을 그려놓고 밑에 소를 타고 가는 사람이나 배 위에 앉아 있는 사람이 등장합니다. 자연과의 연관성 속에서의 관계를 강조한 것이 드러나지요. 아마도 서양과 동양은 이런 근본적인 차이가 있는 듯합니다. 서양에서는 사고하는 인간과 같이 주체성에 강조점을 둡니다. 그렇기 때문에 개인의 죽음이 중요한 역할을 차지하게 되었고, 철학자들이 관심 있게 다루는 주제가 되었습니다. 그래서 개인이나 생각하는 존재, 질문하는 주체로서의 인간, 자연 앞에 마주 선 인간과 같은 문제를 탐구하면서 죽음을 인간이 극복해야 하는 대상으로 보게 된 것입니다. 동양과 서양의 뿌리에서 시작된 거대한 철학적 관심의 차이가 죽음에 대한 질문 방식과 그 이해를 바꾸어 놓지 않았나 싶습니다.

🧔 길거리에서 "예수 천국, 불신 지옥!"을 외치는 사람들을 보면, 그리스도교가 죽음을 독점하는 것이 아닌가 하는 생각이 듭니다. 이런 점에서 아우구스티누스의 죽음에 대한 이해도 그리스도교 교리에 맞추려던 것은 아닌가요?

과거에 그리스도교가 죽음 이후에 대한 두려움만을 토대로 신도들을 모으려고 했던 것은 사실입니다. 하지만 아우구스티누스는 그리스도교에서 주어졌기 때문에 죽음에 대한 진지한 반성이나 성찰을 했던 것은 아니었습니다. 아우구스티누스가 얼마나 많이 방황하면서 나름대로의 답을 찾기 위해 발버둥 쳤는지 떠올려 보세요. 그가 고민했던 과정 속에서 찾아낸 것이 있기 때문에 우리를 이렇게 용감하게 초대할 수 있지 않았을까 생각해 봅니다. 그런 내용이 가장 많이 담긴 책이 《고백록》인데, 이 책을 길게 쓴 반성문이라고만 생각하면 안 됩니다. 이 책에서 많은 부분을 차지하는 것이 하느님에 대한 찬양과 감사입니다. 죄를 지으면 벌을 받는다고 생각하고 두려워서 올바르게 행위하는 것이 아니라, 먼저 받았던 사랑을 제대로 돌려 드리지 못했다는 것이 아우구스티누스가 반성하는 가장 큰 이유입니다. 결국 아우구스티누스는 살아 있는 동안 새 생명을 주신 분이라면 결코 마지막까지 자신을 버리지 않으실 것이라는 확신에 찬 고백을 한 것입니다.

오늘날 '웰다잉'이라는 말이 화두가 되고 있습니다. 우리가 죽음을 올바르게 바라보고 열심히 살아야겠다는 활력과 결심을 얻으려면, 죽음과 사후 세계를 어떻게 생각해야 하는지, 철학자의 입장으로 말해 주세요.

철학자로서 답변하라고 한다면, 저 같은 작은 철학자가 아니라 큰 철학자의 이야기로 답변하고 싶습니다. 죽음에 대해 누구보다 심각하게 숙고한 철학자들이 있습니다. 바로 '실존 철학자'들인데, 그중에서도 가장 유명한 사람이 하이데거Martin Heidegger(1889~1976년)입니다. 하이데거는 인간을 '죽음을 향한 존재Sein zum Tode'라고 불렀습니다. 아우구스티누스와 비슷한 생각이었는데, 인간들이 죽음을 향해 나아가고 있기 때문에 무엇에 끌려가는 삶이 아니라,

현세적인 순간을 적극적으로 살며 고유한 삶을 가지고 살아가라는 가르침입니다. 아우구스티누스의 대표적인 팬을 소개할 때 말했던 키르케고르는 "나는 죽는다, 고로 존재한다."라고 말할 정도였습니다. 그 정도로 죽음이 강력하다는 것이지요. 그는 다른 거창한 생각보다도 죽는다는 것, 인간으로서 유한성을 가지고 있다는 사실을 자각하라고 요청했습니다.

죽음의 보편성과 불가피성을 말했는데, 또 한 가지 중요한 것은 대체 불가능성입니다. 죽음이 다가오는 순간 대체할 수 있는 사람을 찾고 싶지 않나요? 여러분도 혹시 나 말고 누군가가 대신 죽어 준다면 어떨지 생각해 본 적은 없나요? 그런데 그 어떤 것도 나의 죽음을 대체할 수는 없습니다. 제가 어디선가 읽고 가슴에 박힌 구절이 하나 있습니다. 모든 옷에는 주머니가 달려 있는데 '수의에는 주머니가 없다'는 것입니다. 이는 우리가 죽을 때 주머니에 넣어서 가져갈 수 있는 것은 단 하나도 없음을 보여 줍니다.

마지막 순간에 하느님이 얼마만큼의 사랑을 가지고 얼마만큼의 사랑을 나누었는지를 우리에게 물어보실 것 같은데, 아우구스티누스도 그런 생각을 하지 않았을까 싶습니다. 이런 이야기들을 기억하면서, 소중한 시간을 소중한 사람들과 사랑을 나누며 살아간다면, 죽음은 무겁게만 다가오는 것이 아니라, 우리의 삶을 훨씬 더 풍부하게 만들어 줄 것이라고 기대해 봅니다.

· 제12강 ·

개인과 공동체, 끝내 해답은 사랑?

인류는 정말로 한 형제이며

하나의 공동체인가?

아우구스티누스는

'공동체적 형제애'의 근거를 성경에서 찾았다.

'공동체적 사랑'은

창조주로부터 부여받은 은총의 인자因子이기에,

'형제적 사랑'은

결코 부정하거나 의심할 수 없는 것이었다.

이렇게 아우구스티누스의

영원한 화두 '사랑'은 '공동선'을 향해 나아간다.

탐욕이 깃든 사사로운 애정을 뿌리치고

진정 주님과 이웃을 향하는 사랑,

그런 사랑이 넘쳐 나는 곳이

바로 신국神國,

'하느님의 나라'라고 아우구스티누스는 확신했다!

개인과 공동체,
끝내 해답은 사랑?

 "오늘 예수님께서는 목소리를 내지 못하는 이들의 소리가 되어 주셔서 가난한 이들과 배고픈 이들, 소외받은 이들과 쫓기는 이와 삶에 지친 이들의 고통과 고뇌에 우리 마음을 열도록 이끄십니다. 이 순간에 외로운 이들과 도움이 필요한 이, 일자리가 없거나 집이 없는 이에게 음식을 주고, 나눔을 실천하고 있는 봉사의 식탁에 감사드립니다. 이 같은 실천들은 감사의 문화를 심화하는 자애의 현장입니다. 이러한 방법으로 형제에 대한 섬김은 그리스도 사랑의 굳건한 증거가 됩니다."

 2016년 8월 프란치스코 교황님의 삼종 기도 강론입니다. 어려운 형제들을 섬기는 것이 곧 그리스도 사랑의 실천이자 증언이라는 말로, 그리스도인이라면 누구나 형제애를 실천해야 한다는 뜻입니다. 그런데 여러분은 이런 생각해 본 적이 있나요? 남을 돕는다는 것은 크고 작음에 상관없이 나의 희생을 전제로 하는데, 왜 얼굴도 모르는 사람

형제애의 실천을 강조한 프란치스코 교황

을 도와야 할까요? 혹시 나의 가족이나 친구가 아닌 타인을 사랑하는 마음, 공동체를 위한 희생과 사랑의 마음은 우리에게 강제로 학습된 것은 아닐까요?

실제로 그렇게 생각한 철학자가 있습니다. 홉스Thomas Hobbes(1588 ~1679년)는 "호모 호미니 루푸스Homo homini lupus."라는 말을 했는데, "인간은 인간에게 늑대다."라는 뜻입니다. 우리가 매일같이 체험하는 것처럼 사람들이 서로 물어뜯지 않게 하려면, 공동체와 사랑을 가르쳐야만 한다는 것이 홉스의 생각이었습니다.

하지만 이렇게 생각하는 사람들은 철학자들 중 소수에 불과합니다. 대부분은 "인간은 사회적 동물"이라는 아리스토텔레스의 설명에 동의했습니다. 또한 많은 종교에서도 공동체와 사랑에 대해 가르치고 있지요. 그럼에도 이처럼 계속해서 가르친다는 것은 오히려 이것들이 잘 지켜지지 않았기 때문이 아닐까요? 그래서 아우구스티누스는 이 계명을 더 구체적으로, 더 지속적으로 확장시켜 나갈 수 있는 방법에 대해 고민했습니다.

> **홉스**
> 서양 정치 철학의 토대를 마련한 영국의 근대 철학자. 종교 전쟁 이후의 사회 혼란을 목격한 뒤, '만인의 만인에 대한 투쟁'을 극복하기 위한 사회 계약론을 주장하는 《리바이어던》을 썼다.

개인과 공동체의 관계는 무엇인가?

아우구스티누스의 책 중에서 가장 유명한 책은 지금까지 자주 언급되었던 《고백록》입니다. 하지만 가장 방대한 책으로는 《신국론 De civitate Dei》을 꼽을 수 있습니다. 그 분량은 우리말 번역서의 경우 무려 1,500페이지에 달하는 정도입니다. 분량뿐만 아니라 그 내용에서도 인류 전체의 역사와 그리스도교의 구원사 전체를 담은 책입니다. 한마디로 《신국론》은 아우구스티누스의 대작으로, 노老주교의 마지막 '백조의 노래'가 담긴 책입니다.

《신국론》의 저술 배경

《신국론》은 아우구스티누스가 수도원이나 주교관의 조용한 곳에서

> **알라리쿠스**
> 다뉴브 강 하류 지방 출신이자 서고트족의 첫 왕으로 군대를 이끌고 로마 제국을 종종 약탈했고 결국 **410년 로마를 점령했다.** 아프리카로 진군하던 도중 사망했다.

명상을 하면서 쓴 책이 아니었습니다. 오히려 조국이 멸망하기 직전에 다다른 위험하고 긴박한 상황에서 쓴 책이었습니다.

410년에 게르만족의 용병 대장인 알라리쿠스Alaricus(370년경~410년)가 쳐들어오면서 로마는 점령되고 말았습니다. 그 당시 로마는 그리스도교가 국교가 되었음에도 아직 모든 사람이 그리스도교를 받아들이지는 않았습니다. 그렇기 때문에 다신교를 믿던 사람들이 그리스도교에 반감을 가지고 있었지요.

그런데 한 번도 점령되지 않았던 대제국의 수도 로마가 이민족에 의해 점령당하자, 이런 소문이 돌기 시작했습니다. "우리 로마가 망하게 된 것은 그리스도교 같은 종교가 국교가 되면서부터야. 예부터 우리 로마는 다른 사람들이 로마 군인을 죽이기라도 하면 열 명을 십자가에 매달 정도로 강한 위용을 뽐냈어. 그런데 그리스도교는 오른뺨을 때리면 왼뺨을 내주라고 말하는 나약한 종교잖아. 어쩌면 그리스도교 때문에 여태까지 믿어 왔던 유피테르(제우스) 신이나 유노(헤라) 신이 분노한 것일지도 몰라." 이런 소문들이 아우구스티누스가 주교로 있던 히포를 비롯한 북아프리카 지역까지 퍼졌습니다.

결국 그리스도인들과 로마인들 사이에서 '과연 그리스도교 때문에 로마가 몰락하게 되었는가' 하는 논쟁이 일어났습니다. 아우구스티누스는 이러한 소문에 분노했습니다. 그런데 아우구스티누스는 분기탱

로마를 점령하는 게르만족

천해서 소리를 지르는 대신 펜을 잡았습니다. 그리고는 13년 동안 책 집필에 몰두하면서 《신국론》이라는 엄청난 대작을 완성시켰습니다. 이 책의 핵심 내용은, 그리스도교가 모든 재앙의 원인이 아니라는 사실과, 로마 제국이 계속해서 추구하려던 진정한 정의와 평화는 그리스도교에 있다는 점을 이교도들에게 알려 주는 것입니다. 또한 이교도들의 공격을 그리스도인이 어떻게 막아 내야 하는지에 대한 이론적인 무기를 제공하고, 국가가 흔들리는 어려움과 위험 속에서 그리스도인들이 가져야 하는 새로운 희망에 대해서도 보여 줍니다.

낡은 사람과 새 사람,
땅의 나라와 하느님의 나라

땅의 나라와 하느님의 나라의 구분

그중에서도 여기서 주목할 것은 개별적인 인간과 공동체 사이의 관계에 대한 이야기입니다. 아우구스티누스는 인류는 '형제'라고 말하며 **사해동포주의**四海同胞主義를 주장합니다. 우리는 모두 하나의 조상으로부터 나온 혈육으로 묶여 있다고 생각한 것이지요. 그는 인간을 공통적인 혈육 즉, 아담과 하와의 후손으로 이해했습니다.

> 인간이 인류의 한 구성원인 이상, 또 인간 본성이 사회적인 실재인 이상, 우애를 찾는 강렬한 긴장감은 중대한 기능을 할 것이고 인간의 선익을 이루어 줌에 틀림없는 것이다.
> 바로 이런 뜻에서 하느님은 모든 인간을 한 사람에게서 창조하셨다. 이는 아마도 인간의 사회가 혈육의 끈으로 묶이기를 바라셨기 때문일 것이다. 인간이 단지 비슷하게 생겼다는 점에서 같은 인류에 속하는 것이 아니다. 《폴렌시우스에게 보낸 결혼의 유익성론》 1,1)

그런데 한 부모로부터 나왔으면서도 형제들끼리 성격이 매우 다른 것처럼, 인류는 그 이상으로 점점 나뉘었습니다. 아우구스티누스는 인간을 두 종류로 구분하는데, 하나는 '낡은 사람'이고 다른 하나는 '새 사람'입니다. 낡은 사람은 쉽게 말해서 육체에 매여 사는 사람입니다. 먹고 싶으면 먹고, 성욕이 생겨나면 어떻게든지 해결하는 사람, 이 모든 육체적인 정욕에 매여 사는 사람을 '낡은 사람'이라고 부릅니다. '외적인 사람', '땅의 사람' 모두 같은 표현입니다. 반면 아우구스티누스는 하느님의 성령으로 새롭게 태어난 사람을 '새 사람'이라고 부릅니다. '내적인 사람', '하늘의 사람'이 새 사람과 같은 표현입니다. 아데오다투스를 낳고 홍등가와 같은 곳을 드나들며 육체의 정욕에 매여 있던 사람에서, 밀라노에서 회개하고 성령의 뜻에 따라 살아가려는 사람으로 변한 자신의 모습을 인류를 구분하는 틀로 사용한 것입니다.

이런 인류의 구분에서 한 가지 더 흥미로운 부분이 있습니다. 인간은 자신이 좋아하는 것을 중심으로 집단을 이룬다는 것입니다. 아이돌 팬클럽을 떠올리면 이해하는 데 도움이 될 것 같습니다. 사람들이 자신이 좋아하는 아이돌 때문에 팬클럽을 결성하는 것처럼, 인간들도 자신이 사랑하는 것에 따라서 모여들기 시작했다는 이야기가 《신국론》에 나옵니다. 아우구스티누스는 낡은 사람들이 모인 곳을 '땅의 나라civitas terrena', 성령에 의해 새롭게 태어난 사람들이 모인 곳을 '하느님의 나라civitas Dei'라고 불렀습니다.

종종 이 두 가지 구분은 지명이나 나라 이름과도 연관되어 있습니다. 하느님의 나라는 천상 도시 '예루살렘'과 연결되었고, 땅의 나라는 '바빌론'과 연결되어 있습니다. 이는 바빌론이 와서 예루살렘 성전을 약탈하고 사람들을 유배지로 끌고 갔기 때문이지요. 그러나 땅의

땅의 나라	하느님의 나라
- 낡은 사람들이 모인 곳 - 사사로운 사랑: 자기 자신의 개인적인 이익만이 목표	- 새 사람들이 모인 곳 - 사회적인 사랑: 사회 전체의 공공선이 목표

'땅의 나라'와 '하느님의 나라'의 구분

나라는 단순히 옛날에 있던 바빌론이라는 나라를 의미하는 것이 아니라, 폭압적이고 강압적인 정치를 하는 조직을 의미합니다.

아우구스티누스는 많은 것을 사랑에 기준을 두고 설명하는데, 땅의 나라와 하느님의 나라에도 이것을 적용할 수 있습니다. 땅의 나라 사람들은 '**사사로운 사랑**amor privatus'을 하고, 하느님의 나라 사람들은 '**사회적인 사랑**amor socialis'을 합니다. 사사로운 사랑은 일부 정치 지도자들에 의해 체험할 수 있습니다. 그들은 그 나라 국민의 극히 일부만을 사랑합니다. 또 다른 예로 그리스도인 중에서도 하느님과의 일대일 관계만을 생각하는 사람을 들 수 있습니다. 마치 하느님을 은총 자판기처럼 여기고 하느님께 계속 졸라 대는 사람은 사회적인 사랑이 아닌, 사사로운 사랑을 하는 것이지요. 이런 사람들은 혈색이나 인종, 지역 등에 차별을 두면서 사회의 분열을 키웁니다.

이와는 달리 사회적인 사랑은 최고 목표를 자신의 이익이 아니라 사회 전체의 공공선에 둡니다. 어떻게 사람들을 한곳으로 모으고 화해와 통일과 공평을 이룰지 찾는 것이야말로 사회적인 사랑입니다.

아우구스티누스는 창세기 주해서에서 더 구체적인 이야기를 합니다.

두 사랑이 있으니 하나는 순수하고 하나는 불순하다. 하나는 '사회적인 사랑'이요, 하나는 '사사로운 사랑'이다. 하나는 상위의 나라를 생각하여 공동의 유익에 봉사하는 데 전념하고, 하나는 오만불손한 지배욕에 사로잡혀 공동선마저도 자기 권력 아래 귀속시키려 한다. 하나는 하느님께 복속하고, 하나는 하느님께 반역한다. 하나는 평온하고, 하나는 소란스럽다. 하나는 평화롭고, 하나는 모반을 일으킨다. 하나는 그릇된 인간들의 칭송보다는 진리를 앞세우지만, 하나는 무슨 수로든지 찬사를 얻으려고 탐한다. 하나는 우호적이고, 하나는 질시한다. 하나는 자기에게 바라는 대로 남에게도 바라지만, 하나는 남을 자기에게 복종하기 바란다. 하나는 이웃을 다스려도 이웃의 이익을 생각하여 다스리지만, 하나는 자기 이익을 위하여 다스린다. 천사들로부터 시작해서 한 사랑은 선한 자들에게 깃들고, 한 사랑은 악한 자들에게 깃들어서 두 나라를 가른다. 《창세기 축자 해석》 XI,15,20)

개인적인 이익을 위해 권력을 이용하는 사람은 사사로운 사랑을 하는 사람인데, 안타깝게도 우리 국민들은 이 정도 이야기만 듣더라도 사사로운 사랑이 무엇인지 알 수 있을 정도로 많은 것을 경험했습니다. 앞으로는 이런 이야기를 들어도 쉽게 이해할 수 없을 정도로 우리나라가 변화되었으면 좋겠다는 생각이 듭니다.

땅의 나라와 하느님의 나라 구분의 유래

아우구스티누스가 《신국론》을 처음 발표했을 때, 그의 과거에 대해 물고 늘어지던 사람들은 그를 더욱 의심했습니다. 아우구스티누스가 사실은 숨겨진 마니교도라고 의심한 것이지요. 그들은 '땅의 나라'와 '하느님의 나라'의 구분은 마니교의 '선신의 나라'와 '악신의 나라'의 구분과 유사하다고 생각했습니다. 그런데 아우구스티누스는 이러한 구별을 마니교에서 가져온 것이 아니었습니다.

이와 비슷한 이야기는 성경에도 여러 차례 나옵니다. 그런데 성경에서 나타나는 것은 마니교에서 이야기하는 것과는 차이가 있습니다. 마니교의 구분은 형이상학적 구분입니다. 선신의 나라와 악신의 나라가 정확하게 있고, 선신과 악신은 모두 절대자이기 때문에 악신이 복종할 필요가 없었습니다. 그런데 성경에서 제시하는 이원론은 선과 악을 구분하는 도덕적 이원론, 육의 욕망과 영의 욕망이 충돌한다는 심리적 이원론, 역사의 종국에 가서 의인과 악인이 영원히 분리된다는 종말론적 이원론입니다(히브 12,22; 묵시 3,12; 18,10; 21,2 참조). 각 인간의 마음이 어디에 있는지를 중심으로, 즉 도덕적이고 윤리적인 사랑에 따라서 이것이 구분됩니다.

땅의 나라와 하느님의 나라, 그리고 교회와 국가의 관계

《신국론》을 아주 좋아한 사람들이 있었습니다. 바로 중세 시대의 교황이나 그리스도교적 정신이 충만했던 황제들이었습니다. 예를 들어 카를 대제Carolus Magnus(742~814년)는 그리스도교적인 왕국을 이루겠다며 《신국론》을 머리맡에 두고 잠잘 때마다 펼쳐 읽으면서 공부했다고 합니다.

그런데 세속의 황제들이 점점 많은 권한을 가지면서 교회와 충돌을 빚었습니다. 예를 들면 교회가 서 있는 곳은 자신의 나라에 속하기 때문에 주교에 대한 임명권도 왕이나 제후 스스로 행사해야겠다는 주장을 펼친 것입

> **카를 대제**
> 단신왕 피핀의 아들로 샤를마뉴 또는 카롤루스 대제라고도 불린다. 오랜 전쟁을 통해 서부·중부 유럽을 점령하여 프랑크 왕국의 영토를 확장했으며, 800년에 신성 로마 제국 황제 자리에 올랐다.

> **카노사의 굴욕**
> 주교 서임권을 둘러싸고 교황과 싸움을 벌이던 신성 로마 제국의 하인리히 4세 황제가 그레고리우스 7세 교황에게 파문당하자, 1077년 이탈리아 북부 카노사 성에서 교황에게 용서를 구한 사건.

니다. 이것이 '성직 서임권 논쟁'입니다. 카노사의 굴욕과 같은 이야기도 황제와 교황 사이의 충돌을 잘 보여 주지요. 이러한 때 교황은 이 《신국론》을 활용하고 싶어 했습니다. 《신국론》은 하느님의 나라와 땅의 나라가 계속 충돌을 일으키며 싸우고 있다고 말하는데, '하느님의 나라'의 대표가 교황 자신이고 '땅의 나라'의 대표가 황제라는 것이었습니다. 이처럼 땅의 나라는 하느님의 나라에 종속되고 최종적으로 하

교황과 황제의 갈등을 보여 준 사건, 카노사의 굴욕

느님의 나라가 승리한다는 이야기를 때때로 교황이나 주교가 자신에게 유리하게 사용했습니다.

땅의 나라와 하느님의 나라를 구분하는 중요한 기준

그런데 아우구스티누스는 땅의 나라와 하느님의 나라가 국가와 교회로 정확하게 구분된다고 생각하지는 않았습니다. 몸이 어디에 속하는지가 중요한 것이 아니라 어떤 마음으로 하느님을 섬기고 이웃을 섬기는지가 더 중요한 구분 기준이라는 것을 강조했습니다.

아우구스티누스가 한 이야기 중에는 열심히 신앙생활을 하는 신자들이나 교회 지도자들이 들으면 충격적으로 느껴질 내용도 있습니다.

우리는 이제 현세의 직무를 맡고 있을지라도 예루살렘의 시민, 즉 하느님의 나라의 시민임을 알고 있다. 예컨대 홍의 재상으로서, 행정 장관으로서, 영조관營造官으로서, 지방 총독으로서, 황제로서 봉사하면서 땅의 나라를 지도하고 있을지라도 만일 그가 그리스도인이거나 충실한 신자라고 한다면 자신의 마음을 천상에 둘 것이다. …… 그러므로 천상 왕국의 시민들이 바빌론의 일에 종사하여 땅의 나라에서 현세적인 어떤 일을 하고 있음을 볼지라도 우리는 그들에게 실망하지 않을 것이다. 그리고 또 천상적인 일들에 종사하고 있는 사람들을 본다 하여 우리가 곧 그들을 기뻐하지는 않을 것이다. 왜냐하면 악덕의 자식들마저도 때로는 모세의 자리를 차지하기 때문이다. …… 그러나 그들을 매우 엄격하게 서로 갈라놓는 심판의 때가 올 것이다. 《시편 상해》 LI,6

쉽게 말해서 그리스도인들도 얼마든지 세속적인 국가의 일을 할 수 있다는 것입니다. 실제로 우리나라 일부 고위 관리들이 그동안 저지른 부당한 짓을 보면 우리나라는 옛날에 멸망했을 수도 있었겠다는 생각이 듭니다. 그러나 멸망하지 않은 이유는, 조용한 곳에서 자신의 소명을 다했던 사람들이 있었기 때문이 아닐까 합니다. 결국 아우구스티누스는 세속적인 일, 국가적인 일을 하더라도 자신의 마음을 하느님의 뜻과 정의로움에 두고 있다면, 하느님의 나라에 속한다고 일러 주는 것입니다.

이것이 전부가 아닙니다. 뒷부분은 더욱 섬뜩합니다. "악덕의 자식들마저도 때로는 모세의 자리를 차지하기 때문이다. 그러나 그들을 매우 엄격하게 서로 갈라놓는 심판의 때가 올 것이다." 모세의 자리는 교회 지도자의 역할을 의미하는데, 때로는 악덕한 이들도 그런 위치를 차지하는 일들이 생겨납니다. 이에 아우구스티누스는 교회에 애정을 가지고 하느님 나라에 마음을 두어야 한다고 강조하는 것입니다. 아무리 중요한 종교적인 역할을 맡는다고 하더라도 사사로운 사랑만 한다면 땅의 나라에 속한다는 것이지요.

결국은 땅의 나라와 하느님의 나라의 구분은 육체적인 것이 어디에 속하는지, 어떤 조직에 속하는지가 문제가 아니라, 그 조직이나 사회가 하느님의 뜻에 따라 살아가는 사회인지, 하느님의 뜻을 거슬러 살아가는 사회인지를 기준으로 삼는다는 것입니다. 만일 하느님이라는 표현이 부담스럽다면, 이상적인 질서가 있는 사회인지 아니면 욕망이 득실거리는 혼란스러운 사회인지에 따라서 하느님의 나라와 땅의 나라를 구분할 수 있다는 말로 생각해도 됩니다.

하느님의 나라가 승리할 것이라는 희망

아우구스티누스는 젊었을 때 로마 제국에 대한 사랑과 확신을 가지고 있었습니다. 로마 제국의 찬란한 빛이 아직까지 남아 있었기 때문에, '그리스도교를 믿는 아주 뛰어난 황제가 나타난다면 이 땅에서 진정한 의미의 하느님의 나라가 실현될 수 있지 않을까?' 하는 기대를 가지고 있었습니다. 그래서 젊은 시절에는 그런 내용의 책을 많이 쓰기도 했지요. 그런데 410년 이후 《신국론》을 저술할 무렵이 되었을 때, 아우구스티누스의 마음속에는 사람들이 그토록 노력함에도 불구하고 가라앉는 배가 되어 버린 로마 제국을 구할 수 없으리라는 두려움이 생겨났습니다.

그렇다면 하느님의 나라를 꿈꾸는 것을 잘못되었다며 포기해야 할까요? 아우구스티누스는 그렇게 생각하지 않았습니다. 오히려 아주 뛰어난 황제가 나타나서 천년 왕국을 가져오지 못한다고 하더라도, 지금의 인간들이 잘못해서 무질서가 생긴다고 하더라도, 이것이 세계의 마지막은 아니라고 생각했습니다. 왜냐하면 하느님이 사랑으로 창조하신 세계가 그렇게 멸망할 리 없다는 확고한 희망이 있었기 때문입니다. 그래서 최종적으로는 하느님의 나라가 승리할 것이라는 희망을《신국론》에 담은 것입니다.

지금까지 아우구스티누스의 땅의 나라, 하느님의 나라에 대해 이야기했는데요, 여러분 스스로 낡은 사람인지 새 사람인지, 혹은 땅의 나라에 속해 있는지 하느님의 나라에 속하기 위해 노력하는지 천천히 돌아보는 시간을 가지기를 바랍니다.

🧑‍🦳 함께 더불어 살아가는 세상이라고 하지만, 그렇게 살기 위해 포기해야 하는 것이 너무 많다는 생각이 듭니다. 타인에게 관심을 덜 가지고 서로의 개성을 존중해 주며 살아가는 것이 과연 나쁘다고 할 수 있을까요?

외국과는 달리 우리나라에서는 '공동체성'이라는 이름 아래 너무 끈끈한 관계가 되어서 더 힘들어지는 경우가 있습니다. 우리나라, 우리 집, 우리 부모님처럼 우리는 전통적으로 공동체성을 강조해 왔습니다. 그렇다 보니 이런 강조가 자유나 평화가 아니라 강압적으로 다가오기도 하지요. 예를 들어 가족과 친척들이 함께 모여 친목을 다지는 명절이, 명절 증후군이라는 말이 나올 정도로 부담스러운 경우가 많습니다. 주로 며느리들이 힘들어하지만, 요즘에는 시어머니가 더 힘든 경우도 있다고 합니다. 아들과 며느리가 왔다 가면 어떻게 해야 좋은 어머니가 될지 고민하느라 고통스럽다는 것이지요. 한편으로는 공동체가 굉장히 도움이 되기도 하지만, 강압이나 강요의 형태로 공동체가 주어졌을 때는 오히려 불편하기도 합니다.

그런데 외국은 우리와는 확연히 다릅니다. 이 책의 시작을 '나는 누구인가?'로 한 것처럼, 많은 경우 '나'를 중심으로 생각하기 때문에 외국에서는 과도한 개인주의가 팽배해졌습니다. 그래서 서구에서는 오히려 공동체성을 되찾고자 하는 운동이 벌어지고 있습니다.

여기서 중요한 것은, 주체적으로 '나는 누구인가?'를 찾아가는 과정의 뒷면에는 사회성을 강조하는 모습이 있다는 점입니다. 제가 아내와 함께 계속 생각하는 것은, '어떻게 하면 우리가 주체적으로 서면서도 동료들과 함께 걷기를 추구할 수 있을까?'입니다. 아우구스티누스의 공동체에 대한 생각을 집중하다 보니 함께 걸어야 한다는 측면이 강조된다고 생각할 수도 있겠지요. 하지만 여전히 '나는 누구인가?'를 주체적으로 찾아가면서 공동체를 잃지 않는 것, 공동체 속에서 자유를 얻는 것이 핵심이라고 할 수 있습니다.

사랑은 결국 배타적인 것 같습니다. 부모-자식 간의 사랑도 내 자식이라 사랑하고, 내 부모님이라 사랑하는 것이니까요. 그런데 이런 사랑이 너무 폄하되는 것은 아닐까요? 이런 사랑을 모두 사사로운 사랑이라고 하는 것은 너무 지나친 것 아닌가요?

사사로운 사랑이라는 말에서 부정적인 느낌을 받을 수도 있습니다. 그리고 일체의 구분 없이 모든 사람을 사랑하라는 것이 현실적으로 불가능하다고 느낄 수도 있습니다. 여기서 강조하는 사사로운 사랑과 사회적인 사랑에 대한 구분은, 가까운 혈육에 대한 사랑을 모두 포기하거나 구분 자체를 없애 버리라는 뜻이 아닙니다.

부모-자식 간의 사랑만 해도, 내리사랑이라고 해서 부모님은 자식이 잘하든 잘못하든 매일 사랑해 주는데, 이런 사랑도 하지 말고 자신의 자식과 타인의 자식을 똑같이 사랑하라는 것이 가능할까요? 이것은 현실성 없는 요구일지도 모릅니다.

그래서 아우구스티누스의 정신을 이어받은 토마스 아퀴나스는 이런 질문에 대한 구체적인 지침을 제시합니다. 만일 똑같이 위급한 상황에 처해 있다면, 자신의 가족을 먼저 구하는 것이 본성에 가깝다고 이야기합니다. 그런데 이웃은 지금 당장 못 먹고 죽어 가거나 위급한 상황이고, 자신의 가족은 취미 생활을 하기 위해서 무언가를 원하는 경우라면, 위험에 처한 이웃을 도와주는 것이 더 중요하다는 것입니다. 문제가 되는 것은 배타성입니다. 배타적인 사랑만 하겠다는 생각은 굉장히 위험한 일일 수 있습니다.

우리가 속한 공동체에서도 마찬가지입니다. 때로는 열심히 활동하는 사람이 자신이 속한 집단이나 단체만 소중하다고 생각합니다. 이렇게 되면 그 단체가 잘 된다고 하더라도 전체적인 공동체에는 해를 끼칠 수 있습니다. 비유를 들어 보겠습니다. 암세포가 어떤지 알고 있나요? 암세포는 독한 항암제로도 죽이기 힘들 정도로 불멸에 가까운 세포입니다. 암세포는 다른 세포들이 먹을 영양분과 생기를 다 빨아들임으로써 정상적인 세포의 활동을 막아 결국 그 대상을 죽음에 이르게 만듭니다. 아우구스티누스가 경계했던 것이 바로 이런 암세포와 같은 배타적인 사랑이었다고 할 수 있겠습니다.

🧑‍🦳 **사랑이라는 키워드가 굉장히 많이 나오는데, 사랑을 어떻게 정의 내려야 할지 감이 잘 안 옵니다. 철학에서는 사랑을 어떻게 정의 내리고 있나요?**

아마도 사랑이라는 이야기가 너무 많기 때문에, 오히려 사랑이 불분명하다는 생각이 드는 것이 아닌가 싶습니다. 여기서는 일반적인 사랑에 대해 조금만 이야기해 보겠습니다.

프랑스의 소설가 사강Francoise Sagan(1935~2004년)은 "사랑은 부재에 대한 감각"이라고 이야기합니다. 쉽게 말해 연애를 떠올리면 됩니다. 어느 날 연인을 보내고 집에 들어왔는데, 그의 모습이 계속해서 머릿속을 떠나지 않는다고 생각해 봅시다. 집에 왔는데 내 곁에 그 사람이 없을 때 왠지 더 허전합니다. 그러다가 매일 헤어지기 싫다고 생각하면서 결혼을 결심하게 되지요. 이런 어떤 부재의 감각, 그 사람이 없을 때 느끼게 되는 외로움과 같은 것을 보통 '사랑'이라고 표현합니다. 사랑과 함께 많이 따라 나오는 표현은 '사랑에 빠졌다', 영어로는 '폴 인 러브Fall in love'인데, 철학자들은 이것을 그다지 바람직하지 않은 상태로 보았습니다. 근대 철학자인 스피노자Baruch Spinoza(1632~1677년)는 "사랑은 자유로운 행위여야 한다."라고 했습니다. 사랑하기 때문에 억지로 끌려다니는 것이 아니라, 사랑을 통해서 자신은 더 자유로워지고 타인에게도 사랑을 줄 수 있는, 확장될 수 있는 사랑이어야 한다는 것입니다. 사랑의 확장 없이 자신만 자유로워지는 것은 위험합니다.

《사랑의 기술》의 저자 에리히 프롬Erich Pinchas Fromm(1900~1980년)은 조건을 걸고 사랑하지 말라고 이야기합니다. 이렇게 해서 사랑해 주는 것이 아니라, 그 사람을 있는 그대로 사랑하는 것이야말로 진정한 사랑에 다가갈 수 있다는 것이지요. 그에 따르면 진정한 사랑을 판별하는 기준이 하나 있습니다. 바로 상대방의 성공을 함께 기뻐하는 마음입니다. 대부분 사람들은 누군가가 어려운 일을 당할 때는 불쌍해하며 연민을 느끼기 쉬운 반면, 누군가가 성공하고 잘되었을 때 진심으로 기뻐하는 경우가 많지 않은 것 같습니다. 부모님이 자식이 잘되었을 때 기뻐하는 것도 부모님이 자식을 진정으로 사랑한다는 기준이 될 수 있습니다.

사랑을 에로스eros, 필리아philia, 아가페agape로 구분하는 것을 들어 보았을 것입니다. 육체적이며 기본적인 사랑을 '에로스', 친구 사이의 우정에 기초한 사랑을 '필리아', 그리고 부모님의 사랑과 더 나아가 종교적인 사랑을 '아가페'라고 불렀습니다. 종종 이런 구분이 단계적으로 올라가는 것이라고 여겨서 상위에 있는 사랑이 진정한 사랑이라고 생각하기 쉽습니다. 그러나 에로스라는 단어만 보더라도 매우 포괄적인 의미를 지니고 있음을 알 수 있습니다. 자신과 타인을 일치시키도록 만들어 주는 사랑이 에로스입니다. 따라서 참된 사랑이란 에로스, 필리아, 아가페가 분리되어서 단계적으로 발전해 나아가는 것이 아니라, 상호 작용하며 완성되어 가는 것입니다. 친구를 넘어서 이웃 사랑까지 펼쳐 나가며 모든 것이 모여 있는 것이야말로 아우구스티누스가 꿈꿨던 그런 사랑이 아닐까 생각해 봅니다.

· 제13강 ·

정의와 평화, 지상에서 가능한가?

"정의가 없는 왕국이란

거대한 강도떼가 아니고 무엇인가!"

아우구스티누스는

정치권력에 대해 근본적으로 성찰했다.

인간의 탐욕을 다스릴 수 있는 정부,

힘이 아닌 도덕적 선의로 국민을 이끄는 나라!

아우구스티누스는

진정한 정의와 평화가 구현되는 '하느님의 나라'를 꿈꿨다.

비록 쉽지 않은 길이지만,

그는 그리스도인들의 정화와 회심에 기대를 걸었다.

인간이 저지르는 모든 악이 극복되고

결국에는 주님의 참된 정의와 평화가 도래하리라는 확신!

정의와 평화를 향한 아우구스티누스의 기도는

결코 멈추지 않았다.

정의와 평화, 지상에서 가능한가?

모든 사람이 평화를 염원하지만, 불행히도 평화는 너무 멀리 있는 것처럼 느껴집니다. 우리나라도 마찬가지입니다. 정의가 바로 서야 평화가 이루어지고, 또 평화가 구현되어야 정의가 세워지는데 말이지요. 과연 평화롭고 정의로운 세상이 구현될 수 있을까요? 그런 바람은 그저 우리의 환상에 불과할까요?

마지막 강의에서는 모든 사람의 간절한 바람인 정의와 평화를 주제로 이야기를 나눠 보겠습니다. 욕심과 욕망의 동물인 인간이 진정한 정의와 평화를 이루는 일이 과연 가능할까요? 인간은 동물이기는 하지만, 그냥 동물이 아니라 '이성적' 동물입니다. 또한 '생각하는 갈대'이기에 욕심에 의해 흔들리면서도, 원하든 원하지 않든 정의와 평화가 무엇인지 어렴풋하게나마 알고 있습니다. 정의와 평화를 실현하기는 어렵지만 이를 포기하고 살아갈 수도 없는 것이 바로 인간이 느끼는 어려움 중 하나입니다. 과연 우리는 어떻게 해야 정의와 평화를 이 세상에 가져올 수 있을까요? 아우구스티누스에게 그 길을 물어봅니다.

정의와 평화는 어떻게 이룰 수 있는가?

로마 제국을 비판한 아우구스티누스

《신국론》을 읽다 보면, 아우구스티누스가 자신이 사랑하던 조국 로마 제국을 굉장히 신랄하게 비판하는 내용이 나옵니다. 아우구스티누스는 초기의 로마 공화정은 꽤나 칭찬하지만, 중기 이후로 들어서면서 로마가 타락해 가는 과정을 날카롭게 비판합니다. 스승인 암브로시우스도 황제가 잘못했을 때 밀라노 대성당에 들어오지 못하도록 강하게 말한 적이 있었습니다. 어떤 사람들은 성직자가 정치에 대해 이야기하는 것에 거부감을 가지기도 합니다. 그렇지만 아우구스티누스는 만일 그것이 정의와 평화와 관련한 일이라면 교회가 국가에 대해서 이야기할 필요가 있다고 생각했습니다.

그는 로마 제국은 원시적인 풍요와 대중적인 더러움을 섞어 놓은 것이라고까지 비판합니다. 살루스티우스Sallustius(기원전 86~기원전 35년경)의 말을 인용한 것입니다. 아우구스티누스의 이런 모습을 보면 앞서 제12강에서 배운 하느님의 나라와 땅의 나라가 떠오를 것입니다. 땅의 나라가 곧 국가를 의미한다고 생각하기 쉽지만, 사실 그렇지 않다

황제가 성당에 들어오는 것을 막은 암브로시우스

고 이미 말한 바 있습니다. 아우구스티누스는 국가가 땅의 나라이기 때문에 없어져야 한다고 생각하지 않았습니다. 오히려 국가를 사회적 동물로서의 본성과 관련된 것이라고 생각했기 때문에 설령 악인이나 침략이 없었다고 하더라도 국가가 필요했을 것이라고 말합니다. 그에 따르면, 가정이 할 수 없는 역할을 국가가 해야 하기 때문에, 전쟁이 많지 않았다면 작은 국가들로 이루어진 사회가 펼쳐졌을 것이라고 합니다.

> **살루스티우스**
>
> 고대 로마의 역사가이자 정치가. 키케로의 정적이었다. 그는 카이사르의 군대를 지휘했고 누미디아 총독을 거쳐 호민관으로 선출되었다. 그의 문제 의식 및 역사관은 스토아 철학의 영향을 받았다.

인간 역사가 태평했다면 왕국들은 조그마한 채 남아 있었을 것이고, 화목한 선린 가운데 희희낙락했을 것이며, 도성에 시민들의 가택이 많고 많듯이 세상에도 민족들의 왕국이 많고도 많았을 것이다. 《신국론》 IV,15)

정의가 없는 나라는 강도떼와 같다

그렇다면 아우구스티누스의 주장에는 모순이 내포된 것처럼 보입니다. 국가가 반드시 필요하다고 이야기하면서도, 한편으로는 실제적인 역사를 훑으면서 로마를 비판합니다. 이에 대한 설명은 "정의가 없는 왕국이란 거대한 강도떼가 아니고 무엇인가!"《신국론》 IV,4)라는 말에서 찾을 수 있습니다. 굉장히 강한 표현인데, 그 배경에는 흥미로운 일화가 있습니다.

마케도니아에서 태어나 그리스를 점령하고 터키와 페르시아와 인도까지 모두 점령한 위대한 왕이 있었습니다. 굉장히 유명한 인물이지요. 바로 **알렉산드로스 대왕**Alexandros the Great(기원전 356~기원전 323년)입니다. 알렉산드로스 대왕이 매우 중요시했던 전술이 하나 있었습니다. 그는 군수 물자 보급이 실패하면 전쟁에서 절대로 승리할 수 없음을 알았습니다. 아무리 용감한 사람도 일주일만 굶고 나면 전투를 제대로 치르지 못하겠지요. 그래서 알렉산드로스 대왕은 항상 군수 물자를 일주일치 이상 확보해 두고 전쟁을 했습니다. 그렇게 철저하게 관리했음에도 불구하고 어느 날 군수 물자가 도착하지 않자, 그는 위험을 느끼고 전쟁을 중단시켰습니다. 그리고 전선에서 최정예 부대를 빼서 군수 물자 확보 통로를 확인하러 보냈습니다.

며칠 후 최정예 부대가 해적 떼를 잡아 왔습니다. 알고 보니 그리스에서 터키로 넘어오는 알렉산드로스 대왕의 수송선이 해적을 만난 것입니다. 중요한 수송선의 군량미를 다 털어 버린 해적 떼는 알렉산드로스 대왕 앞에 끌려왔습니다. 그런데 알렉산드로스 대왕이 "너희가 무슨 짓을 저질렀는지 아는가? 너희는 국가의 가장 중요한 대사를 그르칠 뻔했다."라고 호통을 치는데도 이 해적들은 자신들의 잘못을 인정하고 살려 달라고 빌지 않았습니다. 오히려 해적들의 우두머리가 알렉산드로스 대왕을 당당하게 바라보며 이야기했습니다. "당신이랑 내가 다를 것이 무엇이오?" 이 말은 자신은 배 한 척을 가지고 약탈하는 일을 하기 때문에 해적이라 불리고, 알렉산드로스 대왕은 거대한 함선의 군단과 무수한 대군을 이끌고 전쟁을 하기 때문에 대왕이라고 불린다는 말이었습니다.

이에 알렉산드로스 대왕은 자신들에게는 법이 있다고 반박하자, 해적들의 우두머리는 자신들에게도 법이 있다고 응수했습니다. 계속해서 설전이 오가다가 알렉산드로스 대왕이 "우리는 의리에 의해서 뭉친 것이다. 우리는 국가를 지키기 위해서 모였다."라고 말하자, 해적들의 우두머리는 대왕을 위해 이 자리에서 목숨을 바칠 사람이 있는지 반문합니다. 모든 장군들이 알렉산드로스 대왕과 눈 마주치기를 거부하고 있을 때, 해적들의 우두머리가 부하들에게 같은 질문을 하

알렉산드로스 대왕과 해적

자 그의 부하들은 서로 목숨을 바치겠다고 하는 것이었습니다.

겉모습으로만 보면 해적들도 의리와 규칙을 지닌 정당한 집단 같습니다. 아우구스티누스가 이 일화를 가져온 이유가 바로 여기에 있습니다. 아무리 국가의 거대한 권력을 가졌다고 하더라도, 그 안에서 정의가 이루어지지 못한다면 강도떼와 다를 바가 없음을 일러 주는 것이었지요.

정의란 무엇인가?

정의에 대한 아우구스티누스의 생각

그렇다면 도대체 정의는 무엇일까요? 아우구스티누스는 정의를 '각자의 몫을 각자에게 돌려주는 것'이라고 말합니다. 하느님은 만물을 창조하실 때 모든 인간이 풍부하게 먹고살 만큼의 자연 재물을 주셨음에도 몇몇 사람들이 이것들을 장악하고 있다는 것입니다. 부자와 라자로의 비유(루카 16,19-31 참조)에 나오는 것처럼, 누군가를 굶주려 죽도록 놔둔다면, 이것은 각자의 몫을 각자에게 준 것이 아닙니다. 모든 사람이 함께 먹고 살고 공정하게 배분함으로써 인간다운 삶을 사는 것, 그리고 그러한 삶을 지향하는 것이 바로 우리가 정의라고 부르는 것입니다.

그런데 사람은 욕심이 있기 때문에 보다 많이 가지려 하고, 때로는 남의 것을 빼앗으려 하는데, 이럴 때 정의가 깨지게 됩니다. 아우구스티누스는 벌을 내려서라도 이것을 고쳐야 한다고 말합니다. 강도떼들이 떳떳한 이유는 제대로 징벌을 하지 않아 그들의 잘못을 바로잡지 못했기 때문이라고 본 것이지요. 따라서 강도떼는 나름대로의 세력에 힘입어 존속하면서 정정당당한 집단처럼 행세한다는 것입니다《신국론》XIX,12 참조).

또한 아우구스티누스는 세계 역사 전체를 고찰하면서 정의와 평화가 이루어지는 세계가 이 땅에서 자주 일어나지 않았음을 알게 되었습니다. 그중에서도 정의와 평화에 그나마 가까이 갔던 것이 로마 제국이었습니다. 초기에는 굉장히 건강한 국가였던 로마가 융성해질수록 욕심이 커졌고, 몇몇 사람들이 부를 독점하면서도 더 많은 부를 가지기 위해 더욱 욕심을 부리는 현상을 역사 안에서 발견한 것입니다. 그렇기 때문에 아우구스티누스는 국가가 하는 역할 중에서 중요한 것은, 단순히 법이나 징벌을 통한 통치로 끝나는 것이 아니라, 국민들에게 올바른 정신을 일깨워 주는 작업이라고 주장하기에 이릅니다.

제가 유학 생활을 마치고 와서 놀란 것이 하나 있습니다. 유학을 가기 전에는 땅 투기로 이익을 챙기는 여자를 폄하하는 '복부인'이라는 단어가 있었습니다. 그런데 유학 생활을 마치고 오니 그 단어는 사라지고 '재테크'라는 단어가 생겼고, 이런 재테크가 일상화되어 있었습니다. 제가 독일에 있는 10년 사이에 우리나라는 훨씬 더 잘살게 되었는데, 한편으로는 사람들 눈에 돈이 그려져 있는 것처럼 보이기도 했습니다. 국가가 부를 축적하는 것에만 지향점을 둔다면 이 세계는 정글처럼 되어 버릴 수밖에 없습니다. 이것은 정의와 평화가 실현되는 세계가 아닙니다. 그래서 아우구스티누스는 함께 살아가는 사회, 도덕적인 근본을 가르쳐 주는 작업이 국가가 해야 할 중요한 역할이라고 생각했습니다.

참다운 정의와 하느님의 나라

진정한 정의와 평화가 이루어지는 곳

아우구스티누스는 참다운 정의를 실현할 수 있는 것은 이 지상에서가 아니라 하느님의 나라에서 가능하다는 것을 알았습니다. 인간은 아무리 억눌러도 결국 자유로움을 추구하는 동물이기 때문입니다. 어느 정도는 참아 내지만, 모든 인간의 인간성이 빼앗기는 상태에 이르게 되면 사람들은 더 이상 참지 못하고 반란이나 폭동을 일으키기도 합니다. 그래서 아우구스티누스는 참다운 정의는 하느님으로부터 온다고 생각했습니다. 그렇기 때문에 하느님이 주신 것을 자신의 사유재산이라고 생각해서 탐욕스럽게 쓰는 것이 아니라, 모든 사람들이 함께 나누어 사용해서 하느님께 영광과 찬양을 드릴 수 있게 되는 것이 바로 참다운 정의이고, 그렇게 살아가는 사람들이 모인 곳이 하느님의 나라라고 했습니다.

얼핏 보면 사랑의 하느님과 정의의 하느님이 충돌을 일으키는 것처럼 느껴지기도 합니다. 하지만 그 몫을 각자에게 제대로 돌려주는 것을 정의라고 할 때, 이웃 사랑을 통해서 하느님이 우리에게 주신 것을 함께 나누는 것이 진정한 의미에서 정의를 실현하는 길입니다. 이처럼 하느님이 우리에게 주신 것을 되돌려 드리는 사랑이야말로 가장 충만한 정의며, 사랑으로부터 정의의 절정에 도달하게 된다고 할 수 있습니다.

그러나 인간 안에는 욕심이 너무나 깊게 들어와 있습니다. 신기하게도 가족 간에는 서로 나누는 것이 잘 됩니다. 그러나 개인의 욕심이 사람들의 집단 이기주의로 확대되면서 결국에는 자신들의 이익만 추구하는 경우가 있습니다. '님비 현상'이 대표적인 예입니다. 이 말은 'Not In My Back Yard'의 앞 글자를 딴 표현으로, 지역 이기주의를 뜻합니다. 화장장이나 쓰레기 처리장 같은 곳은 우리에게 꼭 필요한 공공시설이지만, 어느 누구도 자신이 사는 지역에 이런 시설을 짓는 것을 편하게 생각하지 않습니다. 이것만 보더라도 진정한 정의와 평화를 이 땅에서 실현하기 굉장히 힘들다는 것을 알 수 있습니다. 아우구스티누스도 이 사실을 알았던 것 같습니다. 그래서 그는 진정한 정의와 평화가 하느님의 나라에서 이루어진다고 말하는 것입니다.

그런데 때로는 아주 좋은 지도자가 나와서 올바른 정의와 평화를 이룩하는 시기가 있었습니다. 우리나라에는 대표적으로 세종 대왕世宗大王(1397~1450년)이 있습니다. 우리는 보통 '세종 대왕' 하면 《훈민정음》이나 해시계, 측우기만 생각하지만, 더 놀라운 것은 세종 대왕의 '애민 사상愛民思想'입니다. 세종 대왕은 백성들을 사랑하는 마음에서 이런 것들을 만들었지요. 게다가 오늘날에도 제대로 시행하지 못하는 임산부에 대한 출산 휴가를 이미 실현했고, 장애인을 돕기 위해 노력했습니다. 만일 아우구스티누스가 세종 대왕의 이런 이야기를 들었다면 아마 이렇게 말했을 것 같습니다. "하느님께서 세종 대왕을 통해서 한민족에게 은총을 내려 주셨다."라고 말입니다.

아우구스티누스는 정치가들이 제대로 통치해서 진정한 정의가 실현된다면 이것이야말로 은총의 역사가 이루어지는 것이라고 생각했습니다. 그리고 이것을 이루기 위해 자신이 가진 몫을 사람들에게 돌려주는 일이 반드시 필요하다고 말하는 것입니다.

시민의 덕과 정의의 상관관계

국가에서 가장 중요한 것이 시민에게 덕을 가르치는 것이라고 했는데, 때로는 아주 구체적으로 정의와 평화를 이루기 위한 행동을 해야 할 때가 있습니다. 아우구스티누스는 당시에 당연하다고 여겨지던 것들을 비판했는데, 그중 하나가 **고문**입니다. 우리가 영화나 드라마 등을 통해 볼 수 있듯이, 고문은 자백을 받아 내는 방법으로 역사 안에서 오랫동안 행해져 왔습니다. 그런데 고문을 통해서 얻은 일체의 것

로마의 대표적인 사형 제도인 십자가형

들이 사실이 아닐 수 있습니다. 무고한 사람들이 고문으로 인한 고통을 멈추기 위해서 거짓 자백을 할 수도 있다는 사실을 아우구스티누스는 알고 있었습니다. 그는 고문은 진정한 의미에서 진리를 찾는 방법이 아니기 때문에 이런 것을 행해서는 안 된다고 주장합니다《신국론》 XIX,6 참조).

아우구스티누스가 반대한 두 번째 것은 **사형 제도**입니다. 당시에는 반역죄와 같이 중한 죄에 대한 벌로 사형이 당연시되었습니다. 일부 그리스도교 법률가들은 성경을 근거로 사형을 해야 한다고 주장하기도 했습니다. '눈에는 눈, 이에는 이'라고 하듯이, 사람을 죽인 자는 반드시 죽여야 한다고 생각한 것이지요. 그러나 아우구스티누스의 생각은 달랐습니다. 징벌은 정의롭지 못한 사람을 가르쳐서 정의로 되돌리는 것인데, 사형은 그것이 행해지는 순간 교정의 의미가 없어져 버리기 때문입니다. 그뿐만이 아니라 더욱 무서운 것이 있습니다. 우리나라의 독재 정권 시절을 되돌아보면 국가에서 엉뚱한 사람을 간첩으로 몰아 사형을 선고한 일이 있었습니다. 사형 제도 안에 무고한 인간의 생명을 **빼앗아 버릴 위험성**이 있음을 아우구스티누스가 발견한 것입니다. 그는 이런 이유로 현대 사회에서도 아직까지 폐지하지 못한 사형 제도를 없앨 것을 그 시대에 강력하게 외쳤습니다(《서간집》 134,4; 204,5 참조).

정의로운 전쟁, 그리고 평화

무엇보다 아우구스티누스가 가장 강력하게 주장했던 것은 **전쟁**에 관한 이론이었습니다. 그가 **거룩한 전쟁, 의로운 전쟁**에 대해 이야기한 것은 널리 퍼져 있습니다. 철학자들은 가장 불행한 일로 불의한 자들이 의로운 자들을 지배하는 것을 꼽았습니다(《신국론》 IV,15 참조). 아우구스티누스가 거룩한 전쟁, 의로운 전쟁을 이야기한 의미는, 국가 권력을 가진 자들이 평화롭게 사는 민족에 쳐들어가서 강압적으로 통치하려 한다면, 불의한 자들이 의로운 자들을 통치하게 되기 때문에 불가피하게 전쟁을 치를 수밖에 없다는 것입니다.

의로운 전쟁의 첫 번째 조건은 **방어를 위한 전쟁**이어야 한다는 것입니다. 아우구스티누스는 땅을 넓히기 위한 침략 전쟁은 결코 의로운 전쟁이 되지 못하고, 불의한 자들이 의로운 자들을 지배하려는 목적으로 쳐들어왔을 때 방어하기 위한 전쟁만이 용인된다고 생각했습니다. 여기에는 많은 조건이 붙어 있습니다. 전쟁이 다른 나라의 침략으로 시작되었다고 해서 침략한 나라를 초토화하려는 전쟁은 안 되는 것입니다. 쉽게 말해 이른바 십자군 전쟁이라고 주장하면서 미국이 아프가니스탄과 전쟁을 한 것은 아우구스티누스의 기준에 따

> **9·11 테러**
> 2001년 9월 11일에 반미 이슬람 무장 단체인 알 카에다가 민간 여객기를 납치하여 미국의 세계 무역 센터 빌딩, 펜타곤 등에 충돌시킨 사건. 3천 명이 넘는 사람들이 이 사건으로 목숨을 잃었다.

르면 정당화될 수 없습니다. 9·11 테러보다 훨씬 큰 피해를 상대 민족에게 입히면서 과도한 복수극으로 치닫는 전쟁은 결코 정당하다고 할 수 없는 것입니다. 또한 아우구스티누스는 당시에 포로를 노예로 여기는 것에 대해서도 정당하지 않다고 생각했고, 포로들의 인권에 대한 규정을 만들기도 했습니다.

 이후의 많은 정치가들이 자신이 벌이는 전쟁을 정의로운 전쟁이라고 주장했습니다. 아이러니하게도 전쟁을 벌이는 사람들이 정의와 평화를 구실로 내세웁니다. 즉 세계의 정의와 평화를 수호하기 위해서 전쟁을 벌인다고 말이지요. 그런데 빈 라덴이 죽고 나니 전쟁이 사라지고 정의와 평화가 실현되던가요? 그렇지 않습니다. 바로 이 점을 아우구스티누스가 꿰뚫어 본 것입니다. 어쩔 수 없이 전쟁을 벌여야 되는 경우가 분명 있지만, 조금이라도 지혜가 있는 사람이라면 결코 이것을 올바른 일이라고 하며 행하지 않는다는 것입니다. 잘 숙고해 보면 그 의롭다는 전쟁에서도 자랑스러운 것보다는 괴로운 것이 훨씬 많습니다.

여기서 중요한 것은 왜 전쟁이 일어나는지를 살피는 일입니다. 누군가가 위에서 군림하면서 모든 것을 지배하려는 욕심을 강하게 가지면 가질수록, 그리고 자신이 생각하는 평화를 내걸면 내걸수록 전쟁이 일어날 위험이 더 커집니다. 또한 전쟁은 내가 생각하는 평화를 타인에게 강요할 때 일어납니다. 그래서 아우구스티누스가 택한 방법은 전쟁을 통해서 정의와 평화를 유지하는 것이 아니라, 인간이 욕심을 없애야 한다는 것입니다. 타인 위에 군림하려는 욕심, 보다 많은 재산을 가지려는 욕심, 타인을 노예로 만들어 자신의 풍요를 누리려는 욕심을 먼저 제거해야 한다고 가르치는 것입니다.

《신국론》이 오늘날 갖는 의미

그런데 안타깝게도 아우구스티누스 역시 이런 정의와 평화가 모든 세계에서 실현되기 어렵다는 것을 알고 있었습니다. 그렇다면 실현되지도 못할 《신국론》 같은 책이 무슨 의미가 있을까요? 아우구스티누스는 인간이 얼마나 악한지 원죄를 통해 바라보았고, 이것이 사회적으로 커 나가게 된다면 몇몇 올바른 사람으로는 바꾸기 힘들 정도로 정의와 평화를 위협하는 일들이 일어날 수밖에 없음을 깨달았습니다. 그러나 그는 이것이 최종적인 이야기가 아님을 말하고 싶었습니다. 아우구스티누스는 430년에 죽었는데, 410년에 로마가 점령당했고, 476년에 서로마 제국이 완전히 멸망했습니다. 아우구스티누스가 죽음을 앞두던 당시에 히포는 반달족에게 완전히 에워싸인 상황이었습니다. 바로 성 밖에까지 와서 항복하지 않으면 죽여 버리겠다고 협박하는 야만인들 앞에서도 아우구스티누스는 정의와 평화가 이루어지는 세상이 있다는 희망을 포기하지 않았습니다.

> **반달족**
> 동게르만족 계열에 속하는 혼성 부족으로 원래 폴란드 서부 지역에 거주했다. 400년경 서쪽으로 이동하여 스페인을 점령하고 북아프리카에 진출하여 카르타고까지 점령한 후 반달 왕국을 세웠다.

결국 아우구스티누스는 종말론적인 완성이 있음을 말합니다. 지금 이 세상에서 부귀영화를 누리는 악한 자들에게, 아우구스티누스는 겁을 주는 것입니다. 지금 모든 행복과 부를 누리고 사는 것 같아도 마지막에 가서는 정의의 심판관 앞에서 처절하게 심판받는 날이 온다고 말이지요. 그렇기 때문에 지금의 부와 행복이 영원할 것처럼 착각하지 말라고 충고합니다. 그러면서 동시에 고통받는 사람들에게는 이 고통이 마지막이 아니라고 위로합니다. 하느님이 최종적으로 하느님의 나라에서 영광과 정의를 드러내실 때, 그들이 위안을 받을 것이기 때문입니다. 그래서 이 희망을 가지고 걸어가자고 합니다.

저는 1988년에 독일로 유학을 갔는데, 그때는 우리나라가 아직 제대로 민주화가 되기 전이었습니다. 그래서 사실 유학을 갈 때까지만 해도 민주화라는 것, 적어도 우리가 자유롭게 자신의 의견을 표현할 수 있는 사회가 올 것이라고는 꿈도 꾸지 못했습니다. 그래서 30년 만에 광화문의 평화스러운 집회에 나가 보니 낯설기까지 하더군요. 이처럼 사회가 어둠 속에 있다고 하더라도 이것이 마지막이 아니라는

정의와 평화가 이루어지는 세상을 꿈꾼 아우구스티누스

사실을 아우구스티누스는 《신국론》에 담고 있습니다. 그리고 역사 전체를 꿰뚫어 보면서 이것이 긍정적인 세계에 대한 완성이 될 수 있다는 영감을 주었고, 이러한 영감은 후대의 많은 철학자들에게도 영향을 미쳤습니다.

가장 중요한 것은 아우구스티누스가 우리에게 물어오는 질문과, 그가 전 세계적인 역사를 보며 우리에게 희망을 주는 이야기입니다. 아우구스티누스는 우리에게 우리 각자가 무엇을 사랑하는지 묻습니다. 우리가 무엇을 사랑하는지에 따라서 어느 나라에 속한 백성인지 알게 되기 때문입니다. 또한 지금은 어렵고 어둡다고 하더라도 이것이 결코 마지막이 아니며, 교육적인 과정을 통해 최종적인 완성으로서의 승리는 십자가로부터 부활하신 주님의 나라 즉, 하느님의 나라에서 이루어진다는 것입니다. 당장은 어둠이 있다고 할지라도 포기하지 않고 그 작은 희망을 가지고 걸어 나갈 수 있기를 바랍니다.

🧑‍🦳 아우구스티누스의 정의를 요약하자면, 참다운 정의는 하느님의 나라에서만 완성될 수 있다는 의미로 보입니다. 그렇다고 해서 너무 막 살면 안 되니까 지상에서 평화를 추구하자는 뜻으로 해석할 수 있을까요?

지상에서 이루어질 수는 없지만, 때로는 이루어질 수 없는 것들이 우리에게 계속해서 어떤 역할을 하는 경우가 있습니다. 혹시 북극성에 다녀온 분이 있나요?

북극성은 우리가 도달할 수 없는 곳에 있습니다. 그럼에도 불구하고 방향을 가리켜 줌으로써 항해하는 배들이 안전하게 올바른 길을 찾아갈 수 있도록 큰 도움을 줍니다. 하느님의 나라도 그런 역할이라고 생각하면 좋을 것 같습니다. 항해라는 것은, 단순히 어느 지점에 도달하기만 하면 되는 것이 아니라 항해 내내 안정되고 평화로워야 합니다.

이처럼 아우구스티누스가 도달하기 힘든 이상을 이야기했다고 하더라도 지상에서의 올바른 정의와 평화, 그리고 윤리적인 생활은 여전히 중요한 가치를 지닙니다. 또한 그러한 것이 은총의 순간임을 기억해야 하는데, 우리는 아무런 은총 없이 희망만 가지고는 모든 것을 견디지 못하기 때문입니다. 어떤 순간이라도 그것이 실제로 작은 불빛만큼의 희망과 체험이 있을 때에만 우리는 그 어려움을 견뎌 낼 수 있습니다.

복음적으로 말하자면 하느님의 나라는 이미 우리 가운데 있지만 완전히 완성된 것은 아니라고 할 수 있습니다. 단지 막 살면 안 되니까 지상에서 평화를 추구해야 한다는 것보다는, 완전히 도달하지 못함에도 불구하고 그것을 미리 맛보고 체험하는 것이 여전히 소중하다는 것으로 이해하면 좋겠습니다.

지난 역사를 보면 많은 독재자들이 자신이 진정한 정의를 추구하는 것처럼 행동하면서 많은 악행을 저지르기도 했습니다. 다양한 가치관과 정의관이 공존하는 이 복잡한 상황에서 어떻게 진정한 정의와 평화를 찾을 수 있을까요?

제가 유학 생활 중에 알게 된 것인데, 독일인들은 우리나라 일본처럼 역사를 지우거나 왜곡하려 하지 않고, 반복해서 보여 줍니다. 히틀러가 아주 굵직한 목소리로 소리를 지르면서 연설을 하는 기록 영화를 보면, 영화에 나오는 젊은 여성들과 '히틀러유겐트Hitler-Jugend'라는 청소년단이 눈물을 흘리며 기절하더군요. 마치 아이돌을 바라보듯이 히틀러에게 열광하는 것을 볼 수 있습니다.

그러나 히틀러가 정의를 가져다준다는 이유로 독일 국민들에게 가한 불의는 이루 말할 수 없을 정도입니다. 히틀러는 제1차 세계대전 이후 정의를 회복하기 위해 전쟁이 필요하다고 독일 국민들을 세뇌시켰습니다. 그리고 나치 독일을 '제3제국'이라고 표현하면서 신성 로마 제국(제1제국)과 독일 제국(제2제국)의 전통을 이어간다고 주장했습니다. 이러한 예처럼 인류는 정의와 평화라는 이름으로 사람들을 현혹시키기도 합니다. 이는 인류가 저지른 가장 추악한 악행 가운데 하나입니다.

이러한 일은 우리나라에서도 있었습니다. 1979년에 독재자가 비명횡사하자 다른 독재자가 나타나서 "정의 사회를 구현하겠다."라고 외쳤습니다. 이러한 독재와 탄압에 반대해서 명동 성당에서 김수환 추기경님은 "정의가 강물처럼 흐르게 하리라."(아모 5,24 참조)라는 성경 구절을 인용하기도 했습니다.

두 경우 모두 정의라는 단어를 사용했지만, 우리는 이것을 어떻게 구분해야 할까요? 그 답을 가르쳐 주기 위해 아우구스티누스가 《신국론》을 쓴 것입니다. 사사로운 사랑과 사회적인 사랑에 대한 내용을 떠올릴 수 있도록 본문에서 인용했던 핵심적인 구절을 가져와 보겠습니다. "오만불손한 지배욕에 사로잡혀 공동선마저도 자기 권력하에 귀속시키려 한다." 국민들이 준 소중한 권한을 자신의 권력을 충족시키는 것에 이용하면 이것은 잘못된 정의, 땅의 나라, 사사로운 사랑을 요구하는 것입니다. "하나는 그릇된 인간들의 칭송보다는 진리를 앞세우지만, 하나는 무슨 수로든지 찬사를 얻으려고 탐한다." 대중적인 인기만을 좇아 수단과 방법을 가리지 않고 어떤 것을 얻으려는 사람이 있다면 의심해도 좋습니다. 무조건적인 찬사만 얻으려는 사람들은 사사로운 사랑을 하기 때문입니다. "하나는 이웃을 다스려도 이웃의 이익을 생각하여 다스리지만, 하나는 자기 이익을 위하여 다스린다." 이것이 마지막으로 중요한 기준이었는데, 우리는 이런 기준을 가지고 사사로운 사랑과 사회적인 사랑을 구분할 필요가 있습니다.

그런데 이런 구분을 하다 보면, 화병이 날 때도 있습니다. 얼굴색 하나 바뀌지 않고 거짓말을 밥 먹듯이 하는 사람들이 있기 때문입니다. 특히 선거철마다 마치 국민들을 위하는 것처럼 속이는 정치가들도 있는데, 아우구스티누스는 여기서 받아들이기 어려운 충고를 합니다. 사람들이 거짓말을 할 때, 그것이 거짓말이라도 올바른 정의에 대한 답을 이야기한다면, 그 사람의 말을 믿어 주라는 것입니다. 이것은 적어도 자신의 이익을 챙기는 일을 좋은 것처럼 말하는 것보다 낫다는 것입니다. 그런 다음에 그들이 말한 것을 실천하도록 유도하고 지켜보라고 이야기합니다. 무엇이 올바른지 식별할 수 있는 안목을 키우며, 그들이 올바른 일을 실천하도록 이끄는 것이 오늘날 아우구스티누스가 우리에게 주는 충고가 아닐까 생각해 봅니다.

정의와 평화를 이야기하다 보니 결국은 정치로 생각이 옮겨 갑니다. 그리스도인인 우리는 정의와 평화를 바로 세우기 위해서 어떤 마음으로 정치를 바라보아야 할까요?

신부님들이 정치적인 이야기는 하지 말고, 복음에 대해서만 이야기했으면 좋겠다고 생각하는 분들도 있을 것입니다. 그런데 아우구스티누스는 그렇게 생각하지 않았습니다. 여기서 오해하면 안 되는 것은 가톨릭 교회에서는 성직자가 정치에 직접 개입하는 것을 금하고 있습니다. 아우구스티누스가 말한 것은, 만일 국가가 '정의롭다, 평화롭다'고 선전하면서 저지르는 불의와 불화를 정당화한다면, 그것을 정확하게 가르쳐 줘야 하는 책임이 종교인에게 있다는 의미입니다. 즉 우리가 어떤 방향으로 나아가야 하는지 방향을 잡아 주는 일을 종교인이 해야 한다는 것입니다.

그렇다면 그리스도인들은 어떻게 정치에 참여할까요? 가장 먼저 평신도 정치인들에게 책임이 있습니다. 그들이 하느님과 일대일 사랑을 하면서, 자신이 속한 집단의 이익만을 생각한다면 이것은 사사로운 사랑입니다. 여기서 나머지 사람들의 역할이 중요해집니다. 《신국론》에서 배운 사랑을 우리가 올바른 방향으로 유도해야 합니다. 그 1차적인 책임은 그리스도교 언론인에게 있습니다. 언론인들이 정치의 눈치를 보지 않고 언론으로서의 역할을 올바르게 해 준다면 분명 달라질 수 있습니다. 이런 것들이 실현될 때 우리 모두가 올바른 방향으로 나아갈 수 있을 것입니다.

우리는 선거를 통해 정치 지도자를 뽑지만, 우리가 선거하면서 기대한 효과는 그렇게 쉽게 나타나지 않습니다. 악의 세력의 뿌리가 굉장히 깊고, 인간의 의지가 욕심에 넘어가 흔들릴 수 있기 때문입니다. 그러나 우리나라는 조금씩 새로운 민주화의 길로 발걸음을 내딛고 있습니다. 이것은 보통 일이 아닙니다. 이렇게 질서 안에서 조금씩 나아간다는 것이 하느님이 우리 민족을 사랑하신다는 증거이고 은총의 순간이라고 생각합니다. 이 은총을 완성해 가는 작업은, 하느님 나라는 아직 완전히 오지 않았지만 이미 와 있다는 성경 말씀처럼 우리가 이 삶에서, 이 땅에서 이루어 내야 합니다. 그리스도를 믿는 정치인들이, 그리스도를 믿는 언론인들이, 그리스도를 믿는 국민들이 공공선을 위해 노력해 나갈 때, 진정한 의미에서 '하느님의 나라'에 한 발 더 다가서게 된다고 말하고 싶습니다.

강의를 마치며

　철학자들은 아주 뛰어난 재주를 가지고 있습니다. 어떻게 그렇게 어렵게 이야기할 수 있을까요? 그렇다 보니 이 책에는 굉장히 무겁고 어려운 내용이 많았습니다. 그러나 여기까지 읽어 준 여러분은 모두 굉장한 인내를 보여 주었습니다.

　저 역시 강의를 준비하고, 또 질문을 듣고 답하면서 많은 것을 배웠습니다. 한 번도 생각해 보지 못한 질문들도 있다 보니 충분한 답이 되지 못한 부분도 있을 것입니다. 그러나 저는 아우구스티누스에게서 계속해서 생각하고 질문하는 태도를 배웠습니다. 아우구스티누스가 죽는 순간까지 질문을 놓지 않고 계속 고민했던 것처럼, 저도 지금부터 들어 왔던 질문을 곱씹어 보면서 새로운 대답, 더 좋은 대답을 찾기 위해 노력하겠습니다. 지금까지 긴 강의에 함께해 주셔서 진심으로 감사드립니다.

· 부록 ·

연대표
색인

연대표

구분	아우구스티누스	서양사	한국사
300		●313년 콘스탄티누스 대제가 밀라노 칙령 반포 ●325년 니체아 공의회 개최	
350	**354년** 북아프리카 타가스테에서 출생 카르타고의 포에니 항구 재현도		
370	**371년** 카르타고로 유학 아버지 파트리치우스 죽음 **372년** 아들 아데오다투스 태어남 **373년** 키케로의 《호르텐시우스》를 읽고 '지혜에 대한 사랑'(철학)에 빠짐		●371년 백제 근초고왕이 고구려를 침공 근초고왕 때의 백제 영토

370	374~383년경 마니교에 관심		
	마니교에서의 선신과 악신	376년 친구의 죽음 체험함 카르타고에서 수사학을 가르침	●376년 게르만족 대이동  게르만족을 묘사한 삽화

	383년 배를 타고 로마에 감	●381년 제1차 콘스탄티노플 공의회 개최	
380	384년 밀라노 황실 수사학 학교 교사로 초빙		●384년 백제에 불교 전래
	386년 회심하여 그리스도교 신앙을 고백		
	387년 암브로시우스에게 세례를 받음 어머니 모니카 죽음 		

| 390 | 391년 사제품을 받음 | ●392년 테오도시우스 황제가 그리스도교를 로마의 국교로 선포 | ●392년 고구려 광개토 대왕이 백제를 침공  광개토 대왕릉 입구 |

연대표 **311**

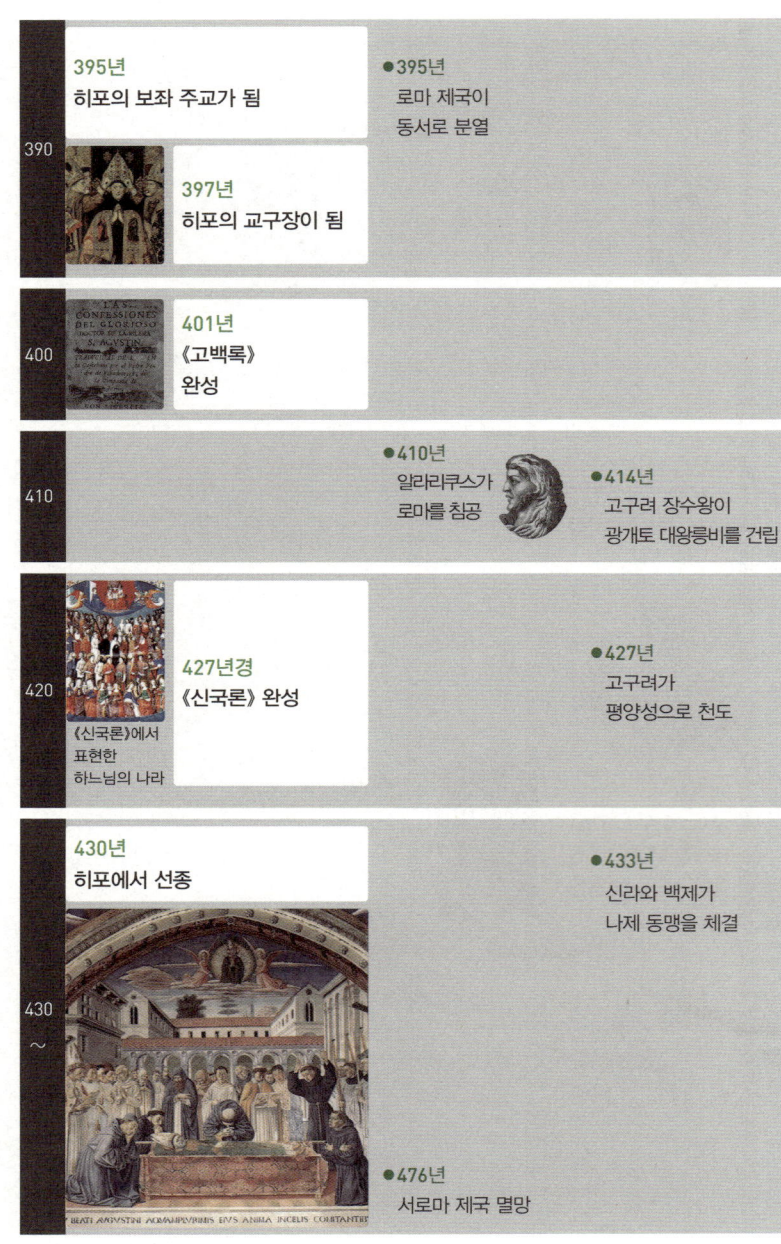

390

395년
히포의 보좌 주교가 됨

● **395년**
로마 제국이 동서로 분열

397년
히포의 교구장이 됨

400

401년
《고백록》 완성

410

● **410년**
알라리쿠스가 로마를 침공

● **414년**
고구려 장수왕이 광개토 대왕릉비를 건립

420

427년경
《신국론》 완성

《신국론》에서 표현한 하느님의 나라

● **427년**
고구려가 평양성으로 천도

430년
히포에서 선종

● **433년**
신라와 백제가 나제 동맹을 체결

430~

● **476년**
서로마 제국 멸망

색인

[ㄱ]

- 가시계 123, 124
- 가지계 123, 124
- 《가톨릭 교회의 관습과 마니교도의 관습》 81, 98, 184
- 감정 8, 26~27, 32, 34, 37, 41, 81, 132, 227
- 개인주의 38, 277
- 게르만족 54, 62, 108, 264, 265, 299
- 결핍 114, 124~128, 131, 147, 151, 158, 163
- 계몽주의자 35
- 《고백록》 28, 30, 39, 60, 65, 70, 72, 74~75, 79, 80, 82, 116, 127, 150, 209, 220, 222, 224, 227~228, 236, 242~243, 247, 252, 257, 263, 312
- 공동체 105, 259, 260~263, 266, 277~279
- 공부 41, 63, 68, 74, 76, 87, 97, 100, 120, 142, 178, 217, 236, 271
- 과학 23, 33, 86, 93, 111, 135, 145, 148, 151, 152, 170
- 괴테 41
- 교육 27, 37, 39, 73, 92~99, 101~106, 108~111, 171, 222, 234, 243
- 구원 63, 188, 230~231, 236, 241, 263
- 국가 23, 25, 33, 48, 53, 61, 62, 75, 265, 271, 273, 274, 286~292, 294, 296, 306
- 그리스도교 26~32, 36, 37, 39, 44~50, 52, 57, 58, 61, 63, 66, 79, 82, 83, 85, 88, 89, 120, 124, 128, 135, 138~145, 184, 187, 188, 210, 222, 236, 240, 250, 253, 254, 256, 263~265, 271, 275, 295, 306
- 그리스-로마 문화 44, 45, 46, 49~52, 63, 65, 66, 79
- 그리스 철학 33, 46, 81, 82, 123, 136~139, 176, 251, 253
- 근원 114, 120, 126, 128, 136, 137, 140, 150, 158, 159, 196, 201, 210
- 기술 22~25, 34, 35, 111, 281

[ㄴ]

- 낡은 사람 266~268, 276
- 낭만주의 32, 33
- 내적 교사 106, 107, 130, 196, 205~207, 229
- 니체 25, 36

[ㄷ]

- 다신교 46, 48, 264
- 다윈 144, 145
- 당하는 악 185, 192
- 대그레고리우스 교황 28
- 데모크리토스 137, 138
- 데미우르고스 41, 138
- 데카르트 206, 207
- 도나투스파 61
- 《독백》 78, 79, 247
- 동양 철학 87, 255
- 둔스 스코투스 28~29
- 땅의 나라 266~268, 270~271, 273~276, 286~287, 304

[ㄹ]

- 로마인 21, 48, 54, 58, 60, 264

- 로마 제국 8, 21, 26, 29, 44, 45, 48, 49, 51~60, 62, 75, 186, 264~265, 271, 275, 286, 291, 298, 304
- 루소 35, 111
- 루터 31~32, 34, 64

[ㅁ]

- 마니교 61, 77, 78, 81, 89, 117~121, 127, 129, 130, 142, 143, 162, 163, 184, 218, 270
- 마르크스 33, 34, 40
- 명예 8, 25, 29, 39, 51, 65, 204, 205, 209, 219, 220, 253
- 모니카 51, 52, 60, 65, 72, 77, 84, 219, 224, 226, 247, 248, 331
- 목적 35, 64, 98, 151, 152, 179~181, 183, 184, 210, 222, 296
- 무로부터의 창조 139, 149, 157
- 밀라노 95, 99, 100, 120, 209, 219, 267, 286
- 밀라노 칙령 48, 49, 58

[ㅂ]

- 바오로 사도 220
- 반달족 299
- 배타성 61, 279
- 벤담 198
- 변증법 33
- 보나벤투라 28~29
- 북아프리카 53, 58, 59, 61, 75, 230, 264, 299
- 불행 8, 22, 25, 27, 117, 196, 199, 200, 212, 216~219, 221~227, 232~235, 237, 252, 285, 296
- 비트겐슈타인 34, 35, 40

[ㅅ]

- 사랑 10, 25, 27, 31, 32, 40, 72, 74, 76, 77, 86, 98, 99, 101, 106, 128, 131, 141, 142, 146, 156, 159, 165, 167, 168~170, 174, 175, 177~185, 190, 201, 204, 208, 211, 212, 216, 226, 232, 233, 237, 238, 249, 257~263, 267~270, 274, 275, 276, 278~281, 286, 293, 294, 301, 304~307
- 사사로운 사랑 268, 269, 274, 278, 304~306
- 사용 180~182, 184, 185, 188, 189, 204, 210
- 사회적 동물 263, 287
- 사회적인 사랑 268, 269, 278, 304, 305
- 살루스티우스 286, 287
- 삶 8, 25, 26, 29, 37, 38, 39, 61, 64, 86, 96, 98, 109, 170, 177, 199, 209, 222, 228, 232, 240, 242~246, 250, 252~255, 258, 261, 290, 291
- 《삼위일체론》 28, 63, 83, 103, 199
- 새 사람 266~268, 276
- 서로마 제국 59, 298
- 선함 114, 120, 134, 146, 156, 174
- 성경 29, 31, 39, 68, 77, 78, 81, 82, 117~121, 128, 135, 142, 143, 151, 152, 168, 171, 193, 194, 203, 207, 220, 231, 237, 238, 260, 270, 295, 304, 307
- 세네카 243, 244
- 소크라테스 85, 88, 104, 122, 137, 144, 176, 246
- 수사학 51, 76, 78, 94, 96, 97, 99, 100, 209, 219
- 스토아 철학 143, 287
- 시몬 베유 40, 232
- 《신국론》 29, 38, 82, 178, 226, 242, 263, 265, 267, 270, 271, 275, 276, 286, 288, 291, 295, 296, 298, 301, 304, 306
- 신앙 28, 30~32, 39, 46, 48~50, 59, 63, 64, 149, 152, 208, 216, 223, 240
- 신플라톤주의 81, 120~125, 140~142, 158, 162, 163, 181, 182, 219, 251
- 실존 철학 34, 171, 257
- 실체 81, 83, 87, 124~128

[ㅇ]

- 아담과 하와 159, 160, 187, 194, 266
- 아리스토텔레스 8, 30, 64, 93, 122, 123, 143, 176, 198, 242, 254, 263
- 아우구스티누스 26~41, 43, 45, 50~52, 58~66, 68~79, 81~87, 89, 92~111, 114~122, 127, 130, 132, 134, 135, 140~152, 156~159, 161~165, 169, 172, 174, 177, 180~187, 190, 193, 196~212, 216~238, 240~244, 247~254, 256~260, 263, 264, 266~270, 273~279, 281, 284, 286~288, 290~302, 304~306, 308
- 아인슈타인 152, 165
- 아카데미아 학파 205
- 아프리카 학파 48~50, 59
- 악 61, 89, 114~121, 124, 126~132, 147, 156~160, 164, 169, 170, 171, 173, 175, 176, 185, 186, 188, 192, 193, 210, 228, 229, 235, 269, 270, 273, 274, 284, 287, 290, 298, 299, 303, 304, 306
- 악인 129, 170, 173, 175, 176, 204, 270, 287
- 알렉산드로스 대왕 50, 288~290
- 알렉산드리아 학파 27, 48~50, 63
- 암브로시우스 99, 100, 120, 219, 220, 286, 287
- 에보디우스 41, 158, 163~164
- 에피쿠로스학파 198, 246
- 엘리야 예언자 203~204
- 역사 6, 24, 25, 33, 34, 36, 37, 52, 64, 135, 136, 148, 170, 186, 190, 263, 270, 287, 288, 291, 294, 301, 303
- 영혼 20, 37, 68, 78, 79, 81~83, 85~89, 116, 128, 161, 216, 224, 227~229, 240, 247, 250, 251, 253, 254
- 오리게네스 27, 37, 157
- 올림푸스의 메토디우스 157
- 올바른 사용 161
- 완전성 35, 124, 126, 141
- 욕망 20, 65, 78, 173~176, 184, 188~191, 216, 221, 228, 270, 275, 285
- 우주 134~136, 144, 152, 172, 196
- 원죄 35, 36, 132, 150, 151, 187, 188, 193, 194, 230, 231, 251, 252, 298
- 유일신 46, 48
- 유출설 124, 125, 140, 141, 182
- 유혹 29, 30, 159, 160, 162, 163, 191, 223
- 육체 30, 65, 66, 76, 77, 81~83, 87~89, 116, 118, 119, 159, 161, 177, 190, 209, 212, 220, 224, 227, 228, 246, 247, 250, 251, 253, 254, 267, 274, 281
- 윤리 36, 57, 58, 88, 98, 118, 119, 129, 130, 175~181, 183, 270, 302
- 은총 31, 32, 40, 156, 188, 216, 229~234, 236, 252, 260, 268, 294, 302, 307
- 《음악론》 95
- 이데아 122, 123, 124, 134, 190
- 이성 24, 25, 28, 30, 32, 35, 39, 46, 50, 51, 63, 64, 66, 81, 83, 89, 119, 136, 137, 149, 161, 162, 168, 240~242, 285
- 이성적 동물 242
- 이원론 117, 124, 129, 270
- 《일리아스》 74
- 일자 124, 140~142, 181
- 《입문자 교리 교육》 98, 99, 101

[ㅈ]

- 자연 35, 136~138, 145, 150~152, 183, 198, 255, 256
- 자유 의지 131, 151, 156~170, 176, 185, 186, 188, 189, 191, 193, 229, 231, 236, 252, 253
- 《자유 의지론》 158, 162~164, 186
- 잘못된 사용 157~159, 161, 163
- 장서 245, 246
- 전쟁 23, 24, 53, 54, 74, 114, 117, 184, 191, 192, 263, 271, 287~289, 296~298, 303
- 절대자 114, 117, 129, 130, 134, 152, 270

색인 **315**

- 절망 110, 216~218, 221~227, 229, 232, 233, 237, 238, 252
- 정신 7, 9,.29, 33, 36, 54, 62, 74, 75, 89, 111, 119, 120, 124, 165, 177, 181, 232, 246, 271, 279, 291
- 정의 62, 83, 161, 265, 283~286, 288, 290~300, 302~306
- 조물주 138
- 조화 28, 30, 50, 63, 64, 123, 143, 146, 150, 172
- 종말론 241, 270, 299
- 종자적인 형상 143~144
- 죄 115, 148, 150, 159, 164, 171, 174~176, 185~188, 190~194, 229, 230, 235, 240, 252, 257, 295
- 주체 의식 71, 72, 77
- 죽음 36, 65, 212, 224, 228, 234, 235, 237, 240~247, 249~258, 279, 299
- 증명 148, 149, 170, 251
- 지혜 26, 37, 38, 74, 76, 77, 79, 161, 196, 204, 205, 207, 297
- 진화론 144, 145, 151, 152
- 질료 124, 138, 181, 183
- 질서 35, 98, 146, 150, 161~163, 177, 181, 184, 185, 210, 211, 227, 275, 306

[ㅊ]

- 창조 89, 115, 120, 127, 128, 132, 134~136, 138~149, 151, 152, 157, 163, 182, 210, 266, 290
- 창조론 128, 141, 151
- 창조주 106, 127, 138~140, 143, 147, 150, 152, 260
- 철학 28, 30, 33~36, 40, 41, 63, 64, 87, 88, 93, 122, 123, 135, 137, 139, 148, 149, 176, 193, 206, 241, 251, 254, 255, 280

[ㅋ]

- 카를 대제 28, 108, 271

- 칸트 40~41
- 칼뱅 32
- 캔터베리의 안셀무스 28
- 콘스탄티누스 대제 49, 58
- 키르케고르 34, 40, 258
- 키케로 76, 116, 287

[ㅌ]

- 타가스테 50~52, 75
- 탈레스 136, 137
- 탐욕 132, 159, 162, 216, 225, 226, 260, 284
- 태초 134, 143
- 테르툴리아누스 49, 63
- 토마스 아퀴나스 5, 8, 29, 30, 32, 39, 64, 89, 149, 254, 279

[ㅍ]

- 파트리치우스 50~52, 72
- 페트루스 롬바르두스 28~29, 41
- 펠라지우스 230, 231, 235, 236
- 평화 23, 24, 53, 62, 265, 277, 283~286, 291~294, 296~300, 302~305
- 플라톤 81, 87~88, 93, 104, 121~124, 130, 138, 176, 205, 247, 251
- 플라톤주의 81, 219, 251
- 플로티노스 124~126
- 피조물 131, 133~135, 143, 146, 147, 150, 152, 170, 183

[ㅎ]

- 하느님 28, 29, 31, 32, 37, 46, 47, 50, 58, 63, 68, 72, 78, 79, 83~86, 89, 94, 106, 110, 114~116, 120, 121, 127~129, 131, 132, 134, 135, 138~143, 145, 146, 148, 150, 152, 156, 158, 159, 160, 163~165, 167~172, 174, 175, 182, 184~188, 191~193, 196, 201~203, 207~213, 216,

217, 222, 225, 226, 228~232, 234~236, 240, 242, 251~253, 257, 258, 260, 266~271, 273~276, 286, 290, 292~294, 299, 301, 302

- 하느님의 나라 260, 266~268, 270, 271, 273~276, 284, 286, 292, 293, 299, 301, 302, 306~307
- 하이데거 257
- 학교 28, 29, 72~74, 93, 94, 96, 97, 103, 219
- 한나 아렌트 40
- 행복 22~26, 30, 31, 35, 37, 50, 77, 116, 117, 195~199, 201~210, 212~213, 220, 226, 231, 299
- 행하는 악 185
- 향유 180~185, 188, 189, 210, 226
- 헤겔 33, 34, 39
- 헤라클레이토스 137
- 헨리 채드윅 8, 37
- 《호르텐시우스》 76, 116, 117
- 홉스 262, 263
- 회심 95, 191, 220~221, 284
- 희망 22, 24, 29, 38, 57, 58, 101, 110, 172, 208, 213, 265, 275, 276, 299, 301, 302
- 힐링 7, 25, 26, 39

지은이 박승찬(엘리야) 교수

서울대학교 식품공학과를 졸업한 뒤, 가톨릭대학교 신학부에서 신학을 공부하던 중 중세철학에 관심을 가지게 되었다. 독일 프라이부르크 대학에서 석사와 박사 학위(중세철학 전공)를 받았다. 현재 가톨릭대학교 철학과 교수로 있다. 성심대학원장, 한국중세철학회장, 한국가톨릭철학회장, 김수환추기경연구소장을 역임했다.

그는 생각하는 힘을 키워 주는 강의로 유명하다. 그의 '중세철학사' 강의는 2012년 11월에 SBS와 대학교육협의회에서 공동으로 주관하는 "대학 100대 명강의"로 선정되었다. 또한 tvN 벌거벗은 세계사 〈십자군 전쟁〉, JTBC 차이나는 클라스 〈중세 천년의 빛과 그림자〉, EBS 특별기획 통찰 등의 방송 출연, 한겨레신문 연재 등 다양한 강연 활동을 통해 사람들이 중세에 대해 갖는 편견을 깨고 중세철학이 지닌 매력과 그 깊이를 알리는 데 주력하고 있다.

저서로는 《신 앞에 선 인간》, 《알수록 재미있는 그리스도교 이야기》, 《생각하고 토론하는 서양 철학 이야기②: 중세-신학과의 만남》, 《철학의 멘토, 멘토의 철학》, 《중세의 재발견》 등이 있으며, 역서로는 라틴어 원문에서 번역한 《모놀로기온 & 프로슬로기온》(캔터베리의 안셀무스), 《신학요강》·《대이교도대전 II》·《존재자와 본질》·《신학대전 31 & 32: 신앙》(토마스 아퀴나스) 등이 있다.

홈페이지 eliasp.net
E-mail elias@catholic.ac.kr